案例资源获取方法

请读者按照如下步骤获取各章节案例：

第一步，关注"博雅学与练"微信服务号。

第二步，扫描上方二维码标签，即可获取案例资源。

一书一码，相关资源仅供一人使用。

读者在使用过程中如遇到技术问题，可发邮件至 em@pup.cn。

21世纪经济与管理规划教材·工商管理系列

人力资源管理教程

（第四版）

任润　张正堂　张一弛 编著

北京大学出版社
PEKING UNIVERSITY PRESS

图书在版编目(CIP)数据

人力资源管理教程/任润,张正堂,张一弛编著.4版.—北京:北京大学出版社,2024.6.—(21世纪经济与管理规划教材/张一弛主编).—ISBN 978-7-301-35242-7

Ⅰ.F243

中国国家版本馆 CIP 数据核字第 2024QM8394 号

书　　名	人力资源管理教程(第四版) RENLI ZIYUAN GUANLI JIAOCHENG(DI-SI BAN)
著作责任者	任　润　张正堂　张一弛　编著
责任编辑	刘冬寒　任京雪
标准书号	ISBN 978-7-301-35242-7
出版发行	北京大学出版社
地　　址	北京市海淀区成府路 205 号　100871
网　　址	http://www.pup.cn
微信公众号	北京大学经管书苑(pupembook)
电子邮箱	编辑部 em@pup.cn　总编室 zpup@pup.cn
电　　话	邮购部 010-62752015　发行部 010-62750672　编辑部 010-62752926
印　刷　者	北京飞达印刷有限责任公司
经　销　者	新华书店
	787 毫米×1092 毫米　16 开本　19 印张　385 千字 2009 年 10 月第 1 版　2012 年 2 月第 2 版 2017 年 7 月第 3 版 2024 年 6 月第 4 版　2024 年 6 月第 1 次印刷
定　　价	59.00 元

未经许可,不得以任何方式复制或抄袭本书之部分或全部内容。
版权所有,侵权必究
举报电话:010-62752024　电子邮箱:fd@pup.cn
图书如有印装质量问题,请与出版部联系,电话:010-62756370

截止到 2022 年年末，我国拥有劳动力（16—59 岁）7.69 亿人，其中包括就业人员 7.34 亿人。① 这些劳动力资源为我国的社会主义现代化建设提供了坚实的基础。党的二十大报告中特别强调"人才是第一资源"，要"强化现代化建设人才支撑""深入实施科教兴国战略"，并明确指出"教育是国之大计、党之大计。培养什么人、怎样培养人、为谁培养人是教育的根本问题。育人的根本在于立德。全面贯彻党的教育方针，落实立德树人根本任务，培养德智体美劳全面发展的社会主义建设者和接班人"。

人力资源管理是工商管理本科和工商管理硕士（MBA）的核心课程。这门课程对本科生了解该学科、树立正确价值观、进行职业选择和规划等有重要启发，也为具有一定工作经验的 MBA 学生分析总结工作经验、从科学的角度了解人力资源管理工作、打造高效人才队伍提供了理论指导。

相比第三版教材，第四版在以下几方面进行了修改或补充：

第一，更加强调人力资源管理学科的理论和科学基础。国家和社会的发展离不开数以亿计的就业人口。这些就业人口分布在不同的组织中，既包括一般意义上的工商企业，也包括学校、医院、政府、社团、公益组织等公共机构。充分发挥人力资源的优势、促进组织的可持续发展是每一个组织的首要目标，而员工的行为表现是组织达成目标的关键。如何通过人力资源管理工作引导员工的正确行为对组织的成败至关重要。因此，近年来，各类组织越来越重视人力资源管理。为了向读者简明扼要地介绍人力资源管理的相关理论和内容，我们在修订过程中将所有案例移入"博雅学与练"平台中，在教材中仅保留每章开头的学习目标和结尾的复习思考题。同时，将人力资源管理领域的相关前沿研究纳入教材。

---

① 数据来自国家统计局。

第二，更加强调中国本土人力资源管理实践，帮助学生树立文化自信。虽然现代人力资源管理作为一门学科，最早发展于西方，主要的理论和研究都基于西方的管理实践，但其实人力资源管理活动古已有之，与人类经济活动紧密联系。早在原始社会就存在人力资源管理的雏形：部落族长给不同成员分配不同的任务，如捕猎、种植、照顾老幼病弱等，这就是人力资源管理活动中的劳动分工和岗位配置；对食物的分配则属于人力资源管理活动中的绩效考核和薪酬福利范畴。由于历史、文化、地域等方面的差异，不同的社会和国家在人力资源管理活动中有各自的特点，西方理论不一定适用于东方实践。中国历史悠久，价值体系迥异于西方，十分有必要发展具有中国特色的人力资源管理理论，相互学习优秀的中国企业人力资源管理实践。

基于此，第四版引入了中国历史上相关的人力资源管理活动，例如在招聘选拔、绩效考核和员工退休等内容中介绍了中国各朝代的一些实践。这些实践对我国现代人力资源管理具有一定的启发和借鉴，如古代官员的选拔标准与我们今天的人才选拔标准非常一致。此外，为借鉴学习中国企业的优秀实践，我们用中国本土企业案例替代了上一版中的部分外国企业案例。

第三，补充了数智时代人力资源管理实践面临的机遇和挑战。随着以机器学习、深度学习和自然语言处理为基础的人工智能（AI）技术的兴起，我们步入了第四次工业革命。AI不仅颠覆了传统的劳动分工和工作模式，促使企业重新审视组织架构与岗位设计，而且对人力资源管理的诸多环节产生了革命性的影响。例如，在招聘流程中引入智能化筛选与匹配系统，不但提高了人才选拔的精准度和效率，也提高了岗位投放的精准度。同时，AI通过为员工设计个性化学习路径以及提供实时反馈，从而助力员工能力的提升与职业发展。在绩效管理方面，AI可以实现更客观的数据驱动评估，协助管理者做出基于数据支持的决策，并通过预测分析优化资源配置。

然而，这些机遇也伴随诸多挑战，如数据安全与隐私保护、人机协作关系的确立、潜在的职业替代风险以及对人力资源从业人员技能转型的迫切要求。因此，在数智时代下，人力资源管理需要不断适应新技术带来的变革，既要抓住数字化带来的效率提升与创新服务的机会，也要妥善应对由此产生的伦理、法律和社会责任等问题，确保企业在数智化进程中实现人力资源的可持续开发与有效利用。

基于此，在本版教材的修订中，我们专门新增了第十一章"技术进步对人力资源管理的影响"，深入探讨先进技术在人力资源管理领域的应用和挑战。

第四，第四版为了响应教育部课程思政建设的要求，通过练习、作业、案例分析等形式引导学生深入社会实践、关注现实问题，培育学生经世济民、诚信服务、德法兼修的职业素养，帮助学生树立良好的职业价值观和人生价值观，培养学生成长为德智体美劳全面发展的社会主义建设者和接班人。

在本书出版过程中，北京大学出版社的徐冰和刘冬寒两位老师提供了极大的支持。在此由衷感谢各位同人的帮助！各位读者在阅读本书的过程中，如有任何建议，请不吝赐教（可发送邮件至 renr@gsm.pku.edu.cn）。

任 润 张正堂 张一弛
2024 年 6 月

目 录

第一章　人力资源管理导论　/ 001
　　第一节　人力资源管理的职责、目标及演进　/ 002
　　第二节　人力资源管理的分工与三支柱转型　/ 009
　　第三节　人力资源管理面临的挑战　/ 023

第二章　人力资源战略与规划　/ 031
　　第一节　人力资源战略　/ 032
　　第二节　人力资源规划　/ 039
　　第三节　人力资源规划的控制与评价　/ 048

第三章　工作分析与工作设计　/ 053
　　第一节　工作分析的用途与流程　/ 054
　　第二节　工作分析的方法　/ 061
　　第三节　工作设计　/ 069

第四章　员工招聘与录用　/ 081
　　第一节　员工招聘的过程　/ 082
　　第二节　招聘渠道的类别及选择　/ 086
　　第三节　员工选拔和录用方法　/ 091
　　第四节　招聘面试　/ 096
　　第五节　选拔录用的原则和招聘效果评估　/ 100

第五章　员工培训　/ 107
　　第一节　培训概述　/ 108
　　第二节　员工培训需求评估　/ 114
　　第三节　员工培训方法　/ 123
　　第四节　培训效果评估与培训迁移　/ 128

第六章 绩效考核与管理 / 135

第一节 绩效考核与管理的基础 / 137

第二节 绩效考核系统的设计 / 141

第三节 员工绩效考核方法 / 147

第四节 绩效反馈与改进计划 / 164

第七章 组织薪酬体系的设计 / 169

第一节 激励理论 / 170

第二节 工作评价 / 179

第三节 薪酬水平与薪酬等级结构 / 191

第四节 薪酬体系调整 / 198

第八章 员工激励计划 / 207

第一节 员工个人激励 / 208

第二节 员工集体激励 / 214

第三节 员工福利计划 / 220

第九章 员工职业规划与管理 / 225

第一节 职业生涯理论 / 226

第二节 员工的职业规划与管理 / 233

第三节 员工职业管理的特殊议题 / 238

第十章 跨国公司的人力资源管理 / 251

第一节 国际人力资源管理的发展概述 / 252

第二节 国际人力资源管理的模式 / 257

第三节 国际人力资源管理的内容和特点 / 263

第十一章 技术进步对人力资源管理的影响 / 271

第一节 AI 与人力资源管理的变革 / 272

第二节 AI 在人力资源管理各个领域的应用 / 277

第三节 AI 给人力资源管理带来的挑战 / 279

参考文献 / 285

人力资源管理导论

学习目标

1. 了解人力资源管理的职责和目标
2. 理解人力资源管理的演进历程和新的发展趋势
3. 明确直线经理和人力资源经理之间的水平分工
4. 掌握人力资源管理的垂直分工、管控体系及三支柱转型
5. 了解人力资源管理面临的各种挑战及其影响,重点关注互联网技术、智能制造及员工需求变化带来的影响

第一节 人力资源管理的职责、目标及演进

一、人力资源管理的职责和目标

人力资源管理涉及正确处理组织中的"人"和"与人有关的事"所需要的观念、理论和技术。与组织中其他职能部门一样，人力资源部门也要负责实现具体的目标或取得预定的结果。我们知道，考察组织中的生产部门对组织的贡献要衡量产品的数量、质量和生产的及时性；考察组织中的财务部门对组织的贡献要衡量其成本控制、预算执行和税务筹划的情况；考察组织中的销售部门对组织的贡献要衡量其销售目标完成的情况；而考察人力资源部门对组织的贡献则要衡量员工绩效表现、员工缺勤率、员工离职率、工作中的事故率、训练中的事故率、员工的抱怨程度、组织执行有关法规的情况和员工工作满意度等指标。需要指出的是，人力资源部门对这些结果具有直接影响，而各个业务部门对员工的管理水平、组织的管理战略和资源拥有量也有重要的间接影响。判断人力资源部门工作有效性的标准是它能够在多大程度上使组织实现整体目标。值得强调的是，人力资源管理绝不是一组人事管理活动的简单集合，而是要协调地管理组织中的人力资源，配合其他资源的利用，以实现组织效率和公平的整体目标。

迈克尔·D. 克里诺（Michael D. Crino）和特里·L. 利普（Terry L. Leap）早在1989年就提出了人力资源管理目标，包括：第一，建立员工招聘和选拔系统，以便雇用到最符合组织需要的员工；第二，最大化挖掘每个员工的潜质，既服务于组织的目标，也确保员工的事业发展和个人尊严；第三，保留那些通过自己的工作绩效帮助组织实现目标的员工，同时淘汰那些无法给组织提供帮助的员工；第四，确保组织遵守政府关于人力资源管理方面的法规和政策。可见，人力资源管理的广义目标是充分利用组织中的所有资源，使组织的生产效率达到最高；狭义目标是帮助各个部门的业务经理更加有效地管理员工。具体而言就是人事部门制定和解释人事政策，通过忠告和服务来完成这两个目标。人力资源管理主要包括以下内容：

第一，规划，指根据组织战略目标确认组织中各岗位的工作要求，决定这些岗位需要的人数与技术，向有资格的应聘者提供均等的机会。这一环节涉及如何进行工作分析，即确定各个工作岗位任务的特点，从而确定企业中各个工作岗位的性质和要求；以及如何预测企业的人力资源需求，为开展招聘工作提供依据。具体内容详见本书第二章和第三章。

第二，招聘与录用，指根据工作需要确定最合适人选的过程，确保企业能够从工

作应聘者中选拔出符合企业需要的员工。具体内容详见本书第四章。

第三，发展，指提高员工的知识、技术和能力等方面的素质，增强员工的工作能力。这包括对新员工进行工作指导和业务培训、训练和培养各级管理人员，以及为了使员工保持理想的技能水平而开展的一系列活动。具体内容详见本书第五章和第九章。

第四，评价，指对员工工作结果、工作表现与人事政策的执行情况进行观察和做出鉴定。这包括决定如何评价员工的工作绩效，如何通过面谈、辅导等方式与员工进行面对面交流。具体内容详见本书第六章。

第五，保持，指保持员工有效工作的积极性，保障安全健康的工作环境。这包括决定如何管理员工的薪酬，做到按照员工的贡献等因素进行收入分配，奖惩分明；同时，通过奖赏、福利等措施激励员工。具体内容详见本书第七章和第八章。

第六，面对全球化的劳动力市场和客户市场，企业还需要解决跨国经营过程中的人力资源管理问题（详见本书第十章）；同时，技术进步也为人力资源管理工作带来新的机遇与挑战（详见本书第十一章）。

二、人力资源管理的重要性

我们为什么要学习人力资源管理？在步入高科技时代的过程中，人们对技术的强调在一定程度上掩盖了人力资源管理的真正价值。但实际上，随着知识经济时代的到来，"人"作为知识的主要载体，成为企业获得竞争优势的重要来源，人力资源管理也因与人的密切联系日益重要。

我们应该认识到，企业管理的重心已经从传统的对物质资源的管理转向了对人力资源的管理。这一转变并非偶然，而是激烈竞争环境下企业发展和成长的必然要求。一方面，这反映了管理领域边界的扩大，表明组织不再仅仅关注物质资产的优化，而是开始重视人力资本的开发和利用。另一方面，这也标志着管理环节的前置和战略化。物质资源本质上是人类劳动的产物，而人的能力、知识和创新精神才是创造价值的根本动力。因此，通过对人力资源的有效管理和开发，企业能够提前布局，激发员工的潜力，从而在竞争中获得持续优势。具体而言，人力资源管理的重要性体现在以下几方面：

第一，人力资源管理对所有的企业管理人员都很重要。这是因为人力资源管理能够帮助企业管理人员达到多种目的，如善用员工，即令事得其人；降低员工的流动率；使员工努力工作；提高面试效率，节省时间；为员工提供公平合理的薪酬；对员工进行充足的训练，提高各个部门的效能；使企业不会因就业机会等方面的歧视行为而受到控告；保障工作环境的安全，符合国家相关政策规定；使企业内部的员工都得到平等的待遇，避免员工的抱怨；等等。这些都是企业中各个部门管理人员普遍的愿望。其实，无论是正在学习财务管理、市场营销、生产管理的同学，还是学习人力资源管理的同学，未来都不一定会成为人力资源经理。但在这些人当中，将会有很多人在自己的专业领域承担起管理责任，届时他们需要做出关于员工招聘、薪酬政策、绩效考核、员工晋升和人员调配等人力资源管理方面的决策，其实这一点也适用于那些非经济管理类专业的同学。即使是那些将来不从事管理工作的同学，只纯粹作为组织中人力资源管理活动的被管理对象，也需要学习人力资源管理方面的知识。只有这样，他们才有能力对组织的人力资源管理政策做出自己的评价，并在此基础上提出有利于自己事业发展的建议。

第二，企业的管理人员实际上是通过别人来实现自己的工作目标的，这就使人力资源管理同其他类别的管理相比显得特别重要。我们经常发现，许多企业在规划、组织和控制等方面做得都很好，但却因用人失当或者无法激励员工，最终没有获得理想的业绩；相反，也有些企业的管理人员在规划、组织和控制等方面做得一般，但是用人得当并且能够有效激励、评估和培养这些人才，最终使企业获得成功。

第三，人力资源管理能够提高员工的工作绩效。20世纪80年代，西方工业七国（Group of Seven）的生产率排序是日本、法国、加拿大、联邦德国、意大利、美国和英国。美国劳动生产率低的重要原因就是工人的高缺勤率、高流动率、怠工、罢工和产品质量低下等。当时的盖洛普民意调查（Gallup Poll）结果表明，50%的美国工薪阶层认为他们可以再努力一些并提高工作绩效，30%的工薪阶层认为他们可以把生产率提高20%以上。1977年，位于美国田纳西州的摩托罗拉工厂生产的彩色电视机，平均每百台中有150—180个缺陷。后来，日本一家公司接手了这个工厂。到1980年，每百台彩色电视机的缺陷降到4个。发生这一变化的原因不在于工人，因为80%的工人还是原来工厂的，而是在于管理方式发生了变化，新的工厂让工人参与决策，让质量控制人员承担更大的责任，加强工人与管理人员之间的沟通等，这些是产品质量提高的根本原因。运用人力资源管理的观念与技术改善员工的工作行为，是提高劳动生产率和企业绩效的重要途径。我们知道，劳动力的宏观配置目标是劳动力数量上的充分利用，微观配置目标是事得其人，而人力资源管理的目标是人尽其才，可以说，除宏观和微观外，人力资源管理是劳动力资源配置合理化和优化的第三个层次。

第四，人力资源管理是现代社会经济生活的迫切需要。现在，员工素质越来越高，甚至超过了部分岗位的实际需要，越来越多的员工感到自己"大材小用"。在这种情况下，如何激励这些"怀才不遇"的员工就变得特别重要。而且，人们的价值观念已经发生了明显的变化，传统的职业道德教育可发挥的作用已经微乎其微。随着居民财富的增长和生活水平的提高，越来越多的人要求把职业质量和生活质量进一步统一起来。员工需要的不仅是工作本身以及工作带来的收入满足，还有各种心理满足。随着经济的发展，这种非货币的需求会越来越强烈，企业管理人员必须借助人力资源管理的观念和技术寻求激励员工的新途径。个人目标与其组织目标的一致性越高，个人和组织双方目标的实现程度越高；反之，个人目标与其组织目标的一致性越低，个人和组织双方目标的实现程度也就越低。另外，管理人员面临的决策约束越来越严格，这也要求管理人员重视人力资源管理。

第五，人是组织生存发展并得以保持竞争力的特殊资源。心理学第一定律认为，每个人总是在生理或心理上存在与其他人不同的地方，这是人力资源区别于其他形式的经济资源的重要特征。在企业等各种组织中，只有清楚地识别每位员工的特别之处，并在此基础上合理地加以任用，才能使每位员工充分发挥潜能，组织也才能因此而获得最大的效益。

三、人力资源管理实践的演进历程

实际上，人力资源管理活动的起源可以追溯到非常久远的时代，中国历史上就有许多知人善任的事例，并由此形成"事在人为"的理念。根据美国学者的看法，人力资源管理的演进历程可划分为五个阶段：手工艺制度阶段、科学管理阶段、人际关系运动阶段、组织行为科学—人力资源方法阶段和战略人力资源管理阶段。

（一）手工艺制度阶段

在古埃及和古巴比伦时代，经济活动中的主要组织形式是家庭手工工场。当时，为了保证拥有合格技能的工人有充足的供给，对工人技能的培训是以有组织的方式进行的。到了13世纪，西欧的手工艺培训非常流行。手工业行会负责监督生产方法和产品质量，对各行业的员工上岗条件做出规定。这些手工业行会由一些工作经验丰富的师傅控制，每个申请加入行会的人都必须经过一个做学徒工人的时期。在这种手工艺制度下，师傅与徒弟生活和工作都在一起，因此非常符合家庭工业生产的要求。在这种师徒制的手工作坊里，管理工作更多地依赖于师傅的经验，通过口口相传的方式将知识传授给徒弟。这种管理方式有其明显的局限性：徒弟通常需要经过相对较长的学徒生涯才能出师，成长为一名合格的生产者；徒弟是否能够顺利出师，也取决于工场主是否能够挑选出合适的学徒。此外，这种生产方式大大限制了产品的生产效率和标准化，不能很好地满足日益复杂的市场需求。

（二）科学管理阶段

19世纪末期和20世纪早期，欧洲迎来了第二次工业革命，由此出现了大机器生产方式。此次工业革命有三个主要特征：一是机械设备的发展，二是人与机器的联系,三是需要雇用大量人员的工厂的建立。此次工业革命带来了劳动专业化水平的提高和生产率的提高,与之相适应,技术进步亦加快,不断促使人事管理方式发生变革。此次工业革命除了带来劳动分工,还对生产过程提出了建立监督层级的需要,由此生产过程中出现了管理人员。

劳动分工的主要优点是:新工人接受培训的时间减少;原材料消耗减少;合理安排工人节约了开支,并由此产生了以技能水平为基础的工资等级制度;工人减少了工作转换的次数、节约了工作时间,工人的操作更加熟练,这又进一步激发了工人的创造性。劳动分工的缺点是把人变为机器的附属物,抑制了工人的活力。著名的空想社会主义者罗伯特·欧文(Robert Owen)于1799年在苏格兰建立了一家棉纺厂。他认为人的行为是对其所得待遇的反应,雇主和组织应该努力发掘员工的天赋,消除影响员工天赋发挥的障碍。欧文还创建了最早的工作绩效评价体系。他把一个木块的四面分别涂成白、黄、蓝、黑四种颜色,其中白色代表优秀,黄色代表良好,蓝色代表平均水平,黑色代表差。他把这一木块安装在机器上,每天将反映员工前一天工作表现的颜色转向通道,及时向员工提供工作绩效的反馈信息。这一方式取得了很好的效果,为此,欧文被誉为人事管理的先驱。在企业的实地调查中,我们经常发现在一些车间生产线的尽头有一个液晶显示屏,上面不断变化的数据是在通知该条生产线员工目前下线产品的合格品率。这种做法与欧文的思想是完全相同的。

科学管理的根本假设是,存在一种最合理的方式来完成一项工作,这种最好的工作方式效率最高、速度最快、成本最低。为此,需要将工作分为最基本的机械元素并进行分析,然后再将它们以最有效的方式重新组合起来。美国的机械工程师弗雷德里克·W.泰勒(Frederick W. Taylor)被誉为科学管理之父。1885年,泰勒在一家钢铁公司对一个名为施密特的铲装工人进行了时间—动作研究,去除其无效工作部分,并对技术进行改进,对铲的大小、堆码、铲装重量、走动距离和手臂摆动的弧度等细节都做出了具体的规定,结果使其生产率提高了2.96倍。除时间—动作研究外,泰勒还认为工人的体力和脑力应尽可能地与工作要求相匹配,不应使用体力和脑力高于工作要求的工人。泰勒认为,只要工人在规定的时间内以正确的方式完成了工作,就应该发给他相当于工资30%—100%的奖金,这就是最初的劳动计量奖励制度——要让工人以最高的效率工作,就需要用金钱来激励他。

20世纪20年代,泰勒的科学管理理论在美国被广泛采用。但是科学管理运动没有顾及员工的感受,使员工开始对工作产生不满情绪,因此并没有真正地起到激励作用。于是,企业开始建立员工的休闲娱乐设施、员工援助项目和医疗服务项目,逐渐出现了人事专家和人事管理部门,这为现代人力资源管理的发展奠定了重要的基础。在当时的行为科学研究领域,雨果·芒斯特伯格(Hugo Münsterberg)于1912年出版了《心理学与工作效率》一书。他对人事管理的贡献主要在于：第一，用工人的智力和情感要求分析工作；第二，用研制的实验装置分析工作。他对接线工人进行了空间感、智商和身体敏捷性等各方面的测试，结果发现测试得分高的人在实际工作中也被公司认为是好的员工。这说明测试可以成为选拔员工的一种有效的辅助手段。

（三）人际关系运动阶段

社会因素在大机器生产中的作用是在著名的霍桑实验中被发现的。1924—1932年，哈佛商学院的乔治·E. 梅奥（George E. Mayo）、弗里茨·J. 罗特利斯伯格（Fritz J. Roethlisberger）等人在芝加哥西屋电器（Western Electric）公司的霍桑（Hawthorne）工厂进行了霍桑实验，得出近代一个著名的行为研究成果。这一实验的目的本来是研究照明对工人生产率的影响。他们选择了照明条件相似的两组工人作为研究对象，在实验组，他们改变了照明水平，同时保持控制组的照明条件不变。令研究人员感到意外的是：两个小组的生产率都提高了；甚至当研究人员事先告诉实验组的工人们即将改变照明条件但事实上并没有改变的情况下，工人们的生产率仍在继续提高；或者当研究人员降低了实验组的照明水平，其生产率也在提高。经过三年的实验，研究人员发现，在工作中，影响生产率的关键变量不是外界条件，而是员工的心理状态。实验中生产率的提高是因为工人对工作和西屋电器公司的态度发生转变。由于被邀请合作，员工感到自己受到重视，是公司的一个组成部分，自己的帮助和建议对公司有重要的意义。后来，哈佛商学院的梅奥、罗特利斯伯格等人在 20 世纪 30 年代初期的研究结果进一步表明，生产率与集体合作及其协调程度直接相关，而集体合作及其协调程度又取决于管理人员对工作群体的重视程度、非强制性的改善生产率的方法和工人参与变革的程度。泰勒认为企业是一个技术经济系统，而霍桑实验的结果却表明企业是一个社会系统。

霍桑实验的研究结果启发人们进一步研究与工作有关的社会因素的作用。这些研究的结果触发了人际关系运动——它强调组织要理解员工的需要，这样才能提高员工满意度和生产率。但是，最终的实践结果表明，通过良好的人际关系提高生产率的理念是不可靠的。到了 20 世纪三四十年代，美国企业管理界流行着一种"爱畜理论"。当时爱畜牛奶公司的广告宣传是"爱畜牛奶产自愉快的奶牛，因此品质优良"。于是研究人员认为愉快的工人的生产率也会比较高，公司便采用郊游和开办员工咖啡厅等办法试图改善员工的社会环境，提高士气，从而提高员工生产率。但实际上，这一理论夸大了员工的情感与士气对生产率的影响。

（四）组织行为科学—人力资源方法阶段

组织本身对员工的表现具有塑造、限制和调整的作用，而且员工行为还受到各种岗位上的权威、工作和技术要求的影响，因此不能简单地认为员工在组织中的行为方式就是人际关系。组织行为科学是一门研究人们行为、心理的社会学和心理学交叉的科学，其分支包括：认知心理学，研究人们在工作中的态度和动因；工业心理学或组织心理学，研究人们在工作中的行为；社会心理学，研究人们如何相互影响；组织理论，研究组织存在的原因、组织的职能、组织的设计、提高组织效率的方法等；组织行为学，研究个人和群体行为的原因，以及如何利用研究成果使人在组织中的生产效率更高、工作更令人满意；社会学，研究社会、社会机构和社会关系。到了20世纪六七十年代，组织行为科学的一个重要课题就是研究民主式、专制式和协商式等各种领导方式的适用条件与环境问题。组织行为科学强调的重点是整个组织而不是员工个体，强调组织与员工构成组织内部生态系统，相互影响、共同成长，以实现组织目标。目前的人力资源管理理论实际上是组织行为科学与前述各个阶段的员工管理实践相结合的产物。

（五）战略人力资源管理阶段

企业可持续发展的竞争优势通常被认为来自其优秀的产品和服务、受保护的行业、充足的资本及规模经济等。然而随着科学技术的日益发展，新的产品和服务快速涌现；市场竞争也导致原来受保护的行业涌入了更多的企业；融资变得便捷，资本门槛降低；客户的需求多样化使得规模经济的优势减弱；等等。这促使企业必须寻找新的竞争优势。因此在20世纪80年代后期，人力资源管理出现了一个新的视角，即强调人力资源管理在企业实现可持续竞争优势中所发挥的战略性作用。人力资源管理进入战略人力资源管理阶段，即人力资源管理者要更多地参与组织的战略决策，帮助实现组织的战略目标。

战略人力资源管理是一个充满"争议"的领域，对于战略人力资源管理的含义，学者们给出了不同的解释。Lengnick-Hall 和 Lengnick-Hall（1988）认为战略人力资源管理更注重员工对战略的适应，因为员工比战略更有灵活性，更容易根据不同的情况进行调整。Schuler 和 Walker（1990）将战略人力资源管理定义为程序和活动的集合，这一集合通过人力资源部门和直线管理部门的努力来实现企业的战略目标，并借此提高企业目前和未来的绩效并保持企业竞争优势。他们还提出战略人力资源管理包括人力资源哲学、人力资源政策、人力资源规划、人力资源实践和人力资源过程五个方面，它们是不可分割的统一体。Gómez-Mejia 等（2020）把战略人力资源管理定义为组织采用的一个计划或一种方法，这个计划（方法）需要通过员工的有效活动实现。目前，学术界比较认同的定义是 Wright 和 McMahan（1992）提出的观点，即战略人力资源管理是为使组织实现其目标而进行的一系列有计划的、具有战略意义的人力资源使用方法和活动。

战略人力资源管理强调人力资源能够为企业创造可持续的竞争优势，这是因为企业中的成员具有专业知识和技能、决策能力、合作能力、学习能力和工作动力，这些资源能够为企业创造价值；同时企业所拥有的人力资源也决定了企业能够制订和执行的战略计划。因此，人力资源管理者应积极参与企业的战略制定，明确企业战略实现所需要的人力资源。此外，根据利益相关者理论，企业除了需要满足股东、客户、政府和社区的需求，还需要满足企业员工的需求，提高他们的满意度，进而激励员工创造更大价值。

战略人力资源管理具有以下五个特征：①战略性，指把人力资源视为企业的战略资产，是企业获取竞争优势的首要资源。②系统性，指企业内部的人力资源政策、实践、手段等活动是一个整合的战略系统，共同服务于企业的经营目标。人力资源管理的各项活动不是孤立存在的，而应当有机地结合起来以获得协同效应。③一致性，包括外部一致性和内部一致性两个方面。外部一致性要求将企业人力资源管理与企业战略保持一致；内部一致性则关注人力资源管理系统各组成部分或要素相互间的一致。④目标性，指强调各项人力资源管理活动的目标是实现企业战略目标，促进企业绩效最大化。目标性一是体现员工个体目标与组织战略目标的一致，既考虑员工个人发展，又考虑组织发展；二是体现目标的长期性和整体性。如果把企业拥有的资源简单地分为财务资源、技术资源和人力资源，那么财务资源战略产生短期效益，技术资源战略产生中期效益，只有人力资源战略产生长期效益。⑤灵活性，指人力资源管理活动要根据企业的战略和外部环境的变化而变化。因此，灵活性就是要求企业能够有效、及时地适应内部及外部环境的变化。可见，灵活性和一致性是紧密结合在一起的。

第二节　人力资源管理的分工与三支柱转型

如上文所述，当前的理论大多是从人力资源管理职能内容的变化划分人力资源管理的演进阶段。但是，从企业实践来看，以这种单一视角总结人力资源管理的演进并不完善。针对企业人力资源管理实践，可以从两个不同的路径探寻人力资源管理的演进轨迹：一是人力资源管理职能角色的变化，就是不断地回答"人力资源管理到底应该做些什么"，主要表现在随着自身发展组织对人员管理的要求越来越高，人力资源管理职能越来越丰富；二是人力资源管理组织架构的变化，就是回答"谁来完成人力资源管理工作"，主要表现在人力资源管理组织架构的变化和角色分工。组织人力资源管理岗位和组织架构的变化，体现了组织对完成人力资源管理职能的主体设定。

从人力资源管理作用的实施主体来看，管理人力资源的实质是创造一个责任共享体系，高层管理者、人力资源经理、直线经理共同承担人力资源管理工作。在这种背景下，人力资源管理面临的主要问题之一就是两个方面的水平分工，即人力资源经理与直线经理的分工、不同人力资源模块之间的分工。所谓水平分工，是指总体上这些分工主体的职级差异不大——从直观上看，直线经理和人力资源经理是同一层级的，而人力资源部门内部不同分工的专业岗位也是同一层级的。但是当企业发展成多体公司（特别是集团公司）时，人力资源管理主体就不仅仅局限于上述分工了，还存在人力资源管理的纵向分工。这种纵向分工反映在垂直层面上，是集团公司不同层级的人力资源管理主体之间责任和权利的分配。比如，集团公司中母公司、子公司甚至孙公司纵向层面在招聘、人才培养上的分工。人力资源管理的纵向分工，本质上就是人力资源管控体系的设计（张正堂，2018）。

一、直线经理与人力资源经理在人力资源管理中的分工

一些组织的人力资源经理经常提出这样的问题：应该如何设计人力资源部门的结构？它在组织中应该承担哪些功能？总体来说，这些问题不存在一个确定的答案，它取决于许多因素，包括组织的规模、组织所在的行业、员工的技能水平、公司的最高管理层对人力资源部门的重视程度，以及职工代表大会或工会在组织中的地位和作用等。以美国的大型公司为例，公司最高层的人力资源管理者一般是公司副总裁，下面有人力资源规划专家、薪酬管理专家、培训专家、安全与健康专家、劳动关系专家和劳动法律问题专家等，这些员工在公司总部工作，下属的生产工厂或部门各设人力资源经理或人力资源部门。人力资源部门在组织中的功能与高层管理者的授权有密切关系。在有的组织中，人力资源部门承担有关人事问题的全部决策；而在另外一些组织中，各种人事问题则是由人力资源部门和各个部门的主管协商解决的。

实际上，企业所有的管理人员都承担着一定的人事管理工作，因为他们都要参与选拔、面试、培训和评估等人事管理活动。但是，大多数的企业仍设有专门的人力资源部门和人力资源经理。人力资源经理及其下属同其他管理人员的职责既有共同之处，又有明显的区别。为了说明这一问题，我们首先要明确直线职权和职能职权之间的关系。职权是指制定决策、下达命令和指挥他人工作的权力。在企业管理中，职权分为直线职权和职能职权。拥有直线职权的经理是直线经理，拥有职能职权的经理是职能经理。直线经理拥有完成生产和销售等实际业务的下属，有权直接指挥下属的工作。因此，直线经理需要负责完成组织的基本目标。职能经理没有完成生产和销售等实际业务的下属，他们只负责协助直线经理完成组织的基本目标。人力资源经理就属于职能经理，他们负责协助生产经理和销售经理等直线经理处理选拔、评估和奖励等事务。

直线经理的人事管理职权包括指导新员工、培训员工掌握新的技能、分派适当的员工担任适当的工作、负责帮助下属改进工作绩效、培养员工的合作精神、向员工宣

传公司的各项规定与政策、控制本部门的人事费用、开发下属的工作潜力、激发与保护下属的工作积极性和维护下属的身心健康，等等。当公司规模很小时，直线经理可以独立完成上述工作。但是，当公司规模很大时，为了完成上述各项工作，直线经理就需要人事职能部门的协助、人力资源管理的专业知识和具体建议。

人力资源部门职能经理的人事管理职权（职能）既有与直线经理相似的直线职权，也有人力资源经理特有的服务职能。人力资源经理的直线职权包含两层含义：一是在人力资源部门内部，人力资源经理必须行使直线经理职权，指挥自己的下属工作；二是在整个公司范围内，人力资源经理对其他经理可行使相当程度的直线职权，这就是所谓的人力资源经理的"隐含职权"。其他的直线经理知道人力资源经理由于工作关系能够经常接触最高管理层，因此人力资源经理的建议经常被看作上级指示，受到直线经理的重视。人力资源经理的服务职能是指：一方面，人力资源主管经理和人力资源部门作为最高管理层的得力助手，要协助企业的最高管理层保证人力资源方面的目标、政策和各项规定的实现或贯彻执行；另一方面，人力资源经理要为直线经理提供人力资源管理方面的服务，包括帮助直线经理处理所有层级员工的任用、培训、评估、奖励、辅导、晋升等各种事项，帮助直线经理处理保险、退休和休假等各种员工福利事项，帮助直线经理遵守国家有关劳动和人力资源的法律和各项规定，帮助直线经理处理员工的不满和劳工关系不和谐问题。在解决这些问题的过程中，人力资源经理和人力资源部门必须提供最新的信息及最合理的解决办法。

实际上，企业人力资源部门对其他业务部门具有重要的支持作用。国外一些企业的人力资源部门通过开展人性化活动，使非常技术性的工作与人们的需要相互适应，从而达到提高企业经营绩效的目的。具体的实施方法包括工作丰富化、操作简化和工作轮换制度等。有的企业的人力资源部门帮助业务部门实行弹性工作时间制度，解决了因交通不便和员工生物钟不同而产生的员工缺勤率高与工作效率低的问题。近年来，一些大公司越来越重视员工的职业生涯规划，满足员工对职业生涯的咨询要求，缓解他们的工作压力。在这些方面，人力资源部门为整个企业的发展做出了很大的贡献。

Cascio（1995）将上述的直线经理和人力资源经理的人力资源管理职责的区别总结如表1-1所示。

表1-1　直线经理与人力资源经理人力资源管理职责对比

职责	直线经理	人力资源经理
录用	提供工作分析、工作说明和最低合格要求的资料，使各个部门的人力资源计划与战略计划相一致。对应聘者进行面试，综合人力资源部门收集的资料，做出最终的录用决定	工作分析、人力资源计划、招聘、准备申请表、组织笔试、核查工作应聘者背景情况和推荐资料、身体检查

(续表)

职责	直线经理	人力资源经理
保持	公平对待员工、沟通、当面解决抱怨和争端、提倡协作、尊重人格、按照贡献评奖	薪酬和福利政策、劳工关系、健康与安全、员工服务
发展	在职培训、工作丰富化、运用激励方法、给员工反馈信息	技术培训、组织发展、职业生涯规划/咨询服务、人力资源管理研究
调整	执行纪律、解雇、升职、调动	调查员工抱怨度、下岗再就业服务、退休政策咨询

二、垂直分工与人力资源管控体系的设计

对于集团公司（包括类似集团公司的多体公司）而言，组织进行人力资源管理面临在集团公司不同层级（尤其是母子公司）之间分配人力资源管理的职责和角色，通过不同层级责任主体的分工、协作共同完成整个组织的人力资源管理任务。我们把这种分工称为垂直分工。垂直分工的本质就是组织人力资源管控体系的设计。人力资源管控是集团公司的人力资源管理区别于单个组织的人力资源管理的最重要特征之一。人力资源是集团公司中相对分散（分布在各个单位）和相对多样的资源，如何充分发挥集团公司在人力资源管理方面的整体优势是企业管理者应思考的管理问题，也是人力资源管控的出发点。

（一）集团管控及其人力资源管控的模式

企业发展总是从单体公司开始，随着规模的扩大而演化为集团公司（多体公司）。管控体系设计是集团公司管理体系设计中的重要方面，也是人力资源管控体系设计的前提之一。集团公司的管控体系设计在一个或多个方面引发化学反应，从而实现1+1>2的效果。这也是集团公司存在的逻辑前提之一。

根据不同的管控程度，主流观点认为集团公司一般有三种典型的管控模式，即财务管控型、战略管控型和操作管控型。其中，操作管控型和财务管控型分别是集权和分权的两个极端，战略管控型则处于中间状态。

（1）财务管控型。财务管控型是指集团总部对下属子公司的管理控制主要通过财务手段来实现。集团总部对下属子公司的具体经营管理基本不加干涉，也不会对下属子公司的战略发展方向进行限定，而主要关注财务目标的实现，并根据业务发展状况增减股份或适时退出。两者是十分松散的投资者与被投资者的关系。这种模式可以形象地表述为"有头有脑，但没手脚"。财务管控型是分权程度最高的管控模式，强调结果控制是这种管控模式的明显特点。

（2）战略管控型。在战略管控型模式下，集团总部负责整体战略规划、财务和资

产运营，从而保证集团公司整体利益和下属子公司利益的最大化。各下属子公司同时提出与战略规划相匹配的经营计划和预算方案，制定自己本业务单元的战略规划。总部审批后给予有附加价值的建议，同时批准其预算并交由下属子公司负责执行。这种模式可以形象地表述为"上有头脑，下有头脑"。战略管控型的突出特点是强调程序控制，这是一种集权与分权相结合、相平衡的管控模式。

（3）操作管控型。在操作管控型模式下，总部设置具体管理部门对下属子公司相关业务进行对口管理，将控股下属子公司的人力资源、技术、营销等日常经营归口至总部相关业务部门进行直接管理。这种模式由集团总部制定统一的政策与制度，并在下属子公司贯彻实施，强调经营行为的统一性。这种模式可以形象地表述为"上是头脑，下是手脚"。操作管控型的鲜明特点是强调过程控制，也是集权程度最高的管控模式。

集团人力资源管控的主要目的在于：①明确集团总部与下属子公司人力资源管理的职责；②界定集团总部与下属子公司人力资源管理各项事务的审批流程；③提高企业整体人力资源管理的效率；④发挥总部与下属子公司之间的人力资源共享和协同效应。与集团公司管控模式相对应，集团公司人力资源管理的功能定位也有三种模式，分别适用于不同的管控模式，如图1-1所示。

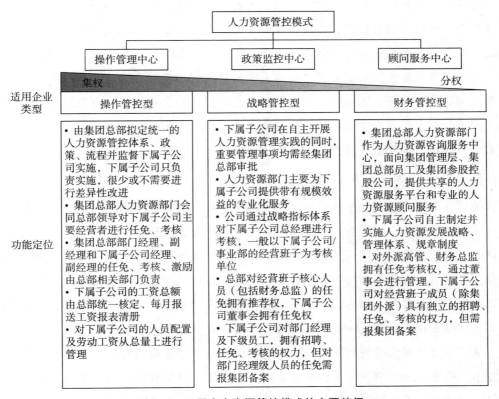

图1-1 不同人力资源管控模式的主要特征

（二）人力资源管控模式选择的影响因素

集团人力资源管控受诸多因素的影响，差异性很大。施行同一类型管控模式的不同集团，可能拥有不同的人力资源管控操作。同一集团内部的不同业务单元（Business Unit，BU），或者同一集团在不同发展时期，人力资源管控模式可能存在不同。集团人力资源管控受众多因素的综合影响，单一的因素无法完全决定集团的人力资源管控模式。以下几种影响因素一般被认为对集团人力资源管控的影响较大。

1. 集团下属业务单元内部的相关性

通常情况下，如果集团下属业务类型较单一（如按区域划分的同类业务子公司），或者相关性较高（如业务类型处于同一产业链的上下游），需要培养类似的核心竞争力，那么一般由集团采取相对集中的人力资源管控模式，以获取整合优势。相应地，如果集团下属业务类型为无直接关联的多元化产业，或者呈现多业态经营，业务单元不需共享核心竞争力以及产品、技术、客户、市场等信息，那么集团更适合采取分权式的人力资源管控模式。

2. 集团下属业务单元外部经营环境的开放性

经营环境的开放性会影响集团公司下属业务单元所面临的竞争压力。当集团下属业务单元市场环境相对稳定，或者各业务单元在集团内部的市场关系较强、开放程度不高、经营收入来自集团整体的资源优势，集团一般采取相对集权的人力资源管控模式。当前部分垄断性的大型集团公司均采用相对集权的管控方式。而如果集团下属业务单元所处的行业具有明显的开放性、竞争性特征，需要迅速应对市场环境和竞争对手的变化，那么集团就应采取相对分权的人力资源管控模式，从而形成面向客户、面向市场、有利于企业竞争的人力资源管理体系。

3. 集团和下属业务单元所处的发展周期

集团和下属业务单元所处的发展周期也会影响集团人力资源管控模式的设计。

从集团的发展周期来看，在发展的初期，集团业务类型单一，一般采取全面集中管理的人力资源管控模式；当集团开始多元化并进入不同的专业领域时，管理重点在于集团人力资源管理理念与体系的导入，协助业务单元构建人力资源管理体系，适宜采取各项管理方案导入型的管控模式；当集团进入全面多元化发展阶段时，整体人力资源管理模式相对成熟，一般采取政策指导型的管控模式。

从下属业务单元的发展周期来看，当子公司处于创业阶段时，经营中的不确定因素较多，应重点关注市场开拓，此时集团一般选择相对集权的人力资源管控模式。随着子公司的市场逐步稳定并步入快速发展阶段和规范化阶段，关注点从市场开拓转为加强内部管理，此时集团一般会适当分权，指导子公司逐渐完善和规范人力资源管理体系。当子公司进入精细化阶段，盈利能力较强，内部管理也较成熟，这时集团总部一般会进一步授权，采取相对分权的人力资源管控模式。

4. 人力资源管理能力强弱与体系完善程度

集团和业务单元人力资源管理能力强弱与人力资源管理体系（如人力资源战略、流程、制度、体系、架构等）的完善程度是集团人力资源管控体系制定的基础。

在集团层面，当集团人力资源管理能力较弱，还处在人力资源管理的初级阶段，人力资源体系和流程不支持对业务单元的集中管理时，应采取分权的管控模式；当集团人力资源管理能力较强、体系相对完善，可以对业务单元各项人力资源管理事务进行管控和指导时，则可采取集权的管控模式。

在业务单元层面，当业务单元人力资源管理能力较弱、体系不健全时，集团通常采用高度集权的人力资源管控模式，快速形成集团内统一的、规范化的制度和流程，确保实施集团各项人力资源政策，整合和利用集团内部人力资源。而当业务单元经营发展进入成熟期，人力资源管理能力较强、体系相对健全时，集团可采用相对分权的人力资源管控模式，推动业务单元人力资源管理能力的发展，并确保针对所在市场变化做出快速反应。

5. 企业文化

企业文化的核心是企业的精神和价值观，对企业员工的价值取向与行为方式具有强有力的导向和支配作用。一般而言，如果集团内部形成了统一的且被广泛认同的企业文化，员工特征基本相似，就有利于人力资源的集中式管理。相应地，如果集团内不同的下属子公司形成了亚文化且文化差异较大，业务单元间员工特征不同，则集团集权管理的效率将下降，甚至可能出现管理失效的情形。在这种文化下，集团公司更适合选用分权的人力资源管控模式。

6. 领导风格

企业高层管理者的管理风格也会影响人力资源管控体系的设计和实施。如果集团高层管理者倾向于把握细节、事必躬亲，集中管理业务单元风险，强调通过技术专业化和规模经济来降低成本，其人力资源管控就会表现为集权型管控；而如果集团高层管理者倾向于确定框架、抓大放小，将人力资源等重大责任授权给下属组织，强调业务单元的灵活性，其人力资源管控就会表现为分权型管控。

7. 内部信息化基础对人力资源管理事务性工作的分担

实际工作中，人力资源管理涉及很多事务性的工作，这些事务性工作的处理方式在一定程度上影响了集团人力资源管控体系设计。内部信息化基础越完善，集团人力资源管控模式的集权程度越高，具体体现在以下两个方面：①组织信息化共享平台的建立。企业能够建立相对完善的 e-HR 系统，搭建起一个集团总部与子公司都能够访问的人力资源信息数据库，使人力资源管理业务的处理遵照集团所要求的标准流程，实现人才资源、人力资源管理方案资源、培训课程资源等在集团内部共享，有助于实现集团人力资源的集中管理与统一调配。②集团建立覆盖全系统的人力资源信息数据库系统。集团总部可以动态分析集团人力资源信息状况，实时获取决策分析数据，并实现对业务单元人力资源状况的实时监控，这为对各业务单元人力资源状况进行监督与集中管理创造了基础条件。

三、人力资源管理三支柱转型

（一）人力资源管理垂直分工面临的问题

从人力资源管理垂直分工的角度来看，大多数情况下，总部承担更多的战略人力资源管理职能，业务单元或二级单位主要承担人力资源管理职能，而分支机构或基础业务部门更多承担人事管理职能。以实行适度分权的人力资源管控模式的企业为例：在集团总部层面，人力资源管理的职能更强调战略人力资源管理角色，负责整个公司的人力资源管理架构、制度和流程设计，而且内部的分工可能较细，岗位设置也较多；而在基层的分支机构中，人力资源管理的职能更注重人事管理角色，他们负责所辖范围的人事管理、执行上级的人力资源管理政策和流程。这种分工必然会带来一些人力资源管理问题，主要体现在：

（1）人力资源管理与现场业务需求的脱节。随着市场需求的多样化，为了紧贴市场趋势，许多企业的组织结构设计更多地采取了战略业务单元（Strategic Business Unit，SBU）或者事业部的模式。这种模式客观上需要人力资源部门提供差异化、个性化、快速的支持，而集团统一的人力资源管理职能往往不能很好地提供这种支持。目前，多数大型企业人力资源部门的运作模式是按职能模块（如薪酬、培训等）划分的，每个职能模块同时负责政策制定、政策执行及事务性支持（如发薪、办理入职手续等）。人力资源工作者的状态往往是想尽办法完善自己模块内的工作，让自己职责所覆盖的模块更加系统化、专业化。此外，总体上，集团公司大多数人力资源管理制度、政策往往来自集团总部的人力资源部门。在这种模式下，企业规模越来越大，人力资源部门却"高高在上"，离业务现场越来越远，对企业现场实践的需求掌握得不准确或不及时，从而所制定的统一的政策也会容易脱离现场的实际需求，引发业务人员的抱怨。

（2）人力成本较高。当公司规模很大（如跨国公司）、分支机构繁多时，几乎每个基层分支机构都需要配备人力资源管理相关的岗位，而每个岗位上的员工处理的事务有一定的相似性，由于配备的人员很多，人力成本也就相应地急剧增加。

（3）不利于人力资源管控。由于人力资源机构的分散和重复设置，一方面，人力资源管理无法形成合力；另一方面各人力资源机构工作标准不一致，服务标准不统一，也不利于公司的人力资源管控。

因此，垂直分工不恰当可能会在增加人力成本的同时，降低人力资源管理效率，造成组织管控不力，不利于有效支撑企业发展和提升核心竞争力。这些问题带来的结果就是对人力资源管理的质疑，其他部门的员工认为人力资源管理对业务起不到明显的支持作用，无法为企业贡献业绩。

（二）人力资源管理三支柱的内容

面对质疑和挑战，企业希望从业务发展的角度解决人力资源管理的问题，为业务部门提供最有效的人力资源管理支持，使人力资源部门成为业务部门真正的合作伙伴，从而让人力资源部门的专业人才摆脱烦琐的事务性工作，有更多的精力思考如何更有效地应对业务部门对人力资源管理的需求，为企业业务发展提供支持。在这种背景下，人力资源管理的三支柱模型应运而生，促使人力资源部门组织模式从职能导向型转变为解决方案导向型。大卫·尤里奇（David Ulrich）提出，人力资源部门应当像企业一样运营，人力资源管理的角色应该进行分工：有人负责客户管理，有人负责专业技术，有人负责服务交付。他在 *Human Resource Champions* 一书中最先提出人力资源部门组织架构的再设计，几经完善，变成现今大型企业中流行的三支柱模型。三支柱模型本质上就是基于互联网技术，改变集团公司传统的垂直分工。三支柱模型（见图1-2）的三个支柱分别是人力资源业务伙伴（HR Business Partner，HRBP）、人力资源专家中心（HR Center of Expertise，HRCOE）和人力资源共享服务中心（HR Shared Service Center，HRSSC）。三支柱模型也被称为3D模型，这是因为HRBP承担的是发现（Discovery）的职能，即挖掘业务部门需求，而HRCOE和HRSSC的职能则是设计（Design）和交付（Deliver）。简单来看，就是把最贴近现场的人力资源管理者手中的事务集中到HRSSC，通过能力的提升把他们自己转变为HRBP，把总部的战略人力资源管理角色转变为HRCOE。当然，三支柱理论的内涵要比这个简单的转变更复杂、更充实。

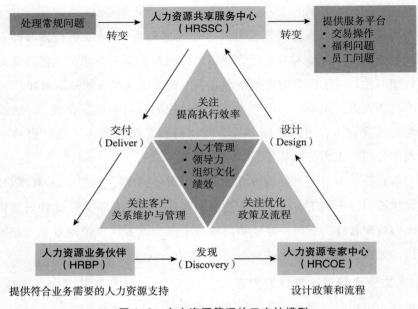

图 1-2 人力资源管理的三支柱模型

三支柱分工如下：

1. HRBP 提供符合业务需要的人力资源支持

作为人力资源部门和业务部门沟通联系的桥梁，HRBP 是入驻业务部门的人力资源管理者。他深入业务部门调研，与业务部门的同事一起工作。HRBP 处理各业务部门中日常出现的较简单的人力资源管理问题，做到将人力资源管理职能和业务需要结合起来，协助业务经理更好地使用各种人力资源管理制度和工具来管理员工；从人力资源管理视角参与业务部门管理工作，向业务部门提供个性化的人力资源服务，将人力资源管理和业务部门的人才吸引、保留、激励工作结合起来，制订出符合该业务部门的人才方案；强化 HRSSC 与服务对象的沟通与协调，与 HRCOE 和 HRSSC 合作，在能力范围内推进人力资源管理实务工作。

一般而言，HRBP 的定位主要是人力资源业务伙伴，即确保业务导向、贴近业务。一方面提供统一的服务界面，提供端到端的人力资源解决方案；另一方面为企业核心价值观的传承和政策的落地提供组织保障。

2. HRSSC 提供服务平台

基于共享服务思想，HRSSC 借助现代化信息技术平台，整合人力资源管理流程，将企业不同地域或业务部门中与人力资源管理有关的基础性、操作类行政工作合并。比如，HRSSC 把员工招聘、薪酬福利、社会保险管理、人事档案管理、人事信息服务管理、劳动合同管理、新员工培训、员工投诉与建议处理、入职离职管理、差旅报销、咨询服务等集中起来，通过建立的服务中心统一处理。它是直接面对内部客户提供服务的操作层，帮助企业更有效地管理人力资源，为员工和经理提供更为便捷的人事信息获取方式，解决日常工作中的常规操作性和事务性问题，以提升人力资源组织的运行效率。HRSSC通过集中化操作、简化流程，使企业获取规模效应，通过标准化的规范操作提升运作效率。例如，利用交互语音系统和互联网技术，通过在线知识数据库和人力资源管理数据库来服务内部客户，如政策的查询、工资的查询等。

一般而言，HRSSC的定位主要是人力资源的标准服务提供者，即确保服务交付的一致性，提供标准化、流程化的服务，使人力资源管理从业者从操作性事务中解放出来，去解决重复性的人事问题，提升人力资源管理的整体服务效率。

3. HRCOE设计政策和流程

HRCOE根据公司整体的战略目标，从需求或问题出发，通过战略、策略、政策、机制的构建，为公司人力资源领域或领域内的细分项设计整体方案。HRCOE的主要职责是为各业务部门提供人力资源方面的专业咨询；根据公司整体的战略目标，为公司制定整体的人力资源管理政策，包括人力资源规划、招聘与人事测评、培训发展、薪酬福利、企业文化、入职离职管理、员工关系管理、企业工会、高潜人才管理、职业健康管理、企业并购支持、高管薪酬管理等专业性较强的工作。HRCOE是三支柱转型的战略层，帮助HRBP解决业务部门遇到的人力资源管理方面专业性较强的难题，并从专业角度协助企业制定和完善人力资源方面的各项管理规定；指导HRSSC开展服务活动等，相当于HRSSC的"指挥中心"。

一般而言，HRCOE的定位是人力资源领域的专家，即确保制度设计的一致性，形成人力资源专业能力，提升公司人力资源政策、流程和方案的有效性，并为HRBP提供技术支持，为HRSSC提供流程服务规范。

（三）三支柱模型下的人力资源管理组织架构[①]

传统意义上的人力资源管理组织架构是按职能和人力资源管理工作的过程链条划分的，即将招聘、培训、薪酬、员工关系等划分为不同的职能板块。三支柱模型本质上是对人力资源管理的业务流程、组织和管控模式上的创新，意味着人力资源管理的职能角色和组织架构的变化，以及人力资源管理从业者横向分工和纵向分工的调整。图1-3中，公司总部的人力资源部门可划分为三个角色群体，即HRSSC、事业部/分公司的HRBP、HRCOE。强调结果并不代表三支柱模型推翻了传统的人力资源管理职

---

① 关于人力资源管理三支柱转型的具体理论和操作，可以参考张正堂（2018）。

能模块，而是以人力资源职能作为工具，按照三支柱的分工更好地开展人力资源管理活动。

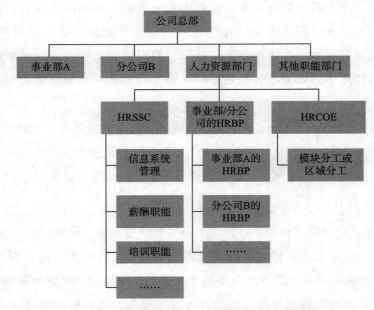

图 1-3　三支柱模型下的人力资源管理组织架构

职能模块嵌入人力资源三支柱模型的某个支柱里，即每个支柱内部依然会从事与人力资源职能相关的招聘、培训、开发、薪酬、绩效、员工关系等工作，只是每个支柱在不同的人力资源职能工作上的侧重点不同而已。一般而言，HRCOE 内部仍然按照人力资源职能模块分工，属于人力资源专才；HRSSC 将人力资源事务标准化和流程化，一定程度上降低了对人力资源管理从业者专业能力的要求，其如何分工往往取决于共享中心的规模；HRBP 则通常是人力资源通才，全权负责所辖业务部门的人力资源工作。

四、人力资源管理的第四次转型和角色演进

（一）人力资源管理的第四次转型

人力资源作为业务伙伴、专家中心和共享服务中心的"三驾马车"模式强调"由外而内"，即要求人力资源管理跳出组织，从客户和投资者等外部视角审视人力资源管理工作。以往企业中关注客户的部门可能更多是销售部门，但在本次人力资源管理转型中，要求人力资源管理从业者充分担当起业务伙伴的角色，朝外看，主动发现市场和客户的需求、业务和发展的机会，从人力资源管理的角度参与经营，更为直接、有效地为企业创造价值。HRBP 存在的主要价值也是源于它面向客户的定位。因此，

人力资源管理的这次变革也被称为人力资源管理历史上第四次转型，进入"由外而内的人力资源管理"阶段（见图 1-4）。

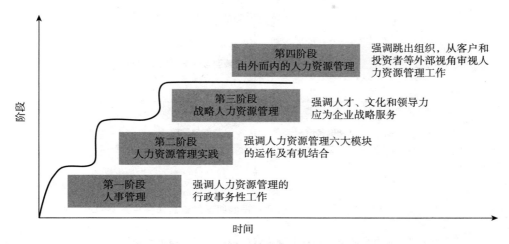

图 1-4　人力资源管理的四个阶段

尤里奇指出，在当今不断变革的环境中，人力资源管理要以一种由外而内的视角，为企业利益相关者创造价值。如果人力资源部门在企业内部所做的事情不能为企业外部的利益相关者创造价值，不能提高企业吸引、服务、留住客户和投资者的能力，那么就失去其存在的意义。由外而内的人力资源管理视角需要我们不断反思：我们的企业是雇员首选的雇主吗？我们预期绩效的标准与客户的期望是否符合？我们是否允许客户或投资者参与利益分配？我们的沟通工具能否连接员工与客户？我们塑造的领导力品牌能否与客户的期望紧密联系起来？我们的组织文化是否有正确的实践、模式和特性？

（二）人力资源管理角色的再演进：四角色模型

尤里奇于 1997 年提出了人力资源管理从业者的四个角色：战略伙伴（Strategic Partner）、行政专家（Administrative Expert）、员工后盾（Employee Champion）、变革推动者（Change Agent）。美国著名咨询公司 CEB（Corporate Executive Board）也提出了人力资源管理从业者需要扮演的四个角色，包括战略伙伴（Strategic Partner）、执行经理（Operations Manager）、员工关系协调者（Employee Mediator）和紧急事件处理者（Emergency Responder）。这两个观点有一定的相似性，即描述的都是人力资源管理的新角色，区别于传统意义上的人力资源管理角色。这两个观点都将"成为业务部门的战略伙伴"视为人力资源管理最重要的工作，认为其对组织的贡献超过了另外三个角色的贡献的总和。

在建立高竞争力组织的过程中，人力资源管理的四种角色分别对应了四项关键工作，如图1-5所示。每项工作的预期成果、特征比喻和对应活动如表1-2所示。

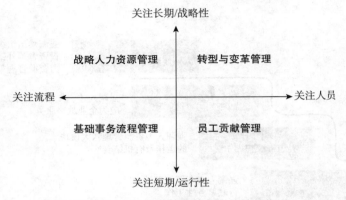

图1-5　人力资源管理的四项关键工作

表1-2　人力资源管理四项关键工作的预期成果、特征比喻和对应活动

关键工作	预期成果	特征比喻	对应活动
战略人力资源管理	执行战略	战略伙伴	使人力资源战略与业务战略保持一致——组织诊断，根据业务部门的发展，调整人力资源策略
基础事务流程管理	建立高效的基础实务流程	行政专家	组织流程再造，提升人力资源相关基础性工作的效率——共享服务
员工贡献管理	为员工提供良好的氛围和环境	员工后盾	倾听员工声音并向其反馈，平衡组织要求与员工需求，提高员工贡献度——为员工提供资源
转型与变革管理	创造一个崭新的组织	变革推动者	转型与变革管理，推动业务变动所带来的组织变革和文化转型——确保变革的能力

其中，战略伙伴角色的活动主要集中于把人力资源战略和业务战略结合起来。在这一角色中，人力资源管理从业者以战略合作伙伴的角色出现，通过提高组织实施战略的能力以保证业务战略的成功。行政专家角色要求人力资源管理从业者设计和提供有效的人力资源流程，管理人事培训、奖励、晋升，以及其他涉及组织内部人员流动的事项。员工后盾角色意味着人力资源管理从业者需要帮助维持员工和企业之间的心理契约，把精力投入到员工日常关心的问题和需求上，积极倾听，及时反馈，并向员工提供为满足他们不断变化的要求所需的资源；营造一个学习的氛围和环境，让企业员工置身其中，被激发出自然的学习动力和工作成就感。变革推动者要求企业人力资源管理从业者尊重和欣赏企业的传统和历史，同时具有应对未来竞争的观念并采取行动。

与人力资源管理从业者的四种角色一一对应,尤里奇认为企业人力资源管理从业者应掌握四种技能:(1)掌握业务(Business Mastery),即要求人力资源管理从业者成为企业核心管理层的一部分,了解并参与基本的业务活动,具备较高的战略业务导向能力;(2)掌握人力资源(HR Mastery),指人力资源管理从业者要确保基本的管理和实践相互协调,并担当起行政职能;(3)个人信誉(Personal Credibility),指人力资源管理从业者应具备良好的人际影响能力、问题解决能力和创新能力;(4)掌握变革(Change Mastery),即要求人力资源管理从业者懂得如何领导企业变革与重组。在此基础上,形成了如图1-6所示的人力资源能力模型。

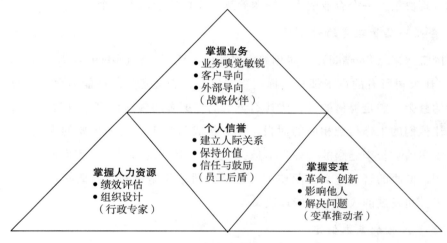

图1-6 人力资源能力模型

第三节 人力资源管理面临的挑战

人力资源管理的一个基本的假定是:不同的人力资源管理决策会导致不同的结果。其原因是管理人员的人力资源管理决策不仅影响管理人员本身的成败,也影响员工的行为、绩效和满意程度,从而影响员工的公平感和对客户的态度,最终影响到整个组织的绩效。而管理人员的人力资源管理决策所依赖的客观环境和主观条件都在不断变化,这对今后人力资源管理理论和实践的发展都形成重要的约束。

在做出人力资源管理决策时,必须考虑到组织的特征、工作的特性,以及组织的内外部环境。其中,外部环境包括经济、政治、社会文化、法制等多方面因素;而有关人力资源管理决策组织层面的因素(内部环境)包括组织的特征、规模、行业、地理位置,以及研究开发在组织中所处的地位等。与人力资源管理有关的组织特征包括公司人力资源管理理念、组织发展的战略与财务状况、技术进步、组织结构变革,以及员工对工作和生活质量的新要求。所有这些因素对人力资源管理都具有重要的影响。

一、人力资源管理理念对组织人力资源管理制度的影响

人力资源管理理念是指管理者对员工行为的基本假定以及据此采取的人力资源管理行为。这些假定包括:他们值得信任吗?他们喜欢工作吗?他们有创造力吗?他们的言行为什么不一致?应该怎样对待他们?等等。人力资源管理理念直接影响各项人力资源管理决策。一个企业的人力资源管理理念取决于以下两个因素:

1. 企业高层管理者的哲学观

美国宝丽来(Polaroid)公司创始人埃德温·H. 兰德(Edwin H. Land)的管理哲学是:"让公司所有的员工都有发挥才智的机会,表达意见,在能力允许的范围内共享公司的繁荣,赚足够多的钱,使其不至于把赚更多的钱这件事一直放在心头。总而言之,让他们的工作得到相应的回报,使工作成为员工生活中重要的组成部分。"韩国三星集团前会长李健熙的管理哲学是:"三星不是我的公司,是我们的公司。"正是在这种积极健康的管理哲学的驱使下,这些公司才能制定和实行既有利于员工成长、也有利于公司发展的人力资源管理决策。

2. 关于人性的基本假定

在管理思想史上,有多种关于人性的假定。McGregor(1957)提出了 X 理论和 Y 理论。X 理论的基本假定是:人们普遍不喜欢工作,且会尽可能逃避工作。因此必须用强迫、控制、指挥和惩罚等手段才能使员工付出努力;一般而言,人宁可接受指挥,也不愿承担责任。Y 理论的基本假定是:一般而言,人的本质并不讨厌工作;要使人们努力工作以完成组织的目标,高压控制与威胁惩罚并不是唯一的手段;成就感、自尊和自我实现等较高层次的需求可以激发人们工作的积极性;在适当的条件下,大多数人不但会承担责任,而且会进一步主动承担责任;多数人都能发挥出相当水平的想象力、聪明才智和创造力,以解决组织中的各种问题。

伦西斯·李克特(Rensis Likert)于 1961 年提出关于组织系统的基本理论。他根据 X 理论建立的系统 I 理论认为:管理层对员工没有信心,也不信任他们;各种决策和组织目标的设定都由最高管理层单独进行;员工在害怕、威胁和惩罚的气氛中被迫工作;控制权高度集中在最高管理层手中。他根据 Y 理论建立的系统 IV 理论认为:管理层对员工很有信心,而且完全信任他们;决策权广泛分散,实行分权制度;员工因参与公司的决策而受到激励;管理层和员工之间存在相当友善的互动关系;控制权

分散，基层员工也能充分参与公司事务。

威廉·大内（William Ouchi）在《Z理论》（Theory Z）一书中提出了Z理论，对日本在第二次世界大战以后经济起飞期间日本企业的成功管理理念和实践进行了总结。Z理论的基本要点是：企业实行长期雇佣制度；强调集体决策；员工个人有对工作任务的期待；比较缓慢的晋升；对所有的管理层员工和非管理层员工都给予信赖；在组织内部营造一个亲密、融洽、合作的家庭氛围；组织层级比较少，维持一个比较公平的阶层制度，强调以工作小组完成工作的组织形式；采用内在的、非正式的管理方式。

二、组织的发展战略与财务状况对人力资源管理决策的影响

一个组织的战略要为组织设定长期目标，研究诸如进入什么行业，以及如何与对手开展竞争等问题。组织的战略把决策与方向结合在一起，以实现特定的目标。组织在各个层面上都会涉及战略问题，最基本的战略问题是整个组织层面的，如决定组织应该进入什么行业。一个公司有财务、市场、人力资源等职能部门，这些具体部门的战略的基本目标是更好地服务于整个组织和确保所在部门目标的达成。在这一层面上，战略应该转化为可以操作的目标。以人力资源部门的战略为例，它包括以下三个主要任务：第一，确保组织的人力资源管理与公司的经营战略相互配合；第二，建立人力资源管理的目标与计划；第三，与各个部门的管理人员合作，确保人力资源管理计划的贯彻执行。

目前，美国学者特别强调战略人力资源管理。战略人力资源管理的基本假定是：适应组织条件的人力资源管理决策对组织绩效的提高具有积极的影响。具体而言，组织的外部条件、组织本身的条件和员工的特征相互配合，在此基础上做出关键的人力资源管理决策，从而促进组织绩效的提高。组织绩效的提高表现在实现组织战略目标、改善组织财务状况、增加企业股票的市场价值和改进员工的表现等。

从企业的财务状况来看，如果企业没有足够的收益，就无法向员工支付薪酬，无法进行培训项目，也无法资助下岗员工寻找新的工作。在组织的人力资源管理活动中，聘用员工并向其支付薪酬、组织员工培训等活动占支出的比例很大。因此，企业在制定相关决策时必须考虑自身的财务状况。在法律比较健全的情况下，人力资源管理甚至还会涉及企业在什么样的财务状况下才可以暂时解聘员工。当然，利润分享计划允许员工薪酬随着公司财务状况的变化而变动，具有一定的弹性。

三、技术进步对人力资源管理决策环境的影响

技术是指组织在提供产品和服务的过程中所使用的程序与工艺。技术进步把人们

从危险、繁重和枯燥的体力劳动中解放出来，尤其是使得采用新技术的小企业有能力与规模较大但发展缓慢的企业进行竞争。由于新技术的出现带来的新的工作岗位比现有工作岗位要求更高的技能水平，因此各个企业都有必要使自己的员工在技能上具有足够的灵活性以适应不断变化的技术要求。员工在工作设计中参与决策有助于提高对不断变化的技术要求的适应性。一般而言，技术可以分为大规模生产技术和灵活分工技术。大规模生产采用专用技术生产标准化的产品，因此只需要技术水平一般的员工。在灵活分工的情况下，工作任务比较复杂，对员工的技术水平要求比较高。任务通常分配给工作小组而不是员工个人，且需要将员工以工作小组的形式组织起来。运用灵活分工的技术可以减少员工工作种类的划分，增强企业对环境变化的适应性。

社会的技术进步也对企业人力资源管理产生了巨大的影响。在第四次工业革命的影响下，智能机器人得到不断发展。"工业制造4.0""数字中国建设"等国家规划加速了我国智能化以及工业机器人的普及，势必对组织人力资源管理产生革命性的影响。机器人替代了很多基层的工作岗位。总部设在美国硅谷的特斯拉汽车工厂已进入全自动化生产阶段，是全世界最先进的工厂之一。2017年10月9日，京东物流首个全流程无人仓正式亮相上海，这是全球首个正式落成并规模化投入使用的全流程无人物流中心。此外，ChatGPT、Midjourney等生成式AI的出现也加速了自动化应用进程。2016年7月，麦肯锡公司发布的研究报告指出，并不是所有行业都会被智能化替代（Chui等，2016）。以制造业为例，大约只有59%的工作可以在技术上被替代。即使在制造业内部也有差异，比如电焊工、切割工等有90%的可能性被替代，但面向客户服务的工作被替代的可能性低于30%。而大量的教育类、健康医疗类的工作也是不会被替代的。2023年7月，麦肯锡研究报告再次指出，预计到2030年，美国30%的工作时间将实现自动化，并覆盖商业、科技、科研、艺术创意、教育、法律、医疗保健、客户服务、销售、运输、食品等行业（Mckinsey Global Institute，2023）。尽管有一些基础岗位会被取代，但是与此同时，技术的发展也将创造更多全新的岗位。对于大多数工作岗位来说，生成式AI目前显著增强了从业者的技能，而不会完全替代它们。牛津大学的研究人员对702种职业做了研究（Frey和Osborne，2017），发现在2037年前，47%的岗位都可能被人工智能机器人取代，其中替代风险高的岗位包括行政人员、法律助理、贷款专员、物流运输人员、司机、基层文员、服务员，其特点是劳动机械化、不需要过多地与外界交流、有明确定义的规则任务、与数据相关；替代风险低的岗位包括律师、娱乐圈人士、外科医生、小学老师等，其特点是有创造性、需要个人直接与外界交流、具有个人资源与品牌及影响力、提供个性化服务。生成式AI的应用能够极大地提高从业者的生产效率，从人力资源管理的角度，组织需要帮助员工学习新技能，并引导员工充分认识新技能对其工作的辅助作用，而不是将其视为"入侵者"。当 AI 能够接管枯燥、重复的工作内容时，员工可以将有限的精力释放出来，进行更有价值和创意的工作。

互联网技术的发展，加剧了资源的整合，淡化了行业、产业的边界。在传统社会中，隔行如隔山，而在当今的市场中，各行各业都进行着跨界整合，主要盈利手段加速向网络化、服务化靠拢，同时产生了多种多样的互联网平台。例如，以"人+信息"为基础的百度、以"人+商品"为基础的淘宝、以"人+人"为基础的腾讯都是基于互联网搭建起来的平台。追求互联网思维、追求"互联网+"已成为大家的共识。互联网的发展深刻地改变着组织结构以及人力资源的类型和结构，而新型人力资源反过来也推动着互联网技术的进一步发展，组织的人力资源管理实践将发生革命性的变化。例如，互联网时代为我们提供了重塑雇佣关系的机会以及一种新型的忠诚观——意味着既承认现实，又允许雇佣双方基于共同的目标和利益绑定彼此。员工和组织的关系将从劳动力的交易转变为互惠互利的战略合作，这种关系最大的好处是面向未来、致力于双方的增值。

四、组织结构变革对人力资源决策的影响

一般而言，人力资源决策应该与组织结构相互适应。组织结构是组织条件的一个重要方面，对人力资源管理决策具有重要的影响。在传统的金字塔式组织结构中，强调的是命令与控制。在这种情况下，员工的任务被清晰地描述出来，组织对员工的期望是明确的；员工的晋升路线是清晰的垂直晋升，晋升意味着责任的增大、地位的提高和更高的薪酬；人力资源管理的全部信息都集中在组织的最高管理层。相比之下，在扁平化组织结构中，强调对员工的授权，并把被授权的员工组成工作小组；组织鼓励员工拓展自己的工作内容，提高员工的通用性和灵活性；培训系统和薪酬系统都支持水平式的晋升。

例如，在互联网技术的推动下，企业组织运行模式从"传统层级型"向"平台共治型"转变，企业的组织结构正在从高度集权的金字塔式组织向扁平化、虚拟化、动态化方向发展。在共享经济理念盛行的时代，我们有必要深刻认识到网络软件、硬件工具对传统治理方式的新要求，以"去中心、去结构、去层级"为主要抓手，改变金字塔式、命令式的管理模式，提升和重构组织内部运营模式、组织形态、业务流程、管理机制和工作方式，为组织成员间低成本、零距离、无障碍交流提供新的平台，进一步优化组织运行生态。

随着组织结构的变化，管理人员的作用也在发生变化。在金字塔式的组织结构中，管理人员的主要作用是指挥员工、激励员工、实施和贯彻上级推动的变革、简洁

明了地沟通信息。在扁平化组织中，管理人员的作用是促使员工积极参与、在各个工作小组之间进行协调、为工作小组争取各种资源、与工作小组成员进行互动式沟通。在网络化组织中，管理人员的作用是发展合作伙伴、帮助多元化工作小组积极合作以实现公司全局目标、促进持续的技术创新以不断满足客户的需要、判断不断完善工作方式的需要。以上三种组织结构的关系如表1-3所示。

表1-3 三种组织结构的关系

组织结构	管理哲学与价值观念	人力资源决策的含义
金字塔式组织	命令与控制	层级化的、清晰的晋升路线 清楚的、详细的工作说明 薪酬支持、垂直晋升 根据工作需要进行培训 最高管理层掌握信息
扁平化组织	减少层级 工作丰富化 强调工作小组 员工授权	有限的晋升路径、水平晋升 与员工分担工作责任 概括性的工作描述 薪酬强调员工个人与工作小组的绩效 培训强调通用性和灵活性 与工作小组共享信息
网络化组织	重建供给者和需求者的边界 不强调职能专家 强调客户 以工作小组为基本工作单位	工作基本由员工自己负责 概括性的工作描述 根据员工自己的意愿进行培训 薪酬强调个人的知识和工作小组的绩效 信息共享

资料来源：Milkovich, G. T., & Boudreau, J. W.（2000）. *Human Resource Management*. Sao Paul: Atlas.

五、员工对工作和生活质量的新要求给人力资源管理带来的挑战

管理人员是通过他人来实现组织目标的，只有设法激励员工努力工作，才能成为有效的管理者。激励机制包含两方面：第一，发现员工需要什么，然后用这个事物作为员工完成工作的报酬；第二，确定员工的能力是否可以完成这项工作。换言之，欲望和能力是实现激励机制的两个要素。激励模式对企业人力资源管理政策的制定具有很强的指导意义。在激励员工的过程中，最重要的问题是：员工的工作积极性是否很高？实现对员工的高激励必须在人力资源管理方面把握员工真实的内在需求，并以该需求为支点撬动、引导员工表现出组织需要的行为。

随着社会发展与物质丰富化，员工对工作和生活质量的要求越来越高。工作和生

活质量一般有两种含义：一是指一系列客观的组织条件及其实践，包括工作的多样化、工作的民主性、员工参与管理的程度，以及工作的安全性；二是指员工工作后获得的安全感、满意程度，以及自身的成就感和发展感。第一种含义强调工作的客观状态，第二种含义强调员工的主观需要。如果把这两种含义结合在一起，工作和生活质量高就意味着员工喜欢他们所在的组织，同时组织也具备满足员工自我成就需要的工作方式。

新生代员工成为当前企业的主体。他们有非常明显的个性特征：价值观多元化、自我意识较强、创新意识较强、崇尚自由民主但同时缺乏心理弹性。这些个性特征使他们对工作往往表现出渴望被授权、工作生活化、工作游戏化、时间弹性化、需要及时激励等特征。他们在职业发展中，自我成就意识强烈、职业生涯规划清晰度高、心理需求多元化、等级意识淡化、可塑性强、渴望兼顾工作与生活的平衡、企业忠诚度低。同时，影响新生代员工对工作和组织满意度的因素也发生了变化。例如，智联招聘发布的《2020中国年度最佳雇主评选报告》中，全国百强雇主不仅在薪酬福利方面表现优秀，而且在工作环境、雇主文化、组织管理以及雇主形象等方面表现优异。这也从侧面反映了求职者在应聘过程中非常看重的工作要素。因此，企业要想对新生代员工施行有效管理，必须尊重新生代的个性特征；提供更加灵活的工作方式；对新生代员工进行"区别对待"；提高他们在组织决策中的参与性和代表性；多举行团队活动。对于新生代员工的管理，企业必须学会包容，从而确保员工能够大胆地进行市场开发，乐于分享客户信息，敢于试错和创新，愿意并肩协作，从而发挥多元化人力资源的价值。

以新生代员工所重视的参与组织管理为例，他们参与管理本身意味着组织中权力的再分配，因此这要求管理人员把员工看作成熟的个人。日本式的企业管理是以员工高度的参与和认同为基础的。日本的员工在企业中感到自己受到尊重、被企业关心，同时他们也忠心耿耿地为企业的最大利益而努力工作。从美国的实践看，员工参与企业管理的形式主要有以下五种：①建立质量控制小组和解决各种问题的小组；②劳资双方合作；③参与工作设计和新工厂设计；④实现收益分享和利润分享；⑤实行企业的雇员所有制。

复习思考题

1. 人力资源管理的三支柱转型对中小企业是否适用？
2. 以下12项是一个组织在招聘新员工的环节需要处理的工作，其中1—6项由人力资源部门完成，7—12项由直线部门完成。请结合这一实例，比较直线经理和职能经理的工作,并说明它们在时间次序上的配合关系。

(1) 到劳动力市场上吸引人才,包括做广告、派人到大学校园演讲。

(2) 组织面试和专业测试,把应聘者的测试结果与任职资格条件和工作说明书进行对比,对应聘者进行筛选。

(3) 组织身体检查和资格文件审核,选择优秀的应聘者推荐给直线经理。

(4) 向新员工介绍组织的基本情况。

(5) 记录新员工目前的绩效考核结果,分析其未来潜力并存入档案。

(6) 与辞职员工面谈,发现离职的原因并采取相应的措施。

(7) 梳理岗位应聘者的任职资格条件,建立文档。

(8) 对人力资源部门推荐来的应聘者进行面试,做出最终的任用决定。

(9) 指导新员工了解工作的特性及其细节,如安全规定、操作方式等。

(10) 配合人力资源部门拟定的培训计划对新员工实施技术培训。

(11) 对员工进行绩效评估,做出晋升、调职或解雇的决定。

(12) 与辞职员工面谈,发现离职原因并在本部门内部做出相应调整。

3. 企业高层管理者的管理哲学是如何影响人力资源管理的?

4. 互联网技术的发展对人力资源管理产生了哪些重要的影响?

5. 谈谈智能制造的实现对我国企业人力资源管理的影响。

人力资源战略与规划

学习目标

1. 了解人力资源战略的类型以及与企业战略的匹配关系
2. 学会人力资源需求预测方法
3. 学会人力资源供给预测方法,了解企业人才盘点的具体操作
4. 掌握平衡人力资源供给与需求的基本方法

人力资源战略是人力资源管理的方向规划，它阐明了与人相关的重要企业问题，表明了公司人力资源管理的战略定位。人力资源规划则是人力资源战略在较短时期内的体现，是预测未来一定时期的组织任务和环境对组织的要求，以及为了完成这些任务和满足这些要求而设计的提供人力资源的过程。人力资源战略与规划的实质是决定组织的发展方向，并在此基础上确定组织需要什么样的人力资源，以实现企业的最终发展目标。人力资源规划信息的质量和精确性取决于企业的决策者对企业战略目标的明确程度、组织结构、财务预算和生产计划等因素，同时也需要人力资源部门提供的工作分析资料和人力资源信息系统提供的有效数据。

第一节　人力资源战略

一、战略人力资源管理的内涵

战略人力资源管理的目标就是有效运用人力资源去实现组织的战略性目标。战略人力资源管理是一个关于整合适应性的概念，它致力于保证：①人力资源管理充分与组织的战略和战略性需求相整合；②人力资源政策应该涵盖政策本身和各个层级；③人力资源实践作为一线管理者和员工日常工作的一部分，不断得到调整、接受和运用。Wright 和 McMahan（1992）提出了一个综合理论框架，说明战略考虑如何影响人力资源活动（见图 2-1）。

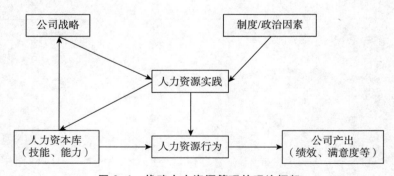

图 2-1　战略人力资源管理的理论框架

战略人力资源管理的理论基础来自资源基础观（Barney，1991），该理论强调企业所控制的独特资源是企业获得可持续竞争优势的关键来源。Barney（1991）提出，帮助企业获得竞争优势的资源应具备下列特点：①有价值；②稀缺；③不可完全模仿；④不可替代。而企业的内部人力资源通过企业的培养、开发和积累，能够形成符合上述特征的独特资源，为企业带来竞争优势。战略人力资源管理可以帮助企业形成竞争对手难以模仿的、无形的人力资源，获得可持续的竞争优势。

战略人力资源管理与传统人力资源管理在许多方面有根本的区别。传统人力资源管理方法将人员管理的主要职责放在公司人力资源部门的职能专家上，以管理员工关系为核心任务，被视为企业的成本中心之一；而战略人力资源管理方法将人员管理职责放在与员工联系最多的人，也就是各位员工的业务管理人员上。本质上，战略人力资源管理强调组织中对人有责任的任何人都是人力资源管理人员，需要关注企业现有的人力资源如何能够发挥最大功效，帮助企业实现战略目标，因此被视为能够产生巨大回报的投资中心。表 2-1 总结了传统人力资源管理和战略人力资源管理的区别。

表 2-1 传统人力资源管理和战略人力资源管理的区别

	传统人力资源管理	战略人力资源管理
职责承担者	职能专家	业务管理人员
核心任务	管理员工关系	管理与内部、外部客户的合作关系
人力资源从业者的角色	变革的追随者和响应者	变革的领导者和发起者
创新	缓慢、被动、零碎	迅速、主动、整体
时间视野	短期	短期、中期、长期（根据需要）
控制	官僚的角色、政策、程序	有机的、灵活的
工作设计	紧密型的劳动部门，独立、专门化	广泛的、灵活的，交叉培训，团队
企业的关键投资	资本、产品	人、知识
经济责任	成本中心	投资中心

资料来源：Mello, J. A. (2002). *Strategic Human Resource Management*. South-Western：Cengage Learning。

二、战略人力资源管理的过程

战略人力资源管理可分成两个部分，一是人力资源管理战略，二是人力资源管理系统。人力资源管理战略是指人力资源在组织目标实现过程中产生何种作用，即企业根据自身情况选择人力资源战略模式。人力资源管理系统是指人力资源管理的实践，即企业在人力资源战略模式的指引下，具体如何实现选人、育人、用人和留人，包括招聘、人力资源配置、培训开发、薪酬福利、绩效考核等具体的人力资源管理行为。战略人力资源管理是具备横向一致性和纵向一致性的系统。纵向一致性是指人力资源战略应当与组织的战略选择保持一致，支持组织战略目标的实现。横向一致性是指人力资源系统的各项职能之间具备内在的一致性。因此，战略人力资源管理是一个整体的、动态的管理系统。

　　战略人力资源管理过程包括两个相辅相成的阶段：战略制定和战略执行。在人力资源战略的制定阶段，需要确定组织的文化、环境、目标等，以决定组织的战略方向，组织的战略方向进而直接影响企业在人力资源管理战略上的选择。在战略的执行阶段，企业要开始贯彻实施所选择的人力资源管理战略。例如，通过招聘确保组织获得高水平技能的员工，建立能够促使员工行为与组织战略目标保持一致的薪酬福利体系。最后，组织还要根据战略人力资源管理的结果——人力资源绩效、组织绩效、财务绩效、资本市场绩效等，对人力资源管理战略的制定和执行进行评估反馈，实现战略人力资源管理的动态管理。图 2-2 描述了战略人力资源管理过程。

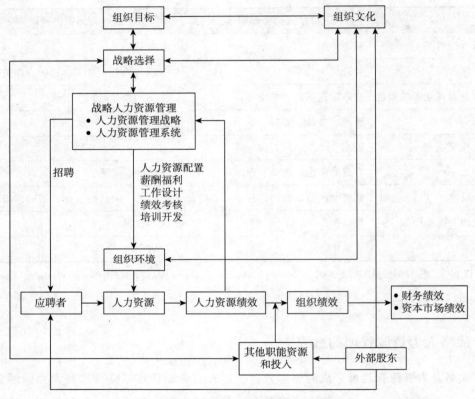

图 2-2　战略人力资源管理过程

资料来源：Way, S. A., & Johnson, D. E.（2005）. Theorizing about the Impact of Strategic Human Resource Management. *Human Resource Management Review*, 15（1）：1-19.

三、人力资源战略模式

　　企业的人力资源战略是一项职能战略，它是整个企业战略的组成部分，与企业的其他战略（如财务战略、营销战略等）一起构成企业的战略系统。Schuler（1992）认为，人力资源战略实质上是计划和程序，它讨论和解决的是与人力资源管理相关的基础战略问题。人力资源战略被认为是一种战略的定位，是指导人力资源系统和活动的行动纲领，它确定了人力资源在实现企业经营目标中承担何种作用。

一般来说，人力资源战略形成于战略人力资源管理的战略制定阶段，通过环境分析和纵向匹配分析来确定。因此，企业人力资源战略的制定既受到外部因素的制约，又受到内部因素的影响，是多因素综合影响的结果。不同企业的人力资源战略往往有很大的差异。许多学者提出了不同的人力资源战略模式，下面我们详细介绍几种被广泛接受的人力资源战略模式。

（一）戴尔和霍尔德的人力资源战略模式分类

根据李·戴尔（Lee Dyer）和杰拉尔德·W.霍尔德（Gerald W. Holder）的分类方法，我们将企业可采用的人力资源战略分为三种类型：诱因战略（Inducement Strategy）、投资战略（Investment Strategy）和参与战略（Involvement Strategy）。

（1）诱因战略。采用诱因战略的组织的主要目的是寻求具有高度稳定性和可靠性的员工，并且依赖高薪酬策略来留住员工，与员工之间表现为纯粹的利益交换关系。诱因战略主要特点为：①强调对劳工成本的控制。采用该战略的企业一方面会严格控制员工的数量，另一方面会在招聘中优先选择有经验、技能高度专业化的求职者，以降低员工招聘和员工培训的费用。②明确员工的工作职责。这类企业强调目标管理，用合理的分工和明确的工作责任来降低服务过程中的不确定性。③富有竞争力的薪酬水平。这类企业提供丰厚的薪酬，以提高对人才的吸引力，力求吸引到业内的尖端人才，形成稳定的高素质员工队伍；同时，富有竞争力的薪酬水平也可以帮助企业吸引技能高度专业化的员工，从而降低培训费用。④薪酬与绩效密切相关。这类企业提供的薪酬中绩效薪酬占较大的比例，员工薪酬与个人绩效和努力程度之间的联系比较紧密。⑤员工关系比较简单。这类企业与员工之间的关系比较简单，以单纯的利益交换关系为主。

（2）投资战略。采用投资战略的组织多处于成长期或不断变化的环境中，将雇佣关系建立在长期发展的观点上，雇用员工数量多于组织需要的员工数量，同时相当重视员工的培训，以期拥有多技能的员工为组织多做贡献。投资战略的特点为：①强调人力资源的投资，重视人员的培训和开发。鼓励员工学习和自我发展，鼓励员工积累自身知识。②在招聘中强调人才的储备。采用这种战略的企业在招聘中会聘用数量较多的员工，并注意储备具备多种专业技能的员工，更看重员工的潜力和能力而非工作经验。③员工工作职责跨度较广。这类企业对分工和工作职责的界定不明晰，工作内容比较广泛，给员工提供充分展示自我的舞台，有利于员工的创新。④注重良好的劳资关系和宽松的工作环境。这类企业把员工视为合作伙伴，对员工短期绩效要求较少，而更看重充分挖掘员工的工作潜质，注重员工的长期发展和长期服务。

（3）参与战略。采用参与战略的组织将权力下放到最基层，提高员工的参与性、主动性和创新性，让员工有参与感。参与战略的特点为：①鼓励员工参与企业的管理和决策。这类企业为员工提供多种渠道和机会，赋予员工参与决策的权力。②管理人员是指导教练。管理人员不干预员工的工作，给员工较大的自主权，只为员工提供必要的咨询和帮助。③注重员工的自我管理和团队建设。充分授权是这类企业的最大特点，且经常鼓励员工的团队工作，培养团队精神。

（二）巴伦和克雷普斯的人力资源战略模式分类

詹姆斯·N.巴伦（James N. Baron）和大卫·M.克雷普斯（David M. Kreps）对人力资源战略进行了分类。根据他们的分类结果，我们将企业的人力资源战略分为三种类型：内部劳动力市场战略、高承诺战略和混合战略。

（1）内部劳动力市场战略。内部劳动力市场战略要实现两个人力资源管理目标，即维护企业独特的知识资本，以及使选拔和培训成本最小化。内部劳动力市场战略的特点为：①企业内部层级分明，具有官僚等级式的制度，为员工提供较多的晋升机会。②强调内部招聘渠道。除了初级岗位，企业内的绝大多数岗位都通过内部晋升填补，鼓励员工为企业长期效力。③提供工作保障和发展机会，鼓励员工忠诚于企业，以维护企业独特的知识资本。

（2）高承诺战略。高承诺战略的目标是最大限度地提高员工的产出，以及员工对组织的认同感。高承诺战略的特点为：①更加认同扁平化的组织结构和团队合作，与内部劳动力市场战略提供的工作保障不同，高承诺战略通过将员工流动率保持在一定水平，获取企业所需要的知识和能力。②体现工作成果差别的薪酬体系。以薪酬的形式承认员工工作成果的差异，鼓励员工最大限度地提高产出。

（3）混合战略。混合战略是介于内部劳动力市场战略和高承诺战略之间的一种战略模式，它既有内部劳动力市场战略的工作保障和内部晋升，也采用了高承诺战略中基于工作成果的绩效考核和薪酬方案。

（三）高绩效工作系统

美国劳工部在1993年提出了"高绩效工作组织"的概念，这类组织通过给员工提供信息、技能、激励和职责，做出能应对变革的创新、改进和快速响应等决策。在研究中，也有学者采用狭义的定义，如Pfeffer（1994）认为高绩效工作系统（High Performance Work Systems，HPWSs）是一系列可以叠加的有助于提高企业经营绩效的人力资源管理实践。Huselid等（1997）把高绩效工作系统定义为公司内部高度一致的确保人力资源服务于企业战略目标的系列政策和活动。

为了解释高绩效工作系统为何能够提高组织绩效，Appelbaum（2000）提出了著名的高绩效工作系统"AMO"模型，他认为组织绩效主要取决于员工能力（Ability）、动机（Motivation）和参与机会（Opportunity to Participate）这三个关键要素。当组织采用的人力资源管理实践能够强化这三个要素，员工就会主动地努力工作，进而使组织实现高经营绩效和获取竞争优势。

学界对高绩效工作系统的内容进行了广泛的探讨，不同学者提出的内容维度和内容不尽相同。同时，学者们发现，不同国家（地区）或不同行业的组织采用的高绩效工作系统的实践基本类似，例如美国、中国、西班牙和英国的高绩效工作系统的管理实践都包括了薪酬和奖励、培训、招聘与选拔、参与和授权、绩效管理、信息共享和沟通、工作保障和雇佣安全。

四、人力资源战略与组织战略的匹配

企业的组织战略是人力资源战略的直接决定因素；同时，人力资源战略作为一项职能战略，又直接支持组织战略的实现。在人才的竞争中，只有实现人力资源战略与组织战略的协调一致，才能帮助企业获得竞争优势，最终实现组织目标，因此每一种战略对员工的要求也有显著差异。

（一）波特战略分类下的人力资源战略

迈克尔·E. 波特（Michael E. Porter）将组织战略分为低成本战略、差异化战略和集中化战略三种类型。Gómez-Mejia 等（2020）提出了与波特的战略类型相匹配的人力资源战略模式（见表2-2）。采用低成本战略的企业需要清晰地界定员工的工作范围，并规定他们的工作技能要求，强调在技能领域的培训工作，以提高员工的生产效率。此外，低成本战略的企业推行内部一致性较强的薪酬体系，管理人员与下属的工资差距比较大。

表 2-2 波特的组织战略与人力资源战略的匹配

组织战略	战略特点	匹配的人力资源战略
低成本战略	• 持续的资本投资 • 严密地监督员工 • 严格的成本控制，要求经常的、详细的控制报告 • 低成本的配置系统 • 结构化的组织和责任 • 产品设计以便于制造为原则	• 有效率的生产 • 明确的工作描述 • 详细的工作规划 • 强调具有技术上的资格证明与技能 • 强调与工作有关的特定培训 • 强调以工作为基础的薪酬体系 • 使用绩效考核作为控制机制

(续表)

组织战略	战略特点	匹配的人力资源战略
差异化战略	• 营销能力强 • 注重产品的策划和设计 • 基础研究能力强 • 公司以质量或科技领先闻名 • 公司的环境可以吸引高技能的员工、高素质的科研人员或具有创造力的人	• 强调创新和弹性 • 工作类别广 • 松散的工作规则 • 外部招募 • 团队基础的工作 • 强调以个人为基础的薪酬体系 • 使用绩效考核作为员工发展依据
集中化战略	• 结合了低成本战略和差异化战略的特点	• 结合了低成本战略和差异化战略的特点

实施差异化战略的企业强调员工具有创新和合作精神,也不要求明确员工的工作界限。为员工提供松散的工作规则,赋予其多种任务。在绩效考核中,更多关注个人的表现,以绩效考核结果作为员工发展的依据,并且为员工提供多种发展渠道。在薪酬的制定上,更加关注薪酬的外部公平,因为企业会比较多地招募外部人才。

集中化战略介于低成本战略和差异化战略之间,其战略特点和匹配的人力资源战略是低成本战略与差异化战略的综合。

(二)迈尔斯和斯诺的组织战略分类下的人力资源战略

对组织战略的另一个广为流行的分类来自雷蒙德·E.迈尔斯(Raymond E. Miles)和查尔斯·C.斯诺(Charles C. Snow),Miles 和 Snow(1984)将组织战略分为防御者战略、分析者战略和探索者战略(见表2-3)。实施防御者战略的企业强调标准和稳定,强调对员工的能力、技能和知识的开发培训,建立稳定的员工队伍。实施分析者战略的企业则强调员工的创新,鼓励员工自我发展,以期提供低成本的独特产品。而实施探索者战略的企业要持续开拓新市场,因此会选择雇用经验丰富、高技能的少量员工,以快速配置资源。迈尔斯和斯诺还提到了第四种战略,即反应者战略。但这种策略适用于在不确定的环境中、没有一定市场定位的公司。这类公司主要是在应对市场变化,没有长期规划,尽管反应速度较快但效果有限。由于缺乏定位和规划,迈尔斯和斯诺不建议公司采用该战略。因此下表中没有列出该战略。

表2-3 迈尔斯和斯诺的组织战略与人力资源战略的匹配

组织战略及特点	组织要求	匹配的人力资源战略
防御者战略 • 产品市场狭窄 • 效率导向	• 组织内部具有稳定性 • 有限的环境分析 • 集中化的控制系统 • 标准化的运作程序	• 基于最大化员工投入及技能培养 • 发掘员工的最大潜能 • 开发员工的能力、技能和知识

（续表）

组织战略及特点	组织要求	匹配的人力资源战略
分析者战略 • 追求新市场 • 维持目前生存的市场	• 弹性 • 严密的、全盘的规划 • 提供低成本的独特产品	• 基于新知识的创造和新技能的培养 • 聘用自我动机强的员工，鼓励和支持员工能力、技能和知识的自我发展 • 在正确的人员配置和弹性结构化团体之间进行协调
探索者战略 • 持续寻求新市场 • 外部导向 • 产品/市场的创新者	• 不断强调变革 • 广泛的环境分析 • 分权的控制系统 • 组织结构的正式化程度低 • 快速配置资源	• 基于极低的员工承诺和高技能的利用 • 雇用拥有目前所需要的技能且可以马上上岗的员工 • 使员工的能力、技能与知识能够匹配特定的工作

第二节　人力资源规划

可以说，人力资源规划是组织内部人力资源管理工作的一个起点。在制定了组织的战略目标和匹配的人力资源战略之后，我们首先需要对组织的人力资源进行规划，即对实现组织战略目标所需的人力资源进行预测。这包括组织内部、外部的劳动力供给预测和组织的劳动力需求预测。内部供给预测与组织中的各类工作的劳动力年龄分布、离职、退休和新员工情况等组织内部条件有关。外部供给预测主要考量劳动力市场上相关劳动力的供给量与供给特点。而组织的劳动力需求主要以预计业务量等组织因素的变化规律为基础进行预测。

一、人力资源规划模型

人力资源规划是整个组织系列计划的一个部分，它包括组织在人力资源方面的战略计划和行动方案，涉及组织在人事管理中的内部条件和外部环境、员工配置方案、工作补偿政策、培训计划、管理发展计划等各个方面的内容，以及短期具体战术与长期战略之间的配合关系等。开展人力资源规划的最终目的是实现员工和组织的利益，最有效地利用稀缺人才。人力资源规划的目标是随着组织所处的环境、企业战略与战术计划、组织目前的工作结构与员工的工作行为的变化而不断变化的。根据 Fisher 等（1997），下文列出了人力资源规划的具体内容。

1. 收集信息

(1) 外部环境信息

① 宏观经济形势和行业经济形势

② 技术

③ 竞争

④ 劳动力市场

⑤ 人口和社会发展趋势

⑥ 政府管制情况

(2) 企业内部信息

① 战略

② 业务计划

③ 人力资源现状

④ 辞职率和员工的流动性

2. 人力资源需求预测

(1) 短期预测和长期预测

(2) 总量预测和各个岗位的需求预测

3. 人力资源供给预测

(1) 内部供给预测

(2) 外部供给预测

4. 项目的计划与实施

(1) 增加或减少劳动力规模

(2) 改变技术组合

(3) 开展管理岗位的接续计划

(4) 帮助员工规划职业生涯

5. 人力资源规划过程的反馈

(1) 计划是否精确

(2) 实施的项目是否达到要求

在收集制订人力资源规划所需要的信息时，可以利用企业的人员档案资料估计目前人力资源的技术、能力和潜力，并分析这些人力资源的利用情况。在人力资源预测过程中，要预测未来的人员需求，包括需要的员工数量、预计的可供给数量（包括外部供给和内部供给）、所需要的技术组合等。行动规划包括招募、录用、培训、工作安排、工作调动、晋升、发展和薪酬管理等，通过这些行动来增加合格的人员，弥补预计的岗位空缺。在对人力资源规划进行控制和评价时，还要检查人力资源规划目标的实现程度，提供关于人力资源规划系统的反馈信息。

二、人力资源需求预测

一般的产品需求预测受许多因素的影响，包括技术变化、消费者偏好和购买行为、经济形势、企业的市场占有率、政府的产业政策等。人力资源需求的解释变量一般包括以下几个方面：第一，企业的业务量或产量，由此推算出人力资源需求；第二，预期的员工流动率，得出由辞职或解聘等原因引起的岗位空缺规模；第三，提高产品或劳务的质量或进入新行业的决策对人力资源需求的影响；第四，生产技术水平或管理方式的变化对人力资源需求的影响；第五，企业所拥有的财务资源对人力资源需求的约束。一般来说，人力资源需求预测有以下几种方法。

（一）集体预测方法

集体预测方法也称德尔菲（Delphi）法。德尔菲法是发现专家对影响组织发展的某一问题的一致意见的程序化方法。这里的专家可以是基层的管理人员，也可以是高层经理；他们可以来自组织内部，也可以来自组织外部。总之，专家应该是对所研究的问题有发言权的人员。这种方法的目标是通过综合专家们各自的意见来预测某一领域的发展状况，适合对人力资源需求的长期趋势进行预测。

德尔菲法的操作方法是：首先，在企业中广泛地选择各个方面的专家，这些专家可以是管理人员，也可以是普通员工。总之，这里的专家指的不是通常意义上的学者，而是对所研究的问题有深入了解的人员。主持预测的人力资源部门要向专家们说明预测对组织的重要性，以得到他们对这种预测方法的理解和支持，同时通过对企业战略定位的审视，确定关键的预测方向、解释变量和难题。其次，使用匿名问卷等方法设计一个可使各个预测专家在预测过程中畅所欲言地表达自己观点的预测系统。使用匿名问卷可以避免专家们面对面集体讨论，因为专家组的成员存在身份或地位的差别，较低层次的专家容易受到较高层次的专家的影响而丧失见解的独立性，也存在一些专家不愿意与他人发生冲突而放弃或隐藏自己观点的情况。再次，人力资源部门在第一轮预测后，将专家们各自提出的意见进行归纳，并将这一综合结果反馈给他们。最后，重复上述过程，让专家们有机会修改自己的预测并说明原因，直到专家们的意见趋于一致。

在预测的过程中，人力资源部门应该为专家们提供充分的信息，包括已经收集的历史资料和有关的统计分析结果，目的是使专家们能够做出比较准确的预测。另外，问卷中所提出的问题应该尽可能简单，以保证所有专家能够从相同的角度理解员工分类和其他相关的概念。

(二) 回归分析方法

回归分析方法指的是根据数学回归原理对人力资源需求进行预测。最简单的回归分析是趋势分析,即根据整个企业或企业中某个部门在过去一段时间内员工数量的变动趋势对未来的人力资源需求做出预测。实际上,这里的解释变量只有时间因素,比较简单,没有考虑其他重要因素的影响。比较复杂的回归分析是计量模型分析,它的基本思想是首先确定与组织中劳动力的数量和构成关系最大的一种因素,一般是产量或业务量。然后研究过去组织中的员工人数随着这种因素变化而变化的规律,得到业务规模的变化趋势和劳动生产率的变化趋势,再根据这种趋势对未来的人力资源需求进行预测。最后,需求预测数量减去供给预测数量的差额就是组织对人力资源净需求的预测量。如果这一差额是正值,就说明组织面临人力短缺;如果这一差额是负值,就说明组织面临人力过剩。

(三) 转换比率分析法

转换比率分析法的思路为:首先估计组织需要的关键技能的员工的数量,然后再根据这一数量估计秘书、财务人员和人力资源管理人员等辅助人员的数量。企业经营活动规模的估计方法为:

$$经营活动规模 = 人力资源的数量 \times 人均劳动生产率$$

例如:

$$销售收入 = 销售员的数量 \times 每位销售员的销售额$$

$$产出水平 = 生产的小时数 \times 每小时产量$$

$$运行成本 = 员工的数量 \times 每位员工的人工成本$$

转换比率分析法的目的是将企业的业务量转换为人力资源需求,是一种适合预测短期需求的方法。例如根据过去销售收入与销售员数量的比率预测未来的销售收入对销售员数量的需求,根据销售员数量与秘书数量的比率预测未来的秘书需求等。需要指出的是,转换比率分析法假定组织的劳动生产率是不变的。如果考虑到劳动生产率的变化对员工需求量的影响,可以使用员工总量预测方法,计算公式为:

$$计划期末需要的员工数 = \frac{目前的业务量 + 计划期业务的增长量}{目前人均业务量 \times (1 + 生产率的增长率)}$$

需要指出的是,这种预测方法存在两个缺陷:一是进行估计时需要对计划期的业务增长量、目前人均业务量和生产率的增长率进行精确的估计;二是这种预测方法只考虑员工需求的总量,没有说明不同类别员工需求量的差异。

上面介绍的转换比率分析法、员工总量预测方法都是以现存的或者过去的组织业务量和员工之间的关系为基础，适合预测具有共同特征的员工的需求量。这种预测方法的精确性依赖于两者之间关系的强度、这种关系提炼方法的精确性和这种关系的可持续程度。如果员工的数量不是仅取决于业务量这一个因素，而是取决于多个解释变量，那么就应当采用多元回归分析方法。

人力资源规划的一个关键是预测劳动力的退休和员工离职情况。人员减少量是辞职人数、解雇人数、调离人数和退休人数等的总和。我们可以使用适应性预期的方法预测离职率。在预测员工离职规模时，还应区分不可避免的离职和可以控制的离职两类情况，以及随着时间的推移，各个不同工作岗位上员工正常的流动率。无疑，这种预测的精确度越高，劳动力预测的结果在将来的价值也就越大。

需要指出的是，不论使用什么预测方法，都是以函数关系不变作为前提的，但实践中往往难以满足这一前提，因此需要用管理人员的主观判断进行修正。第一，提高产品或劳务质量或进入新行业的决策会影响到人力资源需求，这时只有数量分析是不够的；第二，生产技术水平的提高和管理方式的改进会减少对人力资源的需求，这是数量分析难以反映的；第三，企业在未来能够支配的财务资源不仅会影响新员工的数量，还会影响新员工的"质量"，因为财务资源制约着员工的薪资水平。

三、人力资源供给预测

人力资源的供给分析与需求分析的一个重要差别在于：需求分析是研究组织内部对人力资源的需求，而供给分析则需研究组织内部和外部两个方面。在供给分析中，需要考察组织现有的人力资源存量以及分类，并结合人力资源规划分析完成以下工作：第一，检查现有员工填充企业中预计的岗位空缺的能力；第二，明确指出哪些岗位上的员工将晋升、退休或者被辞退；第三，明确指出哪些岗位的辞职率、辞退率和缺勤率出现异常，或者存在绩效、劳动纪律等方面的问题；第四，对招聘、培训和员工发展需求做出预测，以便及时地为岗位的空缺提供合格的人力资源补给。

预测内部人力资源供给的思路是：首先确定各个工作岗位上现有的员工数量，然后估计下一个时期每个工作岗位上留存的员工数量，这就要估计有多少员工将会离开原来的岗位甚至离开组织。实际情况往往比较复杂，例如组织的岗位安排可能会发生变化，员工的岗位转换和离职的变化形式可能不同于以往，等等。因此，在进行内部人力资源供给预测时需要对人力资源规划者的主观判断进行修正。常用的内部人力资源供给预测方法有以下几种。

（一）人才盘点

人才盘点也称全面人才评价。人才盘点是公司人力资源战略制定的重要环节，有助于把人力资源系统性地整合起来，使胜任力与任职资格、绩效考核与能力评价形成一体，使人才选拔和人才培养无缝对接。

人才盘点的主要流程包括：①组织与岗位盘点。主要是从公司战略角度出发，梳理分析当前的组织架构，包括岗位设计、职责划分是否合理，是否需要调整，分析组织内哪些岗位是关键岗位。通常，关键岗位的人才（包括后备人才）是人才盘点的重点。②开展人才盘点。主要是对关键岗位的人才进行测评，包括能力和潜力等方面，并与绩效结合分析，从而形成本公司的人才地图。需要强调的是，进行人才测评的前提是明确本公司的人才标准，关键工作在于设定模型、绩效指标。③拟订人才盘点之后的行动计划。人才盘点是一个起点而不是终点，它是一项基础性的工作，人才盘点的结果应当转化为具体的、可操作的人才发展规划。

人才盘点涉及的工具有很多。例如，在进行组织分析时需要组织架构图；在进行人才测评时需要心理测验、360度评估、评价中心等；人才盘点结果的呈现方式是展现被盘点员工个人信息的技能清单，展现团队或组织人才分布的人才地图等。

当企业人才较多时，企业人才地图可以通过九宫格来展现（见图2-3），让企业的人才分布变得一目了然。要绘制九宫格，需要先对企业人才进行测评，在得出最终潜力和绩效的排序后，再根据企业对人才的分类把每个人才放到图中合适的位置。这张人才地图能够比较直观地展现哪些人才是企业最重要、最值得发展和关注、最值得投入资源的人才。对于不同类型的人才，企业要为其采取不同的发展定位（见图2-4）。

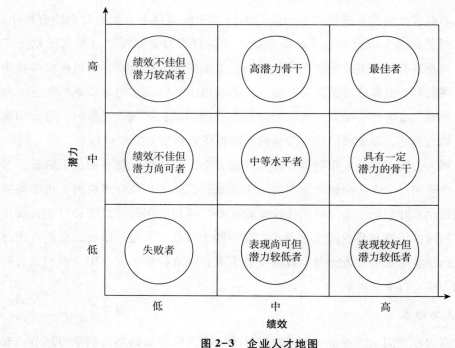

图2-3 企业人才地图

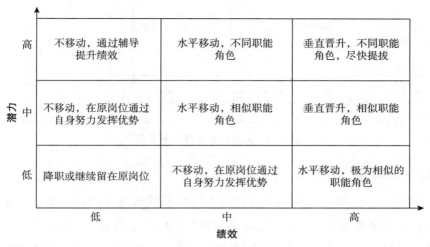

图 2-4 不同类型人才的发展定位

(二) 管理人员置换图

管理人员置换图也称岗位置换卡,它记录各个管理人员的工作绩效、晋升的可能性和所需要的培训等内容,据此决定哪些人员可以补充企业重要岗位的空缺。绘制管理人员置换图的过程是:确定需调整的工作岗位范围,确定每个关键岗位上的候选人,评价候选人目前的工作情况和是否达到提拔的要求,确定候选人的职业发展规划,并将个人的职业目标与组织目标相互结合。其最终目标是确保组织在未来能够有足够的、合格的关键岗位候选人。图 2-5 是一个管理人员置换图的示例。

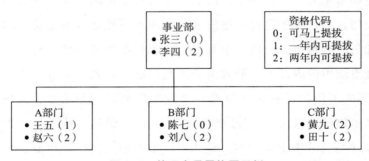

图 2-5 管理人员置换图示例

(三) 人力资源接续计划

人力资源接续计划的关键是根据工作分析信息明确工作岗位对员工的具体要求,然后确定一位显然可以达到这一工作要求的候选员工,或者确定经培训后可以胜任这一工作的员工(即有潜力的员工)。对于企业中各个工作岗位上普通员工的供给预测,我们可以使用下面的方法确定企业中某一具体工作岗位上的内部人力资源供给量,如图 2-6 所示。

外部招聘	3（人）	该岗位上现有员工数量：50（人）	辞职	2（人）
内部提拔	5（人）		开除	1（人）
			降职	1（人）
			退休	6（人）
			晋升	7（人）
流入总量	8（人）		流出总量	17（人）

该岗位员工的内部供给量＝该岗位上现有员工数量－流出总量＋流入总量
＝50－17＋8＝41（人）

图 2-6　人力资源接续计划示例

（四）转换矩阵

转换矩阵（Transitional Matrices）方法也称马尔可夫（Markov）法。马尔可夫法是一种可以用来预测组织内部人力资源供给量的方法，它的基本思想是找出过去人力资源变动的规律，以此推测未来的人力资源变动趋势。由于组织通常对根据判断进行的预测不满意，因此它们越来越强调运用统计技术来预测未来人力资源变化的趋势。转换矩阵实际上指的是转换概率矩阵，这一矩阵描述的是组织中员工流入、流出和内部流动的整体形势，我们可以把它作为预测内部人力资源供给的基础。

这种方法的第一步是绘制一张人员变动矩阵表，表中的每一个元素表示从一个时期到另一个时期在两个工作之间调动的员工数量的百分比。这些数据实际上反映的是每一种工作中人员变动的比率，周期越长，这一百分比的准确性就越高。将计划期初每种工作的人员数量与每一种工作的人员变动概率相乘，再纵向相加，就可以得到组织内部未来人力资源的净供给量。不过需要指出的是，尽管马尔可夫法得到了广泛的应用，但是关于这种方法的准确性和可行性还没有定论。转换矩阵方法不仅可以处理员工类别单一的组织中的人力资源供给预测问题，还可以解决员工类别复杂的大型组织中的内部人力资源供给预测问题。在表 2-4 中，A 到 J 代表组织里的 10 种不同的工作，其中 A 到 D 是一个发展序列，例如销售相关岗位，由高到低分别是大区销售经理（A）、区域销售经理（B）、销售专家（C）和初级销售人员（D）；E 到 I 是另一个发展序列，例如工厂中的相关岗位，由高到低分别是厂长（E）、厂长助理（F）、组长（G）、线长（H）和生产线操作员（I）；而 J 是一个单独的序列，比如卡车司机（J）。单元格中的数字代表了从时期 1 到时期 2，员工在各种岗位之间转换的比例。以 B 区域销售经理为例，从时期 1 到时期 2，有 15% 的原区域销售经理在时期 2 晋升到大区销售经理，有 80% 仍担任区域销售经理，也有 5% 离开了公司。

在使用这种预测技术时，转换矩阵的列代表初始状态，它可以是过去的某一时期，也可以是现期，还可以是未来的某一时期；转换矩阵的行代表终期状态。时期间隔的长度可以是日，可以是月，也可以是年，甚至可以是商业周期。总之，这取决于人力资源规划者进行供给预测时的选择。

表 2-4 转换矩阵表示例

工作状态		终期状态（时期2）										退出	总计
		A	B	C	D	E	F	G	H	I	J		
初始状态（时期1）	A 大区销售经理	1.00										—	1.00
	B 区域销售经理	0.15	0.80									0.05	1.00
	C 销售专家		0.16	0.76	0.04							0.04	1.00
	D 初级销售人员		0.01	0.23	0.73							0.03	1.00
	E 厂长					0.85	0.05					0.10	1.00
	F 厂长助理					0.25	0.65	0.05				0.05	1.00
	G 组长						0.40	0.50	0.03			0.07	1.00
	H 线长						0.02	0.15	0.75			0.08	1.00
	I 生产线操作员								0.20	0.50		0.30	1.00
	J 卡车司机										0.50	0.50	1.00

资料来源：Milkovich 和 Boudreau（1994）。

因此，转换矩阵对角线的数字代表在时期2仍然承担原工作的员工比率。"退出"列中的数字描述的是分析期间离开组织的员工比率。用时期1各种工作岗位上员工的数量与转换矩阵中的比率相乘，就可以得到时期2各种工作岗位上员工供给的预测值。由于时期1表示的时期可以是过去、现在或未来，因此这种转换矩阵中的数字描述的既可以是过去或现在的实际情况，也可以是对未来情况的模拟。由此可见，这种转换矩阵可以用来进行多期分析，其方法是把终期所得出的人力资源供给数据作为分析的起点，然后重复上述过程。

显然，转换矩阵中的比率与终期的实际情况可能有差距，使用这种方法得到的内部人力资源供给预测的结果可能不精确。因此，在实际应用中，一般采取弹性化的方法，估计出几个转换矩阵，然后得出几种预测结果。转换矩阵的最大价值在于它为组织提供了一种理解人力资源流动形式的分析框架。

（五）人力资源信息系统

人力资源信息系统为收集、汇总和分析与人力资源管理有关的信息提供了一种方法。人力资源信息系统的一个重要用途是为人力资源规划的实施建立人事档案。在执行具体的行动计划之前，完整的人力资源信息系统需要以下两种信息：一是人事档案，用来估计目前员工的知识、技术、能力、经验和职业抱负；二是对组织未来的人力资源需求的预测。随着信息处理能力的不断发展和提高，人力资源信息系统能够为组织提供更多的价值，例如，通过人才画像，组织能够评估现有人力资源的状况，并在招聘和选拔中根据人才画像寻找更合适的应聘者；对于现有员工，也可以通过人才画像分析现有员工的短板，有针对性地实施人才发展计划。建立人力资源信息系统，事先要进行周密的筹划，包括清楚地阐明目标，全面分析系统的要求，认真研究细节，特别是应该帮助管理者和员工了解人力资源信息系统的内容、作用及意义。

（六）外部人力资源供给

当企业内部的人力资源供给无法满足需要时，企业需要了解外部的人力资源供给情况。这包括三个方面：第一，宏观经济形势，主要了解人力资源市场的供求状况，判断预期失业率。一般地，失业率越低，人力资源供给越紧张，招聘员工会越难。这些信息可以参考政府机构和金融部门的公开出版物。第二，当地人力资源市场的供求状况。人力资源的分布通常不是均衡的，发达地区相比于其他地区通常会拥有更多的人力资源，这使得地处欠发达地区的企业在寻找外部人才时，会遇到更大的困难。然而近年来，随着远程办公的兴起，地域不再是限制企业获取人才的一个主要因素，对于一些岗位来说，企业可以通过远程办公和线上团队的形式，获得优质的人才供给。第三，本行业人力资源市场的供求状况，据此可以了解招聘某种专业技术人才的潜在可能性。此外，高校的招生人数、专业热度也会对相关岗位的人力资源供给产生较大的影响。

第三节 人力资源规划的控制与评价

一、人力资源供给与需求的协调

当我们把人力资源的供给预测和需求预测结果相互比照，可能得到三种结果：第一，需求和供给彼此适应；第二，需求大于供给，这意味着组织在人力资源方面存在短缺；第三，需求小于供给，这意味着组织在人力资源方面存在过剩。需要注意的是，在供给与需求的比较中，人们往往只注意到数量方面的协调；但实际上，还应该注意员工的竞争力、多元化以及成本水平方面的协调。这时，就需要考虑哪一方面的差距是关键的缺口，并以此建立弥补标准和工作目标。

如果人力资源需求超过供给，有三种解决方法：一是增加录用员工的数量，这通常借助寻找新的员工招聘来源、增加对求职者的吸引强度、降低录用标准、增加临时员工和返聘退休员工等办法解决。二是提高每位员工的生产率或延长他们的工作时间，提高员工的工作能力并增强他们的工作动力，可借助培训、调整工作设计、采用补偿政策或福利措施、调整管理人员与员工的关系等办法解决。三是将一部分工作任务外包出去。

如果组织的人力资源供给超过需求，组织将面临非常困难的境地。应该说，员工对组织的人力资源过剩没有责任，而且他们还要承担由此产生的一系列消极影响。在人力资源过剩的情况下，组织可以选择的策略有减少加班时长或工作时间、鼓励员工提前退休、减少外部招聘和新员工的数量等，还可以让组织的供货商、销售商等上下游合作伙伴以比较低的价格使用自己闲置的人力资源和生产设备。此外，组织也可以考虑在条件适当的情况下扩大产品市场，进而增加产品需求；或鼓励员工内部创业，充分利用冗余的人力资源。在没有其他更好选择的时候，组织可能会采用裁员的办法。

人力资源的短缺或过剩可以出现在组织层面上，也可以出现在组织中的部门层面上，甚至可以出现在工作岗位层面上。如果一个组织中有些部门或岗位出现人力资源过剩，而另一些部门或岗位存在人力资源短缺，可以考虑对过剩的员工进行培训，使他们能够转换到人力资源短缺的岗位上。

无论是人力资源过剩还是人力资源短缺，协调这种矛盾都有很多种方法可供选择。但是，需要注意的是，在选择一种方法时，不仅要看到其有利的一面，还要关注采取这种方法可能带来的不利影响。表2-5和表2-6列出了这些方法的见效速度、员工受伤害的程度及可撤回程度。

表2-5 避免出现人力资源过剩的方法

方法	见效速度	员工受伤害的程度
• 裁员	快	高
• 降薪	快	高
• 降级	快	高
• 职业调动	快	中等
• 工作分享	快	中等
• 冻结雇用	慢	低
• 自然减员	慢	低
• 提前退休	慢	低
• 重新培训	慢	低

资料来源：诺伊（2005）。

表2-6 避免出现人力资源短缺的方法

方法	见效速度	可撤回程度
• 加班加点	快	高
• 雇用临时工	快	高
• 外包	快	高
• 培训后转岗	慢	高
• 降低流动率	慢	中等
• 从外部雇用新员工	慢	低
• 技术创新	慢	低

资料来源：诺伊（2005）。

以企业裁员为例,对大多数企业企业来说,裁员主要存在以下潜在的收益:降低人工成本和企业运营成本;优化人岗匹配关系,提高企业员工素质;对在岗员工施加就业压力,激发在岗员工的自我提升意愿。但在实践中,裁员也会带来一些负面影响,如导致知识损失、有损企业形象等。

二、人力资源规划的整体性

人力资源规划应该具有整体性,这是指人力资源规划活动必须做到企业内部和企业外部各个方面的协调一致。企业内部的一致性是指招聘、选才、安置、培训和绩效考核等人力资源管理工作必须相互配合。企业外部的一致性是指人力资源规划应该服从企业的整体规划,要考虑进入或退出某一行业、增盖厂房、购置新设备等企业行为对招聘和培训等活动的影响。一份完整的人力资源规划书应该包括三个部分:一是供给报表,指明每个重要员工在今后五年内晋升的可能性;二是需求报表,指明各个部门员工调遣、员工离职和新岗位的产生等引起的今后五年内需要补充的岗位;三是人力资源规划报表——将供给报表和需求报表结合在一起得到的实际人力资源规划方案。表2-7是一个人力资源规划报表的示例,表中的员工姓名代表的是各年份可以胜任相应工作岗位的员工,差额反映的是企业内部人力资源供给无法满足而必须从外部招聘的员工的数量。

表2-7 人力资源规划报表示例　　　　　　　(2018年12月12日制)

	2019年		2020年		2021年	
	需求	差额	需求	差额	需求	差额
岗位A	0	0	1 王莫非	0	0	0
岗位B	0	0	0	0	2 李少白	1
岗位C	2 张道宽	1	0	0	0	0
岗位D	0	0	0	0	3	3
岗位E	3 赵无忌 欧阳展	1	0	0	0	0
岗位F	0	0	4 刘博 许品森	2	0	0

三、人力资源规划的评价

在对人力资源规划进行评价时,首先需要考虑人力资源规划目标本身的合理性。对目标本身的评价是一个非常困难的课题,在评价人力资源规划目标的合理性时,应认真考虑以下几个问题：第一，人力资源规划者熟悉人力资源问题的程度以及对其的重视程度。规划者对人力资源问题越熟悉、重视程度越高，那么他制定的人力资源规划就可能越合理。第二，人力资源规划者对企业战略目标、经营策略的熟悉和了解程度。规划者对企业战略目标和经营策略越了解，那么他制定的人力资源规划越能够符合企业需要。第三，人力资源规划者与提供数据者以及使用人力资源规划的管理人员之间的工作关系。这三者之间的关系越好，制定的人力资源规划的目标就可能越合理。第四，人力资源规划者与相关部门进行信息交流的难易程度。这种信息交流越容易，越可能得到比较合理的人力资源规划目标。第五，管理人员对人力资源规划中提出的预测结果、行动方案和建议的重视与利用程度。这种重视和利用的程度越高，越可能得到比较好的人力资源规划。第六，人力资源规划在管理人员心目中的地位和价值。管理人员越重视人力资源规划，人力资源规划者也就越重视人力资源规划的制定过程，得到的结果才越客观合理。

在评价人力资源规划的时候，还需要将行动结果与人力资源规划进行比照，目的是发现计划与现实之间的差距，指导以后的人力资源规划活动。主要的工作是进行以下比较：第一，实际的人员招聘数量与预测的人员需求量；第二，劳动生产率的实际水平与预测水平；第三，实际的和预测的人员流动率；第四，实际执行的行动方案与计划的行动方案；第五，实施行动方案的实际结果与预期结果；第六，人力费用的实际成本与人力费用预算；第七，行动方案的实际成本与行动方案的预算；第八，行动方案的成本与收益。上述这些项目之间的差距越小，说明人力资源规划越符合实际。

四、人力资源规划的跟踪与审核

很多情况下，公司只是把人力资源部门看作一个"只花钱、不赚钱"的部门，总是自觉或不自觉地赋予人力资源部门一个成本中心的形象，极力地压缩这一部门的开支预算。从人力资源管理的角度看，公司应该建立一个更加全面的预算系统，以反映人力资源管理活动对资源的使用情况。把人力资源审计和人力资源预算结合起来，我们可以得到许多有益的人均指标来反映公司的人力资源管理状况。典型的人均指标包括员工总数与人力资源管理员工的比率、每位员工的培训费用、每位新员工的招聘成本、每位员工的绩效奖金，以及空缺岗位得到填补的平均天数等。

我们知道公司经常要进行财务或税务方面的审计；同样，在人力资源管理活动中也存在审计的必要性。人力资源审计主要是考察人力资源管理活动是否按照原来的计划执行。例如，是否在规定的期限内完成了对全体员工的工作绩效考核，是否对每一位辞职的员工都进行了离职面谈，是否在员工加入组织时都建立了规定的保障计划等。需要指出的是，人力资源审计只是考察人力资源活动是否按计划进行，但是它不一定能够告诉我们这些活动是否有效,彼此之间是否相互配合,以及是否有助于组织目标的实现。这些问题的答案涉及人力资源规划本身的合理性。

复习思考题

1. 人力资源战略有哪些类型?不同的人力资源战略具有什么特征?如何实现人力资源战略和企业战略的匹配?
2. 如何进行企业人才盘点?
3. 试分析接班人计划在民营企业中的特殊作用。
4. 在经济萧条时期,企业人力资源管理如何应对员工过剩问题?

工作分析与工作设计

学习目标

1. 了解工作分析在人力资源管理中的作用
2. 掌握工作分析的基本流程
3. 学会采用不同的方法对特定的岗位进行分析,并撰写工作说明书
4. 了解胜任特征模型及其在工作分析中的作用
5. 掌握工作设计的基本方法,及其在新环境下表现出的新趋势

工作分析是对工作内容进行清晰界定，除了让任职者更清楚工作的内容，也可以让一个即使没有从事过该项工作的人清楚了解该工作是怎样完成的；此外，工作分析也应明确完成该项工作的任职者需要具备的知识、技能和能力等。因此，工作分析的结果包括两项，分别是工作描述和工作规范。工作设计的过程就是对工作任务进行分析和组合，界定每项工作在组织中的作用以及与其他工作的关系，以达到人员、工作、环境的最佳匹配。在实践中，可能存在着工作内容和工作设置不是最优的情况，这时需要对工作内容进行重新界定，即进行工作的再设计。

工作设计与工作分析是完全不同的两项工作，但两者又有联系。为了更好地进行工作设计，需要全面了解现有的工作，发现工作设置上的问题，了解现有工作的过程就是工作分析。同样，在工作设计后，运用工作分析也有助于我们发现工作设计中遗漏的问题。工作设计需要把工作的内容、任职资格和薪酬结合起来，目的是满足员工和组织的需要。可以说，工作设计是激励员工努力工作的关键环节。工作设计与工作分析都是人力资源管理的基础性工作，两者密切相关。

值得说明的一点是，尽管每个组织都有自己的组织结构图，它能够为我们提供许多有用的信息，但它无法替代工作分析。组织结构图的作用是表明组织中共设立了哪些部门，指明各个部门的负责人、每位经理的工作职称、组织内上下级的隶属关系和责任关系，使每一位员工明确自己的工作职责及其在组织中的位置，并为具体的工作分析提供许多基础资料。但是它无法说明各项工作的日常活动、组织中实际的沟通方式、员工受监督的程度，以及各级经理的权力范围。因此，我们需要通过工作分析来回答上述问题。

第一节 工作分析的用途与流程

一、工作分析的用途

（一）工作分析中的基本概念

工作对组织的重要性在于它是实现组织目标的手段。在日常的工作和生活中，人们对有关工作的概念有很多种说法，如任务、职责、岗位和职业等。美国劳工部对有关工作的一些术语给出了比较规范的定义：任务指的是员工在某一有限的时间段内为了达到某一特定的目的所进行的一项活动，如打印一封信件就是一项具体而明确的任务。职责指的是由一个人承担的一项或多项任务组成的活动，如进行员工满意度调查是人力资源经理的一项职责，它包括设计调查问卷、发放问卷、回收问卷并进行整理,将结果表格化并加以解释,把调查结果告知有关人员等。而在一个特定的组织中,一个或多个任务落实到一个特定员工身上时便出现了工作岗位。通常来说,每个员工都有自己的一个岗位。至于我们最经常谈到的工作,指的是由一个或一组主要职责相似的岗位组成的事务。一项工作可以只有一个岗位,也可以有多个岗位。另外,在人力资源管理中还有"工作族"的说法。工作族指的是由两个或两个以上的工作组成的工作体系,这些工作或者要求工作者具有相似的特点,或者包括多个平行的任务,例如企业中的销售和生产就属于两个不同的工作族。职业指的则是不同组织中相似的工作构成的工作属性。需要注意的是,工作是针对一个组织内而言的,而职业则是针对跨组织而言的。一个人的职业生涯是指一个人在其工作生活中所经历的一系列岗位、工作或职业,例如一名大学教师的职业生涯很可能是从讲师开始,再担任副教授和教授。工作分析通常要采集有关特定任务的信息,一个员工完成的一组任务构成一个岗位,相同的岗位形成一个工作,相似的工作又构成一种职业。

一般而言,企业中的每项工作都应该有两份文件,即工作描述(Job Description,也称工作说明)和工作规范(Job Specification,也称任职资格),它们都是工作分析的成果。其中,工作描述是以书面叙述的方式说明工作中需要从事的活动,以及工作中所使用的设备和工作条件的信息。而工作规范则说明对承担这项工作的员工具备的特定技能、工作知识、能力以及其他身体和个人特征的最低要求。

(二)工作分析的作用

工作分析可以为许多人力资源管理活动提供信息。企业将每项工作所包含的任务、责任和任职资格用正式的文件明确下来,可以保证组织中的每项工作都按照工作分析的结果进行分配,对企业管理效率的提高和公平公正管理的实现具有重要的意义。表3-1对工作分析的作用进行了概括。

表3-1 工作分析的作用

招聘和录用员工	发展和评价员工	薪酬政策	工作和组织设计
● 人力资源规划 ● 识别内部劳动力市场 ● 招聘 ● 选择 ● 安置 ● 公平就业机会 ● 实际工作概览	● 工作培训和技能发展 ● 角色定位 ● 员工前程计划 ● 绩效考核	● 确定工作的薪酬标准 ● 确保同工同酬 ● 确保工作薪酬差距公正合理	● 工作设计/重新设计以提高效率和激励 ● 明确权责关系 ● 明确工作族之间的内在联系

资料来源:Fisher 等(1997)。

从招聘和录用方面看，对工作要求的充分理解是企业实现有效招聘的前提条件。有效的人力资源规划是企业人力资源管理工作的重要指导，而工作分析正是预测人力资源需求的基础，也是对培训、调任或晋升等活动进行规划的基础。招聘和录用过程是要发现将来最能胜任工作的人员，因此首先需要明确工作对任职者的要求。工作分析能够提供工作描述和工作规范方面的资料，可以用来决定招聘和录用哪种人才；同时，工作分析也可以用作遴选候选人的工具。此外，员工的工作安置也需要工作分析信息。尽管从理论上来说，录用和工作安置应该同时进行，但是在现实中，企业经常是先录用优秀的应聘者，然后再把他们安置到各个岗位上，也存在原有员工工作被重新安置的情况。在这些情况下，只有明确各项工作要求，才有可能做到事得其人、人尽其才。

从员工的发展和评价来看，员工在培训中学到的东西应该是将来在工作中要用到的，因此培训中所涉及的工作职责应该准确地反映实际工作的情况。通过工作分析得到的工作描述指明了各项工作所需要的技能，据此可以设计适合的培训计划，包括评估培训的需要、选择培训的方式、衡量培训对工作绩效产生的效果。同时，工作分析还可以用来建立员工的晋升渠道和职业发展路径。只有组织和个人对工作的要求与各项工作之间的联系有明确的了解，组织才能帮助个人有效地规划职业生涯。从员工自身的角度看，工作描述和工作规范也可以帮助员工进行有效的职业定位和了解自己的岗位申请资格。另外，员工工作绩效考核也是人力资源管理中的一项重要内容，而工作要求是评价员工工作绩效的标准和依据。

从薪酬政策的角度看，工作分析是合理确定薪酬标准的基础。工作分析要求管理者深入理解各种工作要求，这样才能根据各种工作对组织价值的贡献大小进行排序。管理者通过工作分析了解各项工作的内容、工作所需要的技能、学历要求、工作的危险程度等因素，确定工作相对于组织目标的价值，从而得到制定薪酬体系的依据。

从工作和组织设计的角度看，工作分析可以帮助管理者明确各项工作之间在技术和管理责任等各个方面的关系，消除盲点，减少重复，提高效率。只有运用工作分析的资料，才能可靠地确定组织中各项工作之间的关系结构，正确划分工作族。如果企业要使用稳定高效的机器设备和改进工作手段，就需要确切地了解工作对操作者的要求；而且在工作分析中，人们经常可以发现由环境因素或员工习惯造成的安全隐患，并提前排除。

二、工作分析的核心流程

（一）工作分析的主要步骤

工作分析包括 10 个主要步骤，可以将它们归纳为四个阶段，如表 3-2 所示。

表 3-2　工作分析的步骤

阶段	步骤	内容
第一阶段： 范围的确定	1	决定工作分析的目的
	2	确定工作分析的目标工作
第二阶段： 方法的确定	3	确定所需信息的类型
	4	识别工作分析信息的来源
	5	选择工作分析的具体程序
第三阶段： 信息的收集与分析	6	收集工作分析信息
	7	分析所收集的信息
	8	向组织报告结果
	9	定期检查工作分析信息
第四阶段： 工作分析结果的评价	10	以收益、成本与合法性为标准评价工作分析结果

资料来源：Fisher 等（1997）。

在工作分析中，需要明确工作分析信息的用途。明确了用途之后，就可以决定所需收集的信息的类型以及收集信息的方法。例如，如果工作分析的目的是编写工作说明和决定人员任用，就可以用面谈法向员工了解工作的内容及其职责；如果工作分析是用于决定薪酬标准，就可能需要采用比较复杂的岗位分析问卷等方法。在收集工作分析的背景材料的过程中，可以收集企业的组织结构图、工作流程图、设备维护记录、设备设计图纸、工作区的设计图纸、培训手册和以前的工作描述，这些材料对工作分析都有重要的参考价值。工作分析人员在收集工作分析信息的过程中，应该让任职者和他的直属上司确认这些资料。这既有助于把工作分析信息修改得更加完备准确，也有助于使任职者比较容易接受人力资源部门根据工作分析信息制定的工作规范。经过对所收集信息的分析和研究，可以据此编写工作描述和工作规范。

（二）工作分析的目标工作

在进行工作分析时，应该选择哪些工作岗位作为研究对象呢？一般说来，影响工作分析研究对象选择的因素有工作的重要性、完成难度和工作内容变化等。对那些关系组织成败的关键工作是需要进行认真研究的，对那些因工作完成难度较大而需要对员工进行全面培训的工作也是需要分析的。如果技术变动或组织管理方式变化使得员工当前的工作内容与以前拟定的工作描述有出入，以原有的工作描述为基础的人力资源管理功能无法得到正确的实现时，也需要对这一工作进行工作分析。再有，如果企业设置了新的工作岗位，也应该对这一工作岗位进行工作分析。

　　首先提出工作分析要求的可能是员工，也可能是员工的主管和部门的管理人员。员工提出工作分析要求往往是因为工作要求与这一工作岗位的薪酬不匹配，特别是在企业对工作的任务和责任补偿不足的情况下，员工就特别敏感。管理人员提出工作分析要求的原因可能是要为工作岗位确定合理的薪酬依据和水平，也可能是要为招聘、培训等人力资源管理活动编制正式的书面文件。

（三）工作分析所需信息

　　一般而言，工作分析所需信息的类型和范围取决于工作分析的目的、工作分析的时间约束与预算约束等因素。工作分析所需信息的类型如表3-3所示。

表 3-3　工作分析所需信息的类型

工作活动
① 工作任务的描述（工作任务如何完成？为什么要执行这项任务？何时执行？）
② 与其他工作和设备的关系
③ 工作程序
④ 承担这项工作所需要的行为
⑤ 动作与工作的要求
工作中使用的机器、工具、设备和辅助设施
① 使用的机器、工具、设备和辅助设施的清单
② 利用上述各项加工处理的材料
③ 利用上述各项生产的产品
④ 利用上述各项完成的服务
工作条件
① 人身工作环境（是否在高温、有灰尘和有毒环境中工作？工作是在室内还是在户外？）
② 组织的各种相关情况
③ 社会背景
④ 工作进度安排
⑤ 激励（财务的和非财务的）
对任职者的要求
① 与工作有关的特征要求
② 特定的技能
③ 特定的教育和培训背景
④ 与工作相关的工作经验
⑤ 与工作相关的身体特征
⑥ 工作动机和工作态度

　　资料来源：Crino 和 Leep（1989）。

(四) 收集工作分析信息的人员选择

收集工作分析信息的人员通常有三种类型：工作分析专家、主管和任职者。三种人员收集工作分析信息各有优缺点。由训练有素的工作分析专家收集工作分析信息的优点是他们最客观公正，能够保持信息的一致性，在工作分析方式的选择上有专长；缺点是价格高昂，而且他们可能因对组织情况缺乏了解而忽略工作中某些无形的方面。由主管收集工作分析信息的优点是他们对所要分析的工作（包括它的无形方面）具有全面而深入的了解，同时收集信息的速度也比较快；缺点是组织首先需要对主管开展关于工作分析的培训，并且收集工作分析信息对主管来说在时间上是一个沉重的负担，从而工作分析的客观性得不到保证。由任职者收集工作分析信息的优点是他们对工作最熟悉，收集信息的速度也很快；缺点是所收集信息的标准化程度和工作职责的完整性都比较低。

(五) 产出工作分析成果

工作分析的产出包括两个文档：工作描述中需要列出任职者在某个工作岗位上实际要做些什么、如何去做，以及在什么样的条件下完成这项工作。工作规范中需要列出任职者应具备的知识、技术、能力等要求。

1. 工作描述

工作描述通常包括以下几项主要内容：

第一，工作认定，包括工作职称、工作身份、工作部门、工作地点、工作分析的时间等。在美国，工作职称（头衔）要符合劳工部出版的《职业头衔词典》（*Dictionary of Occupational Titles*）制定的规范。这些信息的作用是把这项工作与那些相似的工作区别开。

第二，工作定义，即说明工作的目的，包括这项工作存在的理由，这项工作如何与其他工作以及整个组织的目标相互联系，这项工作的绩效标准等。对于一项管理工作，工作定义通常要包括这项工作控制的预算规模、管理的下属人数及下属职称，以及与上下级之间的工作关系。例如，某公司人力资源经理的工作关系是：①向人事副总裁做报告；②监督人事部门的工作人员、行政助理、劳工关系主管、秘书等人员；③组织内部的配合对象为所有部门的经理和行政主管；④组织外部的配合对象包括职业介绍所、猎头公司、工会代表、政府劳动管理机构、岗位应聘者。这些方面都有助于确定一项管理工作在整个组织中的位置。

第三，工作说明书，这一部分是对工作定义部分的提炼和总结，指明工作的主要职责、工作任务、受监督程度、工作者行为的界限和工作条件等。表3-4是一个工作说明书（部分）。

表 3-4　美国某医院护士工作说明书（部分）

工作职称：注册护士
工作概述： 负责病人从入院到出院的全部护理。护理包括病情评估、治疗计划和实施、治疗效果的评价。每位注册护士在值班期间需负责提供护理服务，并预见患者及其家属的潜在需求；在维护专业护理标准的同时，还需指导护理助手。
工作关系： ① 报告给：护士长 ② 监督下列人员的护理：见习注册护士、助理护士、护工 ③ 内部关系：协助护理部 ④ 外部关系：医生、患者及其家属
资格： ① 教育：授权护士学校毕业生 ② 工作经历：关键护理要求一年的医疗/外科护理经验（有特殊护理经验者优先，应届毕业生可以考虑非重要岗位） ③ 证书要求：持有注册护士证书或被州政府许可
身体要求： ① 能够屈体、运动或帮助转运 50 磅以上的重物 ② 能够在 8 小时值班中站立或行走 80% 以上的时间 ③ 视力和听力敏锐
责任： ① 评估患者的体力、感情和心理情况 标准：在患者入院 1 小时之内或者至少每次值班出具一份书面诊断，并按照医院规定把这份诊断交给负责该患者的其他医护人员 ② 撰写患者从入院到出院的书面护理计划 标准：在患者入院 24 小时之内设计短期和长期的护理目标，并在每次值班中根据新的诊断检查和修改护理计划 ③ 实施护理计划 标准：在日常护理中，按照但不局限于书面的《注册护士技能手册》在指定的护理区域运用相关技能。以一种系统的、及时的方式完成患者护理活动，并恰当地重新评判护理活动的轻重缓急

资料来源：Milkovich 和 Boudreau（1994）。

2. 工作规范

工作规范要回答的是需要哪些个人特征和经验才能胜任这项工作的问题。工作规范一般由上一级管理者、工作承担者和工作分析人员共同研究制定。在制定工作规范时，需要综合考虑以下三个方面：第一，某些工作可能面临法律上的资格要求。第二，职业传统。例如，员工在进入某些行业以前必须经过学徒阶段。第三，胜任某一工作应该达到的标准和具备的特征。这在很大程度上取决于组织中管理人员的主观经验判断，通常是管理人员通过综合工作描述中的信息，对现在承担该工作的员工及其主管的特征进行概括之后总结出来的。例如，申请秘书工作的人经常被要求打字录入速度在每分钟 100 字以上。当然，随着技术的发展和应用，工作规范中的一些内容会发生相应的变化，如随着录音转文字软件的开发和应用，秘书不再需要手动录入文字，那么工作规范中打字录入速度的要求就可以删除。

（六）工作分析的评价

对工作分析的评价可以通过考察工作分析的灵活性与权衡成本收益来进行。工作分析工作越细致，所要花费的成本就越高。于是，在工作分析的细致程度方面就存在一个最优化的问题。因此，有许多公司都在减少工作类别的划分，采用比较灵活的工作描述。一般而言，工作分析中收集的信息越详尽，越容易对工作之间的差别进行区分，当然成本也越高。至于对工作之间的差别进行详尽描述是否值得，取决于组织所面临的特定环境。工作分析并不是一项一劳永逸的行动。面对企业战略目标、执行策略的调整，以及技术进步对现有工作的影响，必要时企业需要重新进行工作分析和工作设计的活动，确保企业员工与工作、环境的最佳匹配。

第二节　工作分析的方法

一、定性的工作分析方法

定性的工作分析方法包括工作实践法、直接观察法、面谈法、问卷法和典型事例法等。

（一）工作实践法

工作实践法指的是工作分析人员亲自从事所需要研究的工作，由此掌握工作要求的第一手材料。工作实践法的优点是可以准确地了解工作的实际任务和对体力、环境、社会方面的要求，适用于那些短期内可以胜任的工作。缺点是不适用于需要进行大量训练的工作和危险的工作。

（二）直接观察法

直接观察法指的是工作分析人员观察所需要分析的工作的过程，以标准格式记录各个环节的内容、原因和方法，从而系统地收集一种工作的任务、责任和工作环境方面的信息。直接观察法的优点是工作分析人员能够比较全面和深入地了解工作的要求，适用于那些工作内容主要是依靠人的身体活动来完成的工作岗位，如装配线工人、保安等。缺点是不适用于对脑力劳动要求比较高的工作和需要处理紧急情况的非持续性工作。有些工作内容包括许多思想和心理活动，要求任职者具备创造性和分析能力，如律师、教师、急救站的护士等，这些工作就不适宜使用直接观察法。此外，直接观察法对有些员工来说难以接受，因为他们会感到自己正在受到监视甚至威胁，所以内心会对工作分析人员产生反感，同时也可能导致工作行为的走样。因此，在使用直接观察法时，应该将工作分析人员以适当的方式介绍给员工，使之能够被员工接受。

直接观察法经常和面谈法结合使用，工作分析人员可以在员工的工作期间观察并记录员工的工作活动，然后和员工面谈，请员工补充信息。工作分析人员也可以一边观察员工的工作，一边和员工交谈。表3-5是一个使用直接观察法和面谈法进行工作分析的程序示例。

表3-5 使用直接观察法和面谈法进行工作分析的程序示例

第一步：初步了解工作信息
① 检查现有文件，形成工作的总体概念（工作的使命、主要任务和作用、工作流程等）
② 准备一个初步的任务清单，作为面谈的框架
③ 为信息收集过程所涉及的还不清楚的主要项目做出注释
第二步：面谈
① 最好是选择一个主管或有经验的员工首先进行面谈，因为他们了解工作的整体情况以及各项任务是如何相互配合的
② 确保所选择的面谈对象具有代表性
第三步：合并工作信息
① 把主管、任职者、现场观察者提供的有关工作的书面材料合并为一个综合的工作描述
② 在合并阶段，工作分析人员应该可以随时获得补充材料
③ 检查最初的任务或问题清单，确保每一项都已经被回答或确认
第四步：核实工作描述
① 要把所有面谈对象召集在一起，目的是确保信息合并阶段得到的工作描述的完整性和精确性
② 以小组的形式进行核实，把工作描述分发给主管和任职者
③ 工作分析人员要逐字逐句地检查整个工作描述，并在遗漏和含糊的地方做标记

（三）面谈法

一般来说，正在承担某一工作的员工对这项工作的工作描述和工作规范是最有发言权的，因此与任职者面谈是收集工作分析信息的一种有效方法。很多工作很难由工作分析人员切身体会，如飞行员的工作；或者不可能通过观察来了解，如脑外科手术专家的工作。在这种情况下，就需要与任职者面谈以了解工作的内容和具体做法。在使用面谈法时，一般也是以标准格式记录，目的是使问题和回答限制在与工作直接有关的范围内，而且标准格式也便于比较不同员工的对同一工作的描述。面谈法的种类包括个别员工面谈法、集体面谈法和主管面谈法。个别员工面谈法适用于各个员工的工作有明显差别、工作分析的时间又比较充裕的情况。集体面谈法适用于多名员工从事同样工作的情况。使用集体面谈法时应请主管出席，或者事后向主管征求对收集到的材料的看法。主管面谈法是指与一个或多个主管面谈，因为主管对工作内容有相当的了解，能减少工作分析的时间。

为了使面谈法取得成功，工作分析人员应该注意许多细节问题。第一，应该与主管密切配合，找到最了解工作内容、最能客观描述工作职责的员工。第二，必须尽快与面谈对象建立融洽的关系，应该知道对方的姓名，简单说明面谈的目的以及选择对方进行面谈的原因，不要让对方产生正在进行绩效考核的感觉，而且在面谈中应该避免使用生僻的专业语汇。第三，工作分析人员应该事先准备一份完整的问题清单，并留出空白处可供填写，重要的问题先问，次要的问题后问，让对方有充足的时间从容地回答，最后还可以请对方对问题表进行补充。第四，如果对方的工作不是每天都相同，就请对方将各种工作内容一一列出，然后根据重要性排出次序，这样就可以避免忽略那些虽不常见但却很重要的问题。第五，面谈结束后，请任职者及其直属上司仔细阅读一遍收集到的材料，以便做出修改和补充。

面谈法的优点是能够简单而迅速地收集工作分析资料，且适用面较广。任职者自身有长期的工作体会，因此这种方法可以使工作分析人员了解短期的直接观察法所不容易发现的情况；同时，让任职者"吐吐苦水"，有助于管理者发现被忽视的问题。面谈法的缺点是，由于工作分析经常是调整薪酬的"序幕"，因此员工容易把面谈看作变相的绩效考核，从而夸大其承担的责任和工作的难度，这就容易引起工作分析资料的失真和扭曲。任职者可能不信任工作分析人员，也可能怀疑其动机。同时，工作分析人员的问题也可能会因不够明确或不够准确而造成误解。因此，面谈法不适合作为工作分析的唯一方法单独使用。

（四）问卷法

收集工作分析信息的问卷可以由任职者来填写，也可以由工作分析人员来填写。开放式的问卷很容易产生与面谈法类似的问题，因此可以采用结构化程度比较高的问卷。在结构化问卷中，列举出一系列的任务或行为，请任职者根据实际工作要求对任务是否执行或行为是否发生做出回答。如果回答是肯定的，还要进一步了解这项任务或行为出现的频率、重要性、难易程度及其与整体工作的关系。在使用问卷法时，关键在于决定问卷的结构化程度。有的问卷非常结构化，包括数以百计的工作职责细节；有的问卷非常开放，包括了如"请叙述工作的主要职责"一样的题项。最好的问卷应该介于两者之间，既有结构化问题，也有开放式问题。

问卷法的优点是：第一，它能够从许多员工那里迅速得到工作分析所需的资料，可以节省时间和人力；第二，问卷可以在工作之余填写，不会影响正式工作；第三，这种方法可以使调查的样本量很大，因此适用于需要对很多任职者进行调查的情况；第四，调查的资料可以量化，由计算机进行数据处理。

问卷法的缺点是：第一，设计理想的问卷要花费很多时间、人力和物力，费用比较高；而且，在问卷使用之前，还应该进行测试，了解员工对问卷中问题的理解情况；为了避免误解，还经常需要工作分析人员亲自解释和说明。第二，填写调查表由任职者单独进行，缺少交流，因此任职者可能不会积极配合、认真填写，从而影响调查的质量。

（五）典型事例法

典型事例法指的是对实际工作中任职者特别有效或者无效的行为进行简短的描述，通过积累、汇总和分类，得到实际工作对任职者的要求。典型事例法的优点是直接描述任职者在工作中的具体活动，可以揭示工作的动态性质；其缺点是收集归纳典型事例并进行分类需要耗费大量时间。此外，由于描述的是典型事例，因此很难对通常的工作行为形成总体概念，而形成总体概念才是工作分析的主要目的。

此外，工作分析还可以使用工作日志法，它要求任职者在每天工作结束之后记下工作中的各种细节，由此了解工作的性质。工作日志法也可以同面谈法结合使用。

二、定量的工作分析方法

有些工作分析不适合采用定性的方法，特别是当需要对各项工作进行比较以决定薪酬和待遇的高低的时候，这时就应该采用定量的工作分析方法。定量的工作分析方法主要有三种：岗位分析问卷法（Position Analysis Questionaire，PAQ）、管理岗位描述问卷法（Management Position Description Questionnaire，MPDQ）和功能性工作分析法（Functional Job Analysis，FJA）。

（一）岗位分析问卷法

PAQ 是 1972 年由欧内斯特·J. 麦考密克（Ernest J. McCormick）提出的一种适用性很强的工作分析方法。PAQ 包括 194 个题项，其中的 187 个题项被用来分析完成工作过程中员工活动的特征，另外 7 个题项涉及薪酬问题。PAQ 中的题项可被划分为六个部分：第一部分包括员工在完成工作过程中使用信息的来源，用来了解员工如何和从哪里获得的完成工作所需的信息。第二部分是工作所需要的心理过程，回答工作需要进行哪些推理、决策、计划和信息处理活动等问题。第三部分识别工作的"手段"，回答工作涉及哪些体力活动和使用哪些机器、工具和设施等问题。后三个部分分别考虑工作与其他人的关系、完成工作的自然和社会环境，以及其他的工作特征。在应用这种方法时，工作分析人员要对以下各个方面给出一个 6 分制的主观评分：使用程度、时间长短、重要性、发生的可能性、对各个工作部门以及部门内部各个单元的适用性。PAQ 所需要的时间成本很高，非常烦琐。表 3-6 是一个岗位分析问卷的部分示例。

表 3-6　岗位分析问卷示例（部分）

使用程度：NA—不曾使用　1—极低　2—低　3—中等　4—高　5—极高

1. 资料投入

1.1　工作资料来源（请根据任职者的使用程度，审核下列项目中各种来源的资料）

1.1.1　工作资料的可见来源

① ___4___ 书面资料（书籍、报告、文章、说明书等）

② ___2___ 数量性资料（与数量有关的资料，如图表、报表、清单等）

③ ___1___ 图画性资料（图形、设计图、X 光片、地图、描图等）

④ ___1___ 模型及相关器具（模板、钢板、模型等）

⑤ ___2___ 可见陈列物（计量表、钟表、画线工具等）

⑥ ___5___ 测量器具（尺、天平、温度计、量杯等）

⑦ ___4___ 机械器具（工具、机械、设备等）

⑧ ___3___ 使用中的物料（工作中、修理中和使用中的零件、材料和物体等）

⑨ ___4___ 尚未使用的物料（未经处理的零件、材料和物体等）

⑩ ___3___ 大自然特色（风景、田野、地质样品、植物等）

⑪ ___2___ 人造环境特色（建筑物、水库、公路等，经过观察或检查，可以成为工作资料的来源）

资料来源：Dessler（1997）。

（二）管理岗位描述问卷法

在分析管理者的工作时需要注意以下两个特殊问题：一是管理者经常试图使他们的工作内容适应自己的管理风格，而不是让自己的管理风格适应所承担的管理工作的需要。在使用面谈法时，他们总是描述自己实际做的，而忘了自己应该做的。二是管理工作具有非程序化的特点，经常随着时间的变化而变化，因此考察的时间比较长。一般分析管理人员的工作应该使用调查问卷法，包括从行为的角度进行分析的管理行为调查问卷和从任务的角度进行分析的管理任务调查问卷。MPDQ 是由 Tornow 和 Pinto（1976）提出的，它与 PAQ 非常相似，包括 208 个用来描述管理人员工作的题项。该问卷由管理人员自己填写，也是采用 6 分制对每个题项进行评分。这 208 个题项可被划分为 13 个类别，包括：

（1）产品、市场和财务战略计划，指的是进行思考并制订计划，以实现业务的长期增长、保证公司的稳定性。

（2）与组织其他部门和人事管理工作的协调，指的是管理人员协调对自己没有直接控制权的员工个人和团队活动。

（3）内部业务控制，指的是检查与控制公司的财务、人力和其他资源。

（4）产品和服务责任，指的是控制产品和服务的技术方面，以保证生产的及时性以及产品和服务的质量。

（5）公共与客户关系，指的是通过与人们直接接触的办法来维护公司在公众中的名誉。

（6）高层次的咨询指导，指的是发挥技术能力，解决企业中出现的特殊问题。

（7）行动的自主性，指的是在几乎没有直接监督的情况下开展工作。

（8）财务审批权，指的是批准企业大额的财务投入。

（9）员工服务，指的是提供诸如寻找决策的事实依据和为上级记录重要信息这样的员工服务。

（10）监督，指的是与下属面对面地交流，以计划、组织和控制这些人的工作。

（11）复杂性和压力，指的是在很大的压力下工作，以便在规定的时间内完成所要求的工作任务。

（12）重要财务责任，指的是制定对公司绩效有直接影响的大规模财务投资决策和其他重大财务决策。

（13）广泛的人事责任，指的是从事公司中对人力资源管理和员工政策具有重大影响的活动。

（三）功能性工作分析法

这种方法所依据的假设是每一种工作的功能都反映在它与数据、人和事三项要素的关系上，故可由此对各项工作进行评估。在各项要素中，各类基本功能都有其重要性的等级，数值越小，代表的等级越高；数值越大，代表的等级越低。采用这种方法进行工作分析时，各项工作都会得到一个数值，据此可以决定薪酬和待遇标准。此外，功能性工作分析法同样也可以对工作环境、机器与工具、员工特征进行数量化的分析。表3-7是功能性工作分析法的一个典型示例。

一种改进后的功能性工作分析法是在上述工作分析法的基础上进行扩充，即除了采用数据、人和事三项要素来分析工作，还补充了以下资料：第一，指出了完成工作所需要的员工受教育程度，其中包括执行工作任务所需要的推理和判断能力、数学应用能力和语言应用能力。第二，指出了绩效标准和训练要求。

表 3-7 功能性工作分析法示例

	数据		人		事
基本活动	0 综合	0	指导	0	筹建
	1 协调	1	谈判	1	精密工作
	2 分析	2	教育	2	运营与控制
	3 编辑	3	监督	3	驾驶与运行
	4 计算	4	安抚	4	操纵
	5 复制	5	说服	5	看管
	6 比较	6	传达信号	6	育饲
		7	服务	7	操作
		8	接受指令		

资料来源：Crino 和 Leap（1989）。

三、胜任特征模型及其在工作分析中的应用

以上方法获得的主要是岗位所需要的个人外显特征，比如知识、技能、经验等方面，但是许多特殊的岗位（如管理岗位、核心技术岗位）对于任职者的要求并不仅仅体现在外显特征上，还包括内在的特征。这些外显与内在的特征共同影响了任职者未来的工作行为和绩效。1973 年，美国著名心理学家大卫·C. 麦克利兰（David C. McClelland）提出了胜任（Competency）特征的概念。胜任特征是指决定一个人行为习惯和思维方式的内在特质，广义上还可包括技能和知识。一个人的胜任特征就好比一座冰山（见图 3-1），技能和知识只是露在水面上的一小部分，角色定位、价值观、自我认知、个人品质、动机等都潜藏在水面以下，很难判断和识别。根据胜任特征冰山模型，胜任特征可以分为 7 个层级，如表 3-8 所示。

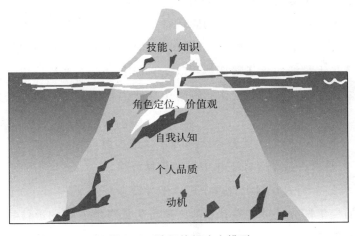

图 3-1 胜任特征冰山模型

表 3-8　胜任特征层级

层级	定义	内容
技能	一个人能完成某项工作或任务所具备的能力	表达能力、组织能力、决策能力、学习能力等
知识	一个人对某个特定领域的了解	管理知识、财务知识、文学知识等
角色定位	一个人对职业的预期，即一个人想在组织中担当哪个角色	管理者、专家、教师等
价值观	一个人对事情的是非、重要性、必要性等的价值取向	合作精神、献身精神等
自我认知	一个人对自己的认识和看法	自信心、乐观精神等
个人品质	一个人持续而稳定的行为特性	正直、诚实、责任心等
动机	一个人内在的、自然而持续的想法和偏好，可驱动、引导和决定个人行动	成就需求、人际交往需求等

胜任特征模型（Competency Model）反映了承担某一特定的岗位角色所应具备的胜任特征要素。胜任特征模型主要包括三个要素，即胜任特征的名称、胜任特征的定义（指界定胜任素质的关键性特征）和行为指标的等级（反映胜任特征行为表现的差异）。胜任特征模型的建构是基于胜任特征的人力资源管理各项应用的逻辑起点，它在很大程度上是人力资源管理的各项职能得以有效实施的重要基础和技术前提。

传统的工作分析较注重工作的组成要素，而基于胜任特征的工作分析则研究工作绩效优异的员工、突出与优异表现相关联的特征及行为，结合这些人的特征和行为定义这一工作岗位的职责内容，它具有更强的工作绩效预测性，能够更有效地为选拔、培训员工以及为员工的职业生涯规划、薪酬设计提供参考标准。因此，胜任特征模型在人力资源管理活动中起着基础性的、决定性的作用。

需要注意的是，员工个体所具有的胜任特征有很多，但企业所需要的不一定是员工所有的胜任特征。企业会根据岗位的要求以及组织的环境，明确该员工可以胜任工作，确保其发挥最大潜能的胜任特征，并以此为标准对员工进行选拔。这就要运用胜任特征模型提炼出能够对员工的工作有较强预测性的胜任特征，即员工最佳胜任特征能力。

- 个人胜任特征：指个人能做什么和为什么这么做。
- 岗位工作要求：指个人在工作中被期望做什么。
- 组织环境：指个人在组织管理中可以做什么。

以上三项的交集部分是员工最有效的工作行为或潜能发挥的最佳领域。当个人的胜任特征大于或等于这三项的交集时，员工才有可能胜任该岗位的工作。企业人力资源管理所要发掘的胜任特征模型就是个人胜任特征与另外两项的交集部分,即能够保证员工有效地完成工作的胜任特征模型。

第三节 工作设计

工作分析与工作设计之间有着密切而直接的关系。工作分析的目的是明确所要完成的任务以及完成这些任务所需要的员工的特点。工作设计的目的是明确工作的内容和方法,明确实现组织目标所要求的工作与满足员工个人需求的工作之间的关系。工作设计关注工作、任务和角色如何被建构、制定和修正,以及这些建构、制定和修正对个人、群体和组织的影响。在传统的工作设计中,评估工作的内容是组织和管理者的重要责任,在评估的基础上,组织对工作特征做出规定或变更,从而激发员工的内在动机和主观幸福感。因此,工作设计需要说明工作应该如何做才能既最大限度地提高组织的效率和员工的劳动生产率,同时又能最大限度地满足员工个人成长和提升福祉的要求。互联网技术快速发展,组织内部架构和工作流程以及员工的需求特征都发生了很大的变化,工作设计就显得格外重要。

一、工作设计的主要内容与考虑因素

工作设计的目标是建立一种工作结构,以满足组织及其技术的需要,满足工作者的个人心理需要。一个好的工作设计不但可以减少重复性工作带来的不良效应,而且有利于建立整体性的工作系统,还可以为充分发挥员工的主动性和创造性提供更多的机会与条件。

(一)工作设计的主要内容

工作设计的主要内容包括工作内容设计、工作职责设计和工作关系设计三个方面。

工作内容设计是工作设计的重点,一般包括工作的广度、工作的深度、工作的完整性、工作的自主性以及工作的反馈性五个方面:①工作的广度,即工作的多样性。工作设计若过于单一,员工就容易感到枯燥和厌烦,因此在设计工作时,应尽量使工作内容多样化,使员工在完成任务的过程中能进行不同的活动,保持对工作的兴趣。②工作的深度。设计的工作应具有从易到难的多种层次,对员工工作的技能提出不同程度的要求,从而增强工作的挑战性,激发员工的创造力和克服困难的能力。③工作的完整性。保证工作的完整性能使员工有成就感,即使是流水作业中的一个简单程

序，也要确保过程完整，让员工见到自己的工作成果，感受到自己工作的意义。④工作的自主性。适当的自主权利能增强员工的工作责任感，使员工感到自己受到信任和重视，认识到自己工作的重要性，增强工作的责任心，提高工作的热情。⑤工作的反馈性。工作的反馈性包括两方面的信息：一是同事及上级对自己工作意见的反馈，如对自己工作能力、工作态度的评价等；二是工作本身的反馈，如工作的质量、数量、效率等。工作的反馈信息使员工对自己的工作效果有一个全面的认识，能正确引导和激励员工。Hackman 和 Oldham（1975）根据这五方面提出了著名的工作特征模型，在后续会详细介绍。

工作职责设计主要包括工作的责任、权利、方法以及员工沟通等方面的设计。其中，工作责任设计就是员工在工作中应承担的职责及压力范围的界定，也就是工作负荷的设定；工作权利与责任是否对应会影响员工的工作积极性；工作方法设计包括领导对下级的工作方法、组织和个人的工作方法设计等；员工沟通设计是整个工作流程顺利进行的信息基础，包括垂直沟通、平行沟通、斜向沟通等形式。

工作关系设计则表现为岗位之间的协作关系、监督关系等各个方面的设计。

（二）工作设计需要考虑的因素

1. 法律因素

工作设计必须满足国家有关法律法规的要求。美国有许多涉及工资、雇佣行为、福利、药物检测和安全标准等方面的法律，这些法律都对工作设计造成直接或间接的影响。例如，不能让员工在很危险的工作环境中工作。近年来，《中华人民共和国劳动法》也日益健全，这意味着我国职场中的工作设计必须充分考虑相关法律要求。

2. 人力资源因素

人力资源因素指在工作设计时要考虑到能否找到足够多的胜任者。在我国，不同的企业可获取员工的数量和能力水平也会有很大的差别，工作设计必须考虑到员工数量和能力与机器设备、技术水平的配套，否则反而会造成资源的浪费，影响组织的生产经营。

3. 员工需求变化

工作设计的目标之一就是使员工在工作中得到最大限度的满足。处于不同需求层次的员工对工作、生活质量的要求各不相同，其社会期望也有较大差异。随着生活水平、教育水平的提高，员工的需求层次提高了，对工作、生活质量有了更高的期望。因此，企业如果单纯从工作效率、工作流程的角度考虑工作设计，往往效果不佳，在进行工作设计时，必须同时考虑"人性"方面的诸多要求和特点。只有重视员工的要求并开发和引导其兴趣，给他们的成长与发展创造有利的条件和环境，才能激发员工的工作热情、增强组织吸引力、留住人才。因此，岗位设计要尽可能地使工作特征与要求适合员工个人特征，使员工能在工作中发挥最大的潜力。

工作设计方法包括科学管理方法、人际关系方法、工作特征模型（Job Characteristic Model）方法、高绩效工作体系（High-performance Works System）。这些方法都可以对工作内容、工作时间进行再设计。

二、科学管理方法

泰勒的科学管理方法是工作设计最早的方法之一，其理论基础是亚当·斯密（Adam Smith）提出的职能专业化。泰勒的目标是管理者以较低的成本使工人生产出较多的产品，提高生产效率，由此可以给工人支付比较高的薪酬。泰勒的基本方法是工作简单化，把每项工作简化成最简单的任务，然后让员工在严密的监督下完成它。按照科学管理方法进行工作设计的基本途径是时间—动作研究，即工程师研究手臂和身体其他部位的动作，研究工具、员工和原材料之间的物理机械关系，研究生产线和工作环节之间的最佳次序，强调通过寻找员工的身体活动、工具和任务的最佳组合来最大化生产效率。

尽管泰勒的科学管理方法的背后是一套系统化的工作设计原理，但是许多管理人员错误地应用了这些原理，他们过于强调严密的监督和僵硬的标准。我们知道，必须将机器和员工结合在一起才能产生效果，而高效率的机器却并不一定产生高效率的人机关系。由于这种工作设计方法在实践中重点关注的是工作任务，很少考虑员工的社会需求和个人需求，产生了很大的副作用。这包括工作单调乏味、令人厌倦，只需要手臂而不需要头脑；员工缺乏成就感，对工作不满，工作的责任心差，管理者和员工之间产生隔阂；离职率和缺勤率高，员工怠工和工作质量下降。与工作简单化相对立的是工作扩大化。工作扩大化的目的也是提高生产效率，其优点是减少任务之间的等待时间，提高组织的灵活性。迄今为止，科学管理方法对工作设计仍然具有很大的影响，在对教育水平、个人判断和决策活动要求比较少的加工制造行业的工作中应用非常广泛。

在批判科学管理方法的过程中产生的人体工程学试图设计适当的工作环境，以减少员工的疲劳、降低员工的眼压、减小工作中出现错误的可能性，以及缓解员工肌肉和心理的压力。但是人体工程学强调的重点只是改善工作环境，如改变办公室椅子的高度和灯光的亮度等，因而并没有对工作内容本身的设计产生重要影响。

三、人际关系方法

人际关系运动是对科学管理运动非人性倾向的一个否定。人际关系运动从员工的角度出发考虑工作设计，起点是20世纪20年代的霍桑实验。在霍桑工厂进行的这项实验的最初目的是研究工作条件的变化对生产率的影响，最终得出的结论却是采光、通风和温度等工作环境的变化对生产率的影响小于工人之间社会关系对生产率的影响。研究人员发现工人自发地构成工作关系、建立标准，并在他们中间实施制裁。因此，设计出支持性的工作关系是提高员工工作动力和生产率从而实现组织目标的关键。品质圈（Quality Circles）和其他的工人参与管理的项目就是人际关系运动思想在当代的应用。

人际关系思想在工作设计中运用的方法是：在按照传统方法设计出来的枯燥的工作内容中增加管理的成分，提高工作对员工的吸引力。这种方法强调工作对承担这一工作的员工的心理影响。尽管按照科学管理方法设计工作为组织和员工都带来了利益，但是随着时间的推移，人们发现员工需要从工作中得到的不仅是经济利益这种外在报酬，还需要工作成就感和满足感这种内在报酬。内在报酬只能来自工作本身，因此工作的挑战性越强，越令人愉快，内在报酬也就越高。而在传统的工作设计方法中，工作的标准化和简单化降低了员工工作的独立性，只需要低水平的技能、枯燥而单调的工作限制了员工内在报酬的获得。根据人际关系思想提出的工作设计方法包括工作扩大化（Job Enlargement）、工作轮调（Job Rotation）和工作丰富化（Job Enrichment）等内容。

1. 工作扩大化

工作扩大化是扩展一项工作的任务和职责，但是这些工作与员工以前承担的工作内容非常相似，只是工作内容在水平方向上的扩展，不需要员工具备新的技能，并没有从根本上改变员工工作的枯燥和单调。因此，弗雷德里克·赫茨伯格（Frederick Herzberg）批评工作扩大化是"用零加上零"。

2. 工作轮调

工作轮调是让员工先后承担内容不同但很相似的工作。其本意是不同的工作要求员工具有不同的技能，从而可以增加员工的内在报酬，但实际效果非常有限。因此，赫茨伯格批评工作轮调是"用一个零代替另一个零"。

3. 工作丰富化

工作丰富化是指在工作中赋予员工更多的责任、自主权和控制权。工作丰富化与工作扩大化、工作轮调不同，它不是水平地增加工作内容，而是垂直地增加工作内容。这样，员工会承担更多种类的任务、更大的责任，员工有更大的自主权、更高程度的自我管理，以及对工作绩效的反馈。工作丰富化思想在工作设计中的影响很大，在此基础上形成了非常著名的工作特征模型。

还需要指出的是，丰富化并不适用于所有的工作，因为并不是所有员工都愿意承担丰富化的工作，即员工存在个体差异。不过，一般来说，要想工作丰富化取得较好的效果，需要以下几个前提：

第一，员工绩效差必须是因为激励不足。如果绩效差是因为生产流程规划不当或者员工训练不足，工作丰富化就没有意义。

第二，不存在其他更容易的改进方法。

第三，保健因素必须充足。如果公司政策、薪酬、工作环境等方面让员工不满，那么工作丰富化也不会有意义。

第四，工作本身不具有激励潜力。如果工作本身已经足够有趣，或者已经具有挑战性，那么实施工作丰富化就不值得。

第五，工作丰富化必须在技术上和经济上可行。

第六，员工重视工作质量。工作丰富化的主要收益通常体现于工作质量，而不是工作的数量。

第七，员工愿意接受工作丰富化。有些员工不需要也不希望承担富有挑战性的工作，他们就喜欢单调、枯燥的工作，而把兴趣寄托在工作时间之外。

四、工作特征模型方法

工作特征模型的理论依据是赫茨伯格的激励—保健理论（Motivation-Hygiene Theory，又称双因素理论）。该理论提出，导致员工工作满意或不满意的因素是不同的：公司政策、薪酬、工作条件等都属于保健因素。如果这些因素没有达到可接受水平，将引起员工的不满和不理想的员工行为；相反，如果这些因素达到可接受水平，也只是使员工没有不满，但是并不能对员工产生激励作用。能够对员工产生激励作用的是员工的成就感、责任感以及工作的意义等激励因素。因此，关键的问题是提供充分的保健因素以防止员工不满，同时提供大量的激励因素来促进员工努力工作。赫茨伯格为了应用该理论，设计了一种工作丰富化方法，即在工作中添加一些可以使员工有机会获得成就感的激励因子，以使工作更有趣、更富挑战性。这一般要给予员工更多的自主权，允许员工做更多有关规划和监督的工作。通常，工作丰富化可以采取以下措施：第一，组成自然的工作群体，使每个员工只为自己的部门工作，这可以改变员工的工作内容；第二，实行任务合并，让员工从头到尾完成一项工作，而不是只让他承担其中的某一部分；第三，建立客户关系，让员工尽可能有和客户接触的机会；第四，让员工规划和控制其工作，而不是让别人来控制，员工可以自己安排工作进度，处理遇到的问题，并且自己决定上下班的时间；第五，畅通反馈渠道，找出更好的沟通方法，让员工能够迅速知道其绩效状况。

在此基础上，Hackman 和 Oldham（1975）通过问卷开发了工作特征模型和相应量表，以此来克服基于科学管理思想的工作设计方式给员工带来的负面影响。工作特征模型提出了任何工作都包含的五种核心特征：技能多样性（Skill Variety）、任务整体性（Task Identity）、任务重要性（Task Significance）、工作自主性（Job Autonomy）和反馈（Feedback）。技能多样性指工作内容需要员工应用多种技能和能力的程度；任务整体性指的是工作任务使员工从头到尾完成一项任务的程度；任务重要性指的是工作结果对他人（含组织内部与外部）的工作与生活影响的程度；工作自主性指的是工作方式允许员工自由、独立地安排工作进度和具体实施方式的程度；反馈指员工能从工作本身得到关于自己工作效果的反馈的程度（Hackman 和 Oldham，1975）。这五种工作的核心特征将影响到员工的三种关键心理状态，即感受到的工作的意义、感受到的对工作结果的责任，以及对工作结果的了解。这些心理状态又可以影响个人和工作的以下结果：内在工作动力、绩效水平、工作满足感、缺勤率和离职率，如图 3-2 所示。Hackman 和 Oldham（1976）在模型中着重强调了个人成长需求强度，即员工个人渴望工作促进其个人成长、学习和发展的强度。员工个人的成长需求越强，工作特征对其关键心理状态的影响越强，同时关键心理状态对该员工个人和工作结果的影响也就越强。

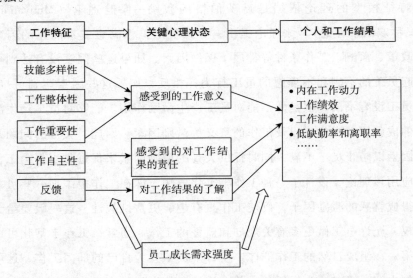

图 3-2 Hackman 和 Oldham（1976）的工作特征模型

Hackman 和 Oldham（1976）进一步把上述五个工作特征整合成某项工作的激励潜力分数（Motivation Potential Score，MPS）指标，公式如下：

$$MPS = \frac{(SV + TI + TS)}{3} \times A \times F$$

其中，*MPS* = 激励潜力分数；*SV* = 技能多样性；*TI* = 任务完整性；*TS* = 任务重要性；*A* = 工作自主性；*F* = 反馈。

在实践中，组织可以通过不同的管理方式改进这些工作特征。例如，通过任务合并的方式将现有的零散任务结合在一起，形成一个新的、更大的工作模块，给员工提供一种"当家做主"的感觉，使他们能够为一个范围更大的、可识别的工作任务负责。再如，通过授权将原来由较高层级的管理人员掌握的控制权和承担的责任下放到基层，使基层员工感受到更多的工作自主性。从计算激励潜在分数的公式中可以看出，改进工作自主性或反馈可以带来更多的激励潜在分数的提升，因此组织在选择不同管理方式时可以侧重于改进这两项特征。

五、高绩效工作小组

所谓的高绩效工作小组是将科学管理哲学与人际关系方法结合起来的工作设计方法，其特点是同时强调工作社会学和最优技术安排的重要性，认为工作社会学和最优技术安排相互联系、相互影响，必须有效地配合起来。在高绩效工作小组中，每位员工不再从事某种特定任务的工作，而是具有多方面的技能、可以从事不同的工作。这些员工组成工作小组，工作任务被分配给工作小组，然后由小组决定谁在什么时候从事什么工作任务。工作小组有权在既定的技术约束和预算约束下自主决定工作任务的分配方式，只需对最终产品负责。工作小组管理者的责任不是设计具有内在激励作用的工作，而是建立工作小组，确保小组成员拥有完成工作所需要的资格；同时，小组的目标与整个组织的目标相一致。这意味着工作小组的管理者是一个教练和激励者。当然，管理者必须使小组在组织中拥有足够的权力，并对小组实施领导。这种工作设计方法特别适合于扁平化和网络化的组织结构。传统的工作设计方法与高绩效工作小组之间的区别可以概括为表3-9。

表3-9 传统的工作设计方法与高绩效工作小组的比较

		传统的工作设计方法	高绩效工作小组
岗位	值班经理	监控运行，组织资源	确立长远目标，确保资源
	员工	独立工作，强调单一技能的操作任务	是小组的一部分，完成大量工作，包括操作、技术支持、工艺改进和管理
	技术专家	独立工作，执行技术工作，支持运行	充当小组的顾问、教师和教练

（续表）

工作设计要素		传统的工作设计方法	高绩效工作小组
工作设计要素	人	把紧凑的一组工作分配给个人	与他人协调，利用小组完成相互联系的活动
	决策	通过命令与控制的层级制度管理生产过程	授权小组制定关于加速周转和改进工艺的决策
	信息	只给员工其需要知道的信息	及时向小组全体成员发布所有信息供决策参考

资料来源：Wallace 和 Crandall（1992）。

高绩效工作小组非常重视员工自我管理和工作小组的运用。工作小组是由两个或多个员工组成的一个工作群体，小组中的各个员工以独立的身份相互配合以实现特定的共同目标。工作小组可以是暂时的，也可以是长期的；可以是半自治的，也可以是自我管理的。工作小组可以由具有相同技能的员工组成，也可以由具有不同技能的员工组成；工作小组可以包括管理者，也可以没有管理者。但在工作小组中，通常需要一个领导来处理纪律和工作中的困难。早在1911年，泰勒就指出，员工不愿意告诉同事他们的工作绩效不合格。因此，泰勒认为应由管理者承担管理的责任。但是，倡导高绩效工作设计小组的人们认为，可以通过把传统的工作小组转化为自我管理的工作小组来克服这一问题。这种转化需要三个步骤：第一，技能多元化，即让每位员工学习和掌握其他的操作活动；第二，建立自我支持的工作小组，即每位小组成员能够自己寻找方法来改进生产工艺，而不再需要等待外部专家；第三，建立自我管理的小组，即小组成员密切关注客户的需要，并决定每天提供的产品和服务。工作小组可以自己安排假期、选择小组成员、评价小组内部每位员工的工作绩效。

六、工作时间设计方法

以上工作设计方法更多的是针对工作内容而进行的设计。除这些方法外，还有一些方法可以针对工作时间进行设计。虽然它们没有改变完成工作的方法，从根本上说不属于工作设计，但是它们改变了员工个人工作时间的严格规定，实际上也产生了提升生产率的效果，因此可以把它们作为辅助的工作设计方法。

（一）缩短工作周

缩短工作周（Compressed Workweeks）是指员工在保证每周工作40个小时的情况下，将一周的工作量压缩在4个工作日内完成，即每天工作10小时，每周工作4天。缩短工作周的优点是员工每周工作的天数减少，缺勤率和迟到率下降，有助于经济上的节约。同时，员工在路上的时间减少，通勤成本下降，工作的满足感提高，并能缓解交通压力、减少环境污染。缩短工作周的缺点是可能使员工觉得工作压力大、感到疲劳，可能导致危险，此外员工在工作日的晚间活动会受到影响。实行缩短工作周的企业与实行传统工作周（5 天×8 小时）的企业在联络时会产生时间上的障碍。实践中，实施缩短工作周的企业一般可以采用让员工错开工作时间的方法，确保每个传统工作日都有员工上班，可以与客户保持联系。这种做法对员工的主要好处是他们可以有较长的周末和家人相处或从事个人活动。

（二）弹性工作制

弹性工作制给予员工在决定何时上下班这个问题上一定的自由处理权。员工每周工作时间是特定的，但在一定的范围内可以自由改变工作安排。在每天的工作时间中有一个共同的核心工作时间段，要求所有员工必须在岗，除了这段时间，员工可以自由选择上下班时间。

其典型做法是：企业要求员工在一个核心时间段（如上午 10 点到下午 3 点）必须到岗工作，但是上下班时间由员工自己决定，只要总工作时长符合要求即可。弹性工作制的优点是员工可以自己掌握工作时间，为实现个人要求与组织要求的一致创造了条件，降低了缺勤率和离职率，提高了工作绩效，这一措施也有利于人才吸引和保留。

弹性工作制的缺点是增加了企业的行政支出，同时要求企业有更加复杂的考勤管理系统以确保员工的总工作时长符合规定。另外，弹性工作制还有自身缺陷，即不能适用于所有类型的工作。对于与本部门之外的人接触有限的工作人员来说，这种方式的效果良好。但对于接待人员、零售店的销售人员，以及其他要求在事先确定的时间内为别人提供全面服务的员工来说，这就不是一种可行的方式了。

（三）远程工作

由于网络通信技术和工具（特别是移动终端）的发展，现在越来越多的人可以在咖啡店、高铁、飞机、家里办公，而不必到传统的办公场所上班。这种离开传统办公室而借助信息通信技术与手段开展工作的方式，就是远程工作（Telework）。自 Nilles（1975）提出这一概念，"远程工作"得到很多人的热捧并被喻为解决组织和社会现存各种问题的灵丹妙药。现有的研究认为，远程工作优势很明显：它不要求员工在固定的地点和固定的时间工作，允许他们在自认为更舒适的环境和更高效的时间内工作，因而能减少员工通勤时间，赋予员工灵活安排工作的选择权，方便员工在不影响工作的前提下处理一些日常生活问题；它能节省企业的办公室成本，并实现人力资源的全球化配置；员工的通勤时间减少，有利于节约能源、避免交通事故。

远程工作拥有的优势不仅引起了很多企业组织的关注，其作为保留和吸引优秀员工的有效人力资管理策略，同时也得到了很多国家政府的支持与推动。2019年年底爆发的新冠疫情进一步加速了远程工作的发展，与之相关的各类远程办公、会议软件的应用也迅速发展。在新冠疫情严重的时候，很多企业实现了100%的远程办公。

不过，随着开展远程工作的组织越来越多，这一工作方式渐渐暴露出一些问题。比如，离开传统办公室就少了同事间的相互接触，远程工作者自身也可能会产生孤独感；远程工作者在主管面前展现自我的机会变少了，可能会影响升职；远程工作者也会因公司技术支持不到位而导致无法获取一些资料，工作障碍变多，完成相同的工作所花费的工作时间变长；企业也很难通过线上沟通加强企业文化建设。基于英国银行业和通信业远程工作者的调查表明，他们感受到的远程工作的主要劣势是孤独感（57%）、更长的工作时间（50%）、更少的支持（28%）、事业晋升（14%）等（Mann等，2000）。有些想要照顾家庭的远程工作者发现，远程工作并没有帮助他们实现工作与生活的平衡，由于地理边界的消失，自身工作—生活边界变得模糊，边界管理变得更加困难，工作者和家庭生活者双重身份的频繁转换，反而产生了更多的冲突。因此，包括亚马逊（Amazon）等企业在内的CEO都发出了"重返办公室"的呼吁。长期研究远程工作的斯坦福大学经济学家尼克拉斯·布卢姆（Nicholas Bloom）指出，截止到2023年年初，美国工作者中有15%是完全远程工作的，另外有30%工作者有部分工作是远程进行的。

七、不确定时代下工作设计的新趋势

需要指出的是，在现实中许多企业并不进行专门的工作设计，而是假设人们对如何组织工作内容有一种先验的看法，同时在劳动力市场上招聘现成的合格员工来承担这一工作。这种方法利用了经过时间检验的各种工作任务、责任和所需要的技能以及工作内容之间的联系，强调的是各种工作在不同组织之间的共性和相似之处，并按照决定工作内容的流行做法进行决策。因此，该方法大大简化了招聘、选择和补偿决策，而且可以与员工进入组织之前的期望和市场通行的商业教育和培训相互协调。对于许多组织而言，这种简单的工作设计方法是可行的。

总体上，传统工作设计方法的关注点在于管理者为员工设计工作这个自上而下（Top-down）的过程，员工的主动性并没有得到充分发挥。随着工作环境不确定性及复杂性的增大，组织越来越难设计出对多方适用的规范性工作描述，组织也越来越希望员工能够表现出积极主动的工作调整行为。在社会经济迅速发展的背景下，员工知识水平不断提高，自我意识不断觉醒，对工作的价值判断及态度正在改变。员工不再满足于按部就班地完成任务，然后交差领取工资，而是希望将工作和个人兴趣结合起来，充分发挥自身的技能和优势，在工作中表达自己的价值观。员工同样意识到他们可以有规律地改变工作和组织，从而使工作能够与自己的偏好、价值、动机和能力等相匹配。这就需要改变传统的工作设计视角，员工主动地参与工作设计逐渐得到组织和研究者的重视。

在这种背景下，出现了员工主动进行的自下而上（Bottom-up）的工作设计方式，即工作重塑（Job Crafting）（Wrzesniewski 和 Dutton，2001）。员工可以根据自己的意愿改变工作任务、认知及互动关系的边界，使工作与个人兴趣更加一致，在工作中发挥自身的特长和优势、发掘工作意义、提高工作认同。工作重塑分为任务重塑（Task Crafting）、关系重塑（Relational Crafting）和认知重塑（Cognitive Crafting）三部分。任务重塑是指员工改变工作任务的数量、范围和类型，包括增加或减少任务量，改变任务的性质，改变时间和精力在多个任务上的分配等。任务是最基本的工作单元，员工的工作是由一系列聚类在一个工作名称下的任务成分构成的，并由员工个人来完成。因此，任务重塑是工作重塑的首要形式。关系重塑是指员工改变工作执行中的交往形式、时间以及对象。认知重塑则是指员工改变对工作中任务和关系的感知方式，如只将工作视为一些精细的部分或一个整体。经历过工作重塑的员工的"内在"动机与"外在"行为更加一致，他们将工作视为自身价值的体现，对员工个人和组织都可能产生积极的影响。

工作重塑在很多互联网企业中得到了应用，如谷歌、阿里巴巴、小米等，使得传统的工作岗位设置方式发生了变化，这种变化甚至动摇了传统工业时代"因岗选人"的逻辑。在当前的不确定时代，一些企业对于特别优秀的关键人才甚至采取了"因人设岗"的方式，根据这些优秀人才的特殊技能、特殊需求设定相适应的工作岗位，以期更大地发挥其价值，完全释放其潜力和价值。

近年来，随着Z世代（出生于1995—2009年的人）步入各类组织开始工作，他们也给组织内部管理带来新的挑战。Z世代成长于网络信息高速发展的时代，他们不仅个性鲜明、视野开阔、乐于接受挑战，而且是网络游戏的主要受众。这也催生了工作游戏化的设计和管理，其实质是采用游戏化思维和游戏元素，对工作进行游戏化设计，让员工在工作的过程中产生和玩游戏相类似的体验，在游戏化的工作中，员工拥有一定的自主权，可以得到实时反馈、与同事建立游戏社交关系，并产生积极的工作体验，进而提升员工的工作绩效和工作满意度。

复习思考题

1. 在人力资源管理中，工作分析有哪些作用？
2. 在工作分析中，有哪些定性和定量的分析方法？它们各有什么含义？
3. 胜任特征模型与传统的工作分析有什么区别？为什么采用这种方法进行工作分析？
4. 如何提升工作分析结果的可靠性和有效性？
5. 工作时间设计方法适合于哪种类型的企业和员工？如何评价其利弊？
6. 互联网技术的发展对工作设计有什么样的影响？

员工招聘与录用

学习目标

1. 了解企业招聘的主要流程
2. 掌握内部招聘和外部招聘的差异
3. 掌握不同招聘渠道、录用方法的特点和差异,以及互联网时代下的新变化
4. 掌握企业招聘效果评估方法
5. 掌握面试的程序,了解面试的技巧
6. 掌握基础比率、挑选率和有效系数的关系,以及员工录用决策的改进

人力资源是企业最重要的资源，而招聘是企业与潜在员工接触的第一步。人们通过招聘环节了解企业，并最终决定是否愿意为它服务。但是，如果高素质员工不知道企业的人力资源需求信息，或者虽然知道但对这一信息不感兴趣，或者虽然有些兴趣但还没有达到愿意申请相关岗位的程度，那么企业就没有机会选择这些高素质员工。因此，企业只有对招聘环节进行有效的设计和良好的管理，才能获得高素质员工。

第一节　员工招聘的过程

一、招聘的重要性

员工的招聘环节之所以非常重要，是因为：第一，组织的绩效是由员工来实现的。做好员工进入企业前的选拔工作，可以避免日后的调职或解聘。第二，员工的雇用成本是很高的，通常包括人力资源市场的搜索费用、体检费用、测评费用、旅行费用、安家费用、迁移费用和红利保证费用等。一般而言，招聘的岗位层级越高，招聘费用就越高。第三，员工的选拔工作还受到劳动就业相关法律法规的约束，企业必须确保招聘过程中的各个环节合法合规。第四，招聘环节中的测评不仅能够帮助企业进行雇用员工的决策，也能够帮助企业制定晋升决策。通常，企业的规模越大，应聘者也越多，就越需要采用有效率的、标准化的程序进行筛选，也越需要有效的员工测评技术。

从人力资源管理的角度看，招聘活动与组织中的晋升或调动在性质上是一样的，都要根据不完全的信息做出人力资源管理决策。二者之间的差别是在制定晋升或调动等决策时，由于员工已经在组织中服务了一段时间，管理者对他们的情况了解得比较多；而制定招聘决策可依据的信息要少一些。在招聘环节，企业与应聘者之间各自所需要的信息和所发送的信息的匹配关系如表4-1所示。

表4-1　应聘者与企业之间的信息匹配

应聘者		企业	
需要的信息	发送的信息	发送的信息	需要的信息
工作任务	简历	广告	知识
工作安全性	申请	公司形象	技能
工作条件	背景情况	薪酬	忠诚度
主管	推荐人	背景调查	创造力
同事	面试表现	面试	适合程度
发展前景	着装	对应聘者的兴趣	灵活性
薪酬	待人热情程度	测评	培训潜力

（续表）

应聘者		企业	
需要的信息	发送的信息	发送的信息	需要的信息
福利	对公司的了解		晋升潜力
公正性	对岗位兴趣的陈述		离职可能性
	测评成绩		

资料来源：Milkovich 和 Boudreau（1994）。

二、员工招聘的过程

为了保证招聘工作科学规范，提高招聘效果，招聘活动一般要按照下面几个步骤进行。

（一）制订招聘计划

在员工招聘开始之前，组织需要确定空缺工作岗位的性质，并在此基础上确定人力资源需求，包括需求数量、技术组合、等级和时间要求等。在这一环节，人力资源规划有助于我们了解所需要的应聘者的类型和数量，而工作分析中的工作描述和工作规范有助于我们了解所需要的工作行为与应聘者的个人特征。

招聘计划则是用人部门在企业发展战略的指导下，根据部门的发展需要，在人力资源规划和工作分析的基础上，对招聘的岗位、人员数量、素质要求、能力要求以及时间限制等因素做出的详细计划。招聘计划是招聘的主要依据。制订招聘计划的目的在于使招聘更合理化、更科学化。招聘计划的内容大致包括：①招聘的岗位、人员需求量、每个岗位的具体要求；②招聘信息发布的时间、方式、渠道与范围；③招聘对象的来源与范围；④招聘方法；⑤招聘测试的实施部门；⑥招聘预算；⑦招聘结束时间与新员工到岗时间。招聘计划由用人部门制订，然后由人力资源部门进行复核，特别是要对人员需求量、预算等项目进行严格复查，签署意见后交上级主管领导审批。

（二）发布招聘信息

招聘信息发布的时间、方式、渠道与范围是根据招聘计划来确定的。由于招聘的岗位、数量、任职者要求的不同，招聘对象的来源与范围的不同，以及新员工到岗时间和招聘预算的限制，招聘信息发布时间、方式、渠道与范围也是不同的。常用的招聘渠道有互联网、媒体广告、现场招聘会、校园招聘、行业协会、人才中介机构、猎头公司、员工推荐等。企业需要选择最适合本公司的招聘渠道。

（三）应聘者申请

应聘者在获取招聘信息后，可向招聘单位提出求职申请。目前大部分的申请工作可以线上完成。这有助于企业建立应聘者数据库，保存符合当前招聘岗位要求以及有可能以后会符合组织需要的应聘者资料，也便于在组织需要时，从应聘者数据库里快速搜索出具备工作所需的技能、经验和个人品质的候选人，可以大量节省组织用于鉴别候选人的时间。

（四）人员甄选与录用

公司收到应聘者简历，从专业、工作经验等方面进行初步筛选、综合比较。初步筛选是一种快速而粗略的挑选过程，可以只根据工作所要求的某一个关键性因素（如教育水平和专业背景）进行选择。随后的录用环节则更严格和规范，需要进行比较全面的考察，如测试、个人面试、背景调查等。公司通过不同的甄选环节，筛选并确定符合企业需要的候选人，确定最终的录用人员。

（五）招聘评估与反馈

完整的招聘流程还包括后续对本次招聘工作的评估与反馈。一般而言，招聘评估包括对招聘周期、招聘完成率、招聘成本、用人部门满意率、录用人员工作表现等方面的评估。工作绩效考核提供员工工作绩效水平的信息反馈，也是对招聘工作质量的最终检验，并在此基础上对未来的招聘工作进行必要的优化。

三、招聘收益金字塔

企业从收到应聘者的求职申请开始，经过测试和面谈等各个筛选环节，最后才能决定正式录用。在这一过程中，所筛选的应聘者人数变得越来越少，就像金字塔一样。招聘收益可以用经过招聘各个环节筛选后留下的员工的数量来反映，留下员工的数量大，招聘收益就大；反之，招聘收益就小。企业中的工作岗位可以划分为许多种，在招聘过程中针对每种岗位空缺所要付出的努力程度是有差别的。为招聘到某种岗位上足够数量的合格员工应该付出多大的努力？这可以根据过去的经验数据确定，招聘收益金字塔就是这样一种经验分析工具。

如图4-1所示，假设根据企业过去的经验，每成功录用一名销售人员，需要对5名候选人进行试用；而要挑选到5名理想的候选人，需要15人参加测试和面谈筛选程序；而挑选出15名合格的测试和面谈对象，又需要有20人提出求职申请。那么，如果现在企业想招聘10名合格的销售人员，就需要约200人提出求职申请。由此可见，招聘收益金字塔可以帮助企业人力资源部门对招聘的宣传计划和实施过程有一个粗略的估计与有效的设计，可以帮助企业确定为了招聘到足够数量的合格员工需要吸引多少应聘者。

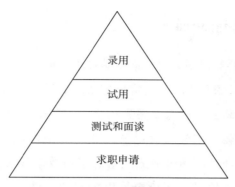

图 4-1 招聘收益金字塔

在确定工作申请资格时，组织有不同的策略可以选择。一种策略是把申请门槛设定得比较高，于是符合标准的应聘者就比较少，然后组织花费比较多的时间和金钱来仔细挑选最好的员工。另一种策略是把申请门槛设定得比较低，于是符合最低标准的应聘者就比较多，这时组织有比较充足的选择余地，人均招聘成本会比较低。一般而言，如果组织招聘的工作岗位对组织而言至关重要，员工质量是第一位的选择，就应该采取第一种策略。如果人力资源市场供给形势比较紧张，组织也缺乏足够的招聘费用，同时招聘的工作岗位对组织而言不是十分重要，就应该采取第二种策略。

在招聘新员工时，组织面临的问题是如何在众多的应聘者中挑选出合格的、有工作热情的应聘者。大浪淘沙式的招聘可以保证录用到能力较强的优秀人才，他们在接受培训后的生产率提高幅度将大于能力一般的员工经过相同培训后的生产率提高幅度。

四、招聘人员的选择

组织在招聘的过程中，应聘者是与组织的招聘人员接触而不是与组织接触，在对组织的特征了解甚少的情况下，应聘者会根据组织的招聘人员在招聘活动中的表现来推断组织其他方面的情况。因此，招聘人员的选择是一项非常关键的人力资源管理决策。

一般来说，招聘人员除了应该包括组织人力资源部门的代表，还可以包括直线经理、应聘者未来的同事。应聘者会将这些招聘人员作为了解组织的一个窗口，由此判断组织的特征，并决定是否愿意接受组织提供的工作岗位。那么，这些招聘人员什么样的表现能够增强应聘者的求职意愿呢？有研究显示，招聘人员的个人行为是否优雅、知识是否丰富、办事作风是否干练等因素都直接影响应聘者对组织的感受和评价（Uggerslev 等，2012）。许多公司在建立招聘小组的时候，会先对招聘人员进行相应的培训，以增加应聘者对公司的好感。

五、招聘过程管理与招聘周期

　　企业的招聘工作很容易出现失误，而招聘过程中的失误可能损害组织的声誉，或无法给企业招到合适的优秀员工，为此应该遵循以下原则：第一，申请书和个人简历必须按照规定递交给招聘部门，以免丢失；第二，每个应聘者在招聘过程中的某些重要活动（如来公司面谈）必须按时记录；第三，组织应该及时对应聘者的工作申请做出书面答复，否则会给应聘者造成该组织工作效率低或傲慢的印象；第四，应聘者和雇主关于工作条件的讨价还价应该以公布的招聘规定为依据，并及时记录，否则如果同一个应聘者在不同的时间或不同的部门得到的待遇许诺相差很大，就必然会出现混乱；第五，对于未接受组织工作条件的应聘者，其相关材料需保留一定期限，以便后续参考。

　　企业招聘周期的长短受到许多因素的影响。首先，不同工作岗位的空缺填补的时间会有所不同；其次，不同地区人力资源市场的发达程度不同，组织的招聘周期也不一样；最后，组织人力资源规划的质量对招聘周期也有影响。一般而言，组织中岗位空缺的时间既反映应聘难度，也反映组织招聘过程的效率。

　　在当前互联网时代，企业招聘周期也发生了变化。互联网的信息传递不受容量、时间和空间、服务周期和发行渠道的限制。互联网用户量之大，使得互联网的覆盖面是任何媒介都无法比拟的。网络招聘依托这个特征，使得招聘覆盖面得以大大拓宽。借助互联网技术和智能手机，招聘从电脑端迁移到移动端，更多合适的应聘者可以随时随地快速了解招聘信息；借助大数据，可以对应聘者的资料和行为数据等进行"画像"，使目标受众匹配更加精准。招聘宣传、收集简历、简历自动筛选、网上测评等都可以通过标准化的网络程序完成，极大地简化了招聘流程。同时，互联网大数据可以提高人才精准匹配的速度和准确度，这些都大大地缩短了企业的招聘周期。

第二节　招聘渠道的类别及选择

　　企业首先要确定自己的目标人力资源市场及招聘收益的大致水平，然后选择最有效的人才吸引策略。招聘策略涉及招聘的人员、招聘渠道和招聘方法三个主要方面。招聘渠道主要包括内部招聘、招聘广告、职业介绍机构、猎头公司、校园招聘、员工推荐、网络招聘、临时雇用等。

一、内部招聘

实际上,企业中很多工作岗位的空缺是由企业现有员工填充的,因此内部招聘是最常用的招聘渠道。在企业运用这一渠道时,通常要在公司内部张贴工作告示,内容包括工作描述和工作规范中的信息以及薪酬情况,说明工作岗位的性质、任职资格、主管的情况、工作时间和待遇标准等相关因素。这样做的目的是让企业现有员工有机会将自己的技能、工作兴趣、资格、经验和职业目标与工作岗位相互比较。

内部补充机制有很多优点:第一,得到升职机会的员工会认为自己的才干得到了组织的承认,因此他的工作积极性和绩效都会提高;第二,内部员工比较了解组织的情况,为胜任新工作岗位所需要的指导和培训比较少,离职的可能性也比较小;第三,提拔内部员工可以提高所有员工对组织的忠诚度,使他们在制定管理决策时能目光长远;第四,上级对内部员工的能力和工作态度都比较了解,提拔内部员工的成功率比较高。但是内部补充机制也有缺点:第一,那些没有得到提拔的内部应聘者可能会不满,因此需要上级做解释和鼓励的工作;第二,当新主管从同级员工中产生时,工作集体可能会不满,这使新主管不容易建立领导声望;第三,很多公司要求经理张贴工作告示,并面试所有的内部应聘者,但经理往往早有中意人选,这就使得面试会浪费很多时间;第四,如果组织已经有了内部招聘的惯例,当组织出于创新需要而急需从外部招聘人才时,可能会遭到现有员工的抵制,损害员工的工作积极性。

长期以来,尽管人们很想知道来自哪一种招聘渠道的员工最可能创造好的工作绩效,但是现有的研究还无法精确地回答到底哪种岗位应该采用哪种招聘渠道。不过一般而言,来自内部渠道的员工一般比从外部招聘的员工的离职率要低,长期服务的可能性要大一些。当然,当内部招聘不能满足企业对人才的需求时,就需要考虑在企业的外部人力资源市场进行招聘。

二、招聘广告

招聘广告是填补各种工作岗位空缺都可以使用的方法,使用十分普遍。阅读这些广告的不仅有应聘者、潜在的应聘者,还有客户和一般大众,因此公司的招聘广告代表着公司的形象,需要认真准备和投放。企业使用招聘广告作为宣传工具有很多优点:第一,岗位空缺的信息发布迅速,能够快速传达给外界;第二,与许多其他宣传方式相比,投放广告的性价比较高;第三,在广告中可以同时发布多个工作岗位的招聘信息;第四,广告可以吸引数量充足的应聘者。此外,企业还可以利用广告渠道发布"遮蔽广告"(Blind Advertisements)。所谓的遮蔽广告是指在招聘广告中不出现招聘企业名称的广告,通常要求应聘者将自己的求职信和简历寄到一个特定的信箱。企业投放遮蔽广告的原因可能是它不愿意暴露自己的业务区域扩展计划，不想让竞争对手过早地发现自己在某一个地区开始招聘员工；也可能是招聘企业的员工罢工等使企业的名声不佳；还可能是由于企业不愿意让现有员工发现企业正准备用外部人员填充企业的某些岗位空缺。当然，遮蔽广告也可能使潜在应聘者怀疑招聘信息的真实可靠性而不前来应聘。

投放广告时要注意几点：第一，媒体的选择。媒体的选择取决于招聘工作岗位的类型。一般来说，低层次岗位可以选择地方性报刊，高层次或专业化程度高的岗位则要选择全国性或专业性的报刊。近年来，随着互联网经济兴起，纸媒的发展面临巨大挑战，很多企业不再选择在纸媒上发布招聘广告，或不将其作为首选渠道。第二，广告的结构。广告的结构设置要遵循AIDA原则，即注意（Attention）、兴趣（Interest）、欲望（Desire）和行动（Action）。换言之，好的招聘广告要能够引起读者的注意和兴趣，继而产生应聘的欲望并采取实际的简历投递行动。第三，招聘广告中需要说明工作岗位的具体工作内容和职责，应聘者所需具备的基本条件，如教育水平、专业、相关经验等。此外，很多企业会在招聘广告中列出薪资范围和福利待遇以吸引应聘者。第四，招聘广告中还需要说明应聘的截止日期和申请方式。第五，企业的招聘宣传应该向合格的候选人传达企业的就业机会，并为本企业营造一个正面的形象，同时提供有关工作岗位的足够信息，以便那些潜在的候选人能够将工作岗位的需要同自己的能力和兴趣进行比照，并唤起那些优秀求职者的应聘热情。

三、职业介绍机构

职业介绍机构的作用是帮助雇主选拔人员，节省雇主的时间，特别是在企业没有设立人事部门或者急需用人时，可以求助于职业介绍机构。但是，如果需要长期求助于职业介绍机构，就应该把工作描述和有关要求告知他们，并委派专人同几家职业介绍机构保持稳定的联系。Crino 和 Leap（1989）认为，在下述情况下，适合采用职业介绍机构这一招聘渠道：第一，用人单位根据过去的经验发现难以吸引到足够数量的候选人；第二，用人单位只需要招聘很少数量的员工，或者是要为新的工作岗位招聘员工，因此设计和实施一个详尽的招聘方案成本很高；第三，用人单位急于填充某一关键岗位的空缺；第四，用人单位试图招聘一些在职的员工，尤其是在人力资源市场供给紧张的形势下；第五，用人单位在目标人力资源市场上缺乏招聘经验。

四、猎头公司

猎头公司是一种与职业介绍机构类似的就业中介组织，但是由于其运作方式和服务对象的特殊性，它经常被看作一种独立的招聘渠道。猎头公司是一种专门为雇主

"搜捕"并推荐高级管理人员和高级技术人员的公司,它们设法"诱使"这些人才离开正在服务的企业。猎头公司的联系面很广,而且特别擅长接触那些有正式工作并且更换工作意愿不强的人。它可以帮助公司节省很多招聘和选拔高级管理人员和高级技术人员的时间。

使用猎头公司的企业需要注意的是:第一,必须首先向猎头公司说明自己需要哪种人才及理由。第二,了解猎头公司开展人才搜索工作的范围。第三,了解猎头公司直接负责完成工作任务的员工的能力,不要受其招牌人物的迷惑。第四,事先确定服务费用和支付方式。第五,选择值得信任的人。第六,向这家猎头公司以前的客户了解这家猎头公司所提供服务的实际效果。

五、校园招聘

企业在设计校园招聘活动时,需要考虑学校的选择,以及应聘者所关注的问题。在选择学校时,企业需要根据自己的资源约束和所需要的员工类型进行决策。如果资源有限,企业可能只在当地的学校中进行选择;而实力雄厚的企业通常在全国范围内进行选择。通常,公司在选择学校时主要考虑以下因素:①在本公司关键技术领域的学术水平;②符合本公司技术要求的专业毕业生人数;③该校以前毕业生在本公司的绩效表现和服务年限;④在本公司关键技术领域的师资水平;⑤该校毕业生过去录用数量与实际报到数量的比率;⑥学生的质量;⑦学校的地理位置。

一般而言,企业总是要极力吸引最好的应聘者进入自己的公司。企业要达到这一目的需要注意以下问题:一是进行校园招聘时要选派能力比较强的工作人员,因为他们在应聘者面前代表着公司的形象,建议工作人员中包括该校校友,这一做法能够更好地吸引学生应聘;二是对应聘者的答复要及时,否则会对应聘者来公司服务的决心产生消极影响;三是大学毕业生总是感觉自己的能力强于公司现有的员工,因此他们希望公司的各项政策能够体现出公平、诚实和顾及他人的特征。IBM等公司为了做好这一工作,确定了一定数量的重点学校,并委派高水平的管理人员与学校的教师和就业处保持密切的联系,使学校及时了解公司现有空缺岗位的要求以及最适合公司要求的学生的特征。现在,不少公司为学生提供利用假期来公司实习的机会,这可以使学生对公司的实际工作生活有切身的体会,同时也使公司有机会评价学生的潜质。随着人才竞争的日益激烈,一些大公司常常在大学生还没有进入毕业季时就展开吸引攻势。这些公司常用的手段包括向大学生邮寄卡片、赠送带有公司简介的纪念品、光盘等。校园招聘的缺点是工作量大,耗时耗力,需要事先联系学校,安排时间,印制宣传品,还要做面谈记录。很多大企业在招聘季可能需要举办十几场校园招聘会。近年来,大学毕业生在选择公司时考虑的主要因素除了薪酬和福利待遇,他们更看重公司在行业中的名声、公司提供的个人发展机会和公司的整体增长潜力等。一般而言，受商业周期对人力资源供求形势的影响最明显的是大学应届毕业生。在商业周期走向繁荣时，他们是最大的受益者；而在商业周期走向衰退时，他们是最大的受害者。因此，大学生应该重视招聘环节对自己就业机会的影响，第一份工作对个人整个职业生涯的发展至关重要。

六、员工推荐

尽管一些公司严格限制家庭成员在一起工作，以避免过于紧密的个人关系危害人事决策的公正性。但是很多公司鼓励员工推荐他们的朋友申请工作。这种方式可以节省招聘人才的广告费和付给职业介绍机构或猎头企业的费用，还可以得到更加忠诚且可靠的员工。这是因为员工可以向其朋友提供更加准确的工作信息，使应聘者充分了解工作的内容、职责和相关待遇；同时，员工由于对朋友足够了解，通常能够合理判断出他是否适合这个岗位。如果员工推荐的应聘者的特征与组织的要求不匹配，不仅会影响自己在企业中的地位，还会危害自己和被推荐者之间的关系，因此员工推荐候选人的成功率都比较高。

七、网络招聘

伴随着互联网的发展，网络招聘日益成为用人单位招聘人才的一种重要方式。它打破了传统的求职方式，应聘者省去了奔波的劳累，依靠电脑即可获取工作机会的详细资料。企业只要有人才需求，随时可以发到网上。求职者能很快获取企业招聘信息，在最短的时间内做出响应。企业开展招聘工作的时间由此大大缩短，这将有利于提高招聘工作效率、降低招聘成本。企业对应聘者的筛选结果也能及时反馈给对方，减少应聘者的等待时间。同时，网络招聘使招聘单位能够比较容易地获取全国甚至全球人力资源市场的供求信息。

企业使用网络招聘主要有以下三种渠道：企业自建网站、第三方招聘网站和社交媒体。使用企业自建网站的优点在于企业对自身人力资源需求的理解非常深刻，同时有能力和意愿完善应聘者的反馈机制及配套服务，应聘者在浏览网站时能够对企业有多方面的了解。第三方招聘网站以数据的形式记录、储存企业的招聘信息和求职者的个人信息，企业在上面发布、搜集信息可以节省精力、扩大受众面；求职者也可以快速找到自己感兴趣的岗位进行申请。社交媒体逐渐由电脑端转向移动端，应聘者可以利用零碎的时间更高效、更快速地进行求职，微信、微博等社交平台迅速成为拓展职场人脉、寻求商业合作、进行招聘求职等活动的重要平台。在社交媒体中，企业和应聘者可以进行多角度互动，双方联系更加紧密，从而更有利于双方的需求达成一致。

社交媒体渠道最大的优点就是其是以信任为基础的，在朋友、行业及专业等群组中传播的各类信息可信度高。同时，相比于简历的平面信息，社交媒体展现了应聘者更全面的信息，包含职业发展背景、观点、经验、风格、人脉、喜好等。不过，在网络招聘盛行的时代，招聘人员也需要进一步提高识别简历和甄选人才的技术，应聘者需要警惕各类网络招聘陷阱，加强个人信息保护意识。

八、临时雇用

随着市场竞争的加剧，企业面临的市场需求常常会发生波动，而且企业还要应对经济周期的变化。在这种情况下，企业往往需要在保持比较低的人工成本的同时，使企业的运营具有很高的适应性和灵活性。为此，企业可以把核心的关键员工数量限制在一个最低水平上，同时实施临时雇用计划。这种计划通常以项目为基础，可以有以下四种选择：第一种，内部临时工储备；第二种，通过中介机构临时雇用；第三种，利用自由职业者，如与自由撰稿人和担当顾问的教授专家签订短期服务合同；第四种，短期雇用，即在业务繁忙时期或者一个特定项目实施期间招聘一些短期服务人员。临时雇用计划的缺点是：第一，招聘成本较高；第二，培训成本较高；第三，产品或服务质量的稳定性较低；第四，需要管理人员加强对临时员工的激励。

第三节 员工选拔和录用方法

一、选拔标准的制定

当空缺的岗位吸引到一定数量的应聘者递交了工作申请，接下来组织就需要通过一定的方法选拔合适的人才到这个岗位上。选拔是一个预测的过程，通过我们了解到的应聘者的各项信息，预测他将来在该岗位上取得令人满意的绩效表现的可能性。为了提高预测的准确性，人力资源部门需要首先制定选拔的标准。

选人用人的实践活动历史悠久，早在春秋战国时期，就使用世卿世禄制（或称贵族世袭制）进行官员选拔。在这种制度下，贵族凭借血统关系，子孙世代做官，"父死子继、兄终弟及"。世卿世禄制将权力限制在少数贵族手中，不利于人才的发掘。因此先秦时期盛行选士、养士制度，贵族会招揽德才兼备或有某方面才能的人才做自己的门客、谋士，时机合适时，就会推选人才担任官职，这种方式在一定程度上为平民提供了一个上升的通道，但效果有限。两汉时期实行察举制和征辟制。察举制是由下向上推选人才，汉朝选官以"乡举里选"为依据，尊重乡里舆论对士人德才评判的权威性，向政府举荐，如举"孝者""廉者"。征辟制是一种自上而下选拔官吏的制度，主要由皇帝或地方政府官员征聘、辟举，选拔某些有名望的品学兼优的人才。魏晋南北朝时期实行九品中正制，依据家世、道德、才能三个角度评议各州郡中人物，具体分为九品，分别是上上、上中、上下、中上、中中、中下、下上、下中、下下；再根据不同的品级授予相应的官职品级。隋朝建立了延续约1300年的科举制，后经唐朝、宋朝的完善，在明清时期达到鼎盛。

从历代官员选拔制度的演化可以看出，在人才选拔过程中，首先需要确定考察候选人的哪些方面以及选拔标准。中国古代在选拔人才时，受儒家思想影响，都比较重视品德，如"孝""廉"等，这也符合古代选拔政府官员的需要。

现代企业制定人员选拔录用的标准时，其最根本的依据来自工作分析形成的工作描述和工作规范。这两份文件提供了选人的基本标准，例如证券分析师要求应聘者至少有金融或相关专业的本科学历，而前台接待只需要高中或大专教育水平，有些外企会要求员工具有较高的英语水平等。通常情况下，人力资源部门需要与具体用人部门就选拔标准和权重分配达成一致。在制定标准权重时，人力资源部门可以借助企业员工的历史数据进行分析，刻画出绩效达标/优秀的员工画像，并以此为基础进行新员工选拔。这一做法的前提是企业已经积累了足够的员工信息。

在制定选拔标准时，特别需要注意的一点是，任一岗位的选拔标准应该是顺利完成该岗位主要工作任务所必须的要求，而与工作完成无关的、可能导致就业歧视的因素不应包括在选拔标准中。例如，《中华人民共和国劳动法》第十二条规定：劳动者就业，不因民族、种族、性别、宗教信仰不同而受歧视。第十三条规定：妇女享有与男子平等的就业权利。在录用职工时，除国家规定的不适合妇女的工种或者岗位外，不得以性别为由拒绝录用妇女或者提高对妇女的录用标准。《中华人民共和国就业促进法》第三条规定：劳动者依法享有平等就业和自主择业的权利。劳动者就业，不因民族、种族、性别、宗教信仰等不同而受歧视。

二、工作申请表的设计和使用

工作申请表一般是由应聘者填写并由组织人力资源部门保存的信息记录，它可以在组织出现岗位空缺时用来选择员工。工作申请表除记录应聘者的姓名、年龄、性别、身体特征、婚姻状况、地址、联系电话等基本信息外，还包括应聘者的教育水平、专业背景，以及培训、实习和工作经历等。有的组织还根据专家的意见或经验研究结果对每个指标赋予不同的权重，由此可以计算出每位应聘者的总分，在制定录用决策时参考使用。

相比于简历，工作申请表对组织来说使用更便捷，其标准化的设计使应聘者筛选变得更加快速可靠。现在很多组织要求应聘者直接在线上填写并提交工作申请表，这也在第一步筛选掉一批不愿意花费时间填写申请表的应聘者，这部分应聘者通常求职意愿不强。此外，很多人力资源招聘经理在工作中发现有相当一部分应聘者会在简历或申请表中造假，或夸大自己过往的经历和成就。这需要在进行初步的简历或申请表筛选后，使用其他选拔方式进一步挑选出合格的应聘者，最后的背景调查也是避免受虚假信息影响作出错误决策的重要方式。

三、选拔测试方法

（一）能力测试

常用的能力测试包括智商测试、语言能力测试、非语言能力测试、算术能力测试、空间感判断能力（对物体位置改变效果的想象力）测试、运动能力（速度和协调性）测试、机械记忆能力测试、推理和理解能力测试、反应速度测试和逻辑归纳能力测试。需要指出的是，智商测试虽然可以用来衡量一个人的智商水平，但是对员工录用决策的辅助作用很有限。智商测试只适合非成年人，其方法是用测试对象的智力年龄除以实际年龄，再乘以100所得到的结果就是这个人的智商水平。在招聘管理人员时，能力测试一般包括语言能力测试，可以通过他们从文字或数字资料中归纳结论的能力来判断其未来的管理才能。

（二）身体技能测试

身体技能包括手指灵敏度、手艺灵巧度、手臂移动速度、力量持续的时间、静态的力气（如举重物）、动态的力气（如推拉）和身体的协调性（如跳绳）等。对于大多数工作而言，身体技能可以通过技术训练来培养。身体技能测试可以用来判断应聘者是否适合接受训练，估计应聘者需要多长时间才能学会这些技能，以及应聘者能否胜任这项工作。

（三）人格与兴趣测试

员工的工作绩效不仅取决于心智能力和身体能力，还决定于心理状态和人际沟通技巧等其他一些不太客观的因素。人格测试用来衡量应聘者的内省性和情绪稳定性等方面的基本状况。常用的人格测试包括MBTI人格测试、九型人格测试等。人格测试应该在人格特征与工作绩效之间存在显著关系时采用，而且人事专家必须推断受试者在回答中掩饰了多少本性。兴趣测试是根据应聘者的回答判断应聘者适合做什么工作，并作为员工职业生涯规划的参考，典型的兴趣测试如霍兰德职业兴趣测试。

（四）工作样本测试

前面我们讲过的能力测试、身体技能测试等都是对工作绩效进行预测，而工作样本测试则强调直接衡量工作绩效。工作样本测试的主要目的是测试员工的实际动手能力，而不是理论上的学习能力。工作样本测试可以是操作性的，也可以是口头表达的（如对管理人员的情景测试）。工作样本测试的优点是：第一，让应聘者执行工作中的一些典型任务，效果直接而客观，应聘者很难伪装；第二，不涉及应聘者的人格和心理状态，不会侵犯应聘者的隐私权；第三，测试内容与工作任务明显相关，不会引起应聘者就业公平方面的忧虑。但是，工作样本测试的缺点是需要对每个应聘者单独进行测试，成本可能比较高。

（五）测谎器测试

测谎器的工作原理是通过衡量应聘者的心跳速度、呼吸强度、体温和出汗量等方面微小的生理变化来判断他是否在说谎。在提问的过程中，一般应该先问姓名和住址等中性的问题，然后再问实质性的问题。美国的零售商店、证券交易所、银行机构和其他金融机构以及政府的情报机关在录用员工之前都愿意使用测谎器。因为这些组织的员工或者需要掌握大量的现金，或者工作内容涉及机密文件，所以员工的诚信非常重要。不过，目前美国很多州的地方法律都禁止使用测谎器，即使可以使用，也不能强迫应聘者接受。应该说，测谎器在一般企业员工录用中的作用是很有限的，除了可能受到法律的限制，测谎器对那些有表演才能的人和容易紧张的人也不大适用。

（六）笔迹测试

目前，笔迹测试在员工录用中的应用呈现一种上升的趋势。笔迹测试专家可以根据应聘者的写字习惯判断他是否倾向于忽视细节、是否在行为上前后保持一致、是否循规蹈矩、是否有创造力、是否讲求逻辑、办事是否谨慎、重视理论还是重视事实、对他人的批评是否敏感、是否容易与人相处、情绪是否稳定等。此外，笔迹测试专家还可以通过笔迹分析应聘者的需要、欲望及伪装程度等特征。但是，由于这种方法还缺乏有效性依据，因此我们一般不提倡使用笔迹测试。

（七）体检

在员工录用测试中，体检是一项重要的工作。安排应聘者进行体检的目的是检查应聘者身体的健康状况是否符合岗位的要求，发现应聘者在完成工作任务方面是否存在限制，同时也有助于为员工提供保险和福利。由于体检的成本相对较高，组织通常会在应聘者接受了工作之后安排入职体检。

四、自我甄选与现实工作预览

实践中，应聘者也会根据对企业的进一步了解以及自身的各种偏好，判断自己和企业是否合适，从而调整对企业最初的求职预期，甚至是求职意愿。这种方式也可以称为应聘者的自我甄选。在招聘过程中,企业对外公布的很多信息都在一定程度上影响应聘者的自我甄选,并产生分选效应(Sorting Effect)。例如,薪酬体系的分选效应是指不同的薪酬安排作为一种甄选手段,可以吸引、留住与组织匹配的应聘者,淘汰与组织不匹配的应聘者(Lazear,1986)。向应聘者提供薪酬体系的自我甄选机会,可以根据应聘者的实际选择所传递的信号来甄别应聘者特征,从而更好地配置人力资源。从应聘者角度来说,不同特征的个体通过选择能够给自己带来更高效用的薪酬体系,可以更好地满足自己的需求,实现个人与薪酬体系的更佳匹配。

现实工作预览(Realistic Job Preview)是指企业在招聘过程中给应聘者(尤其是潜在的员工)传递真实的、准确的、完整的有关企业和招聘岗位的信息。这些信息可以通过小册子、电影、录像带、面谈、上司和其他员工的介绍等多种方式提供。现实工作预览的优点是:第一,展示真实的未来工作情景,使应聘者可以先进行一次自我甄选,判断自己与这家公司的要求是否匹配。另外,还可以进一步使应聘者明确自己可以申请哪些岗位,不能申请哪些岗位,这就为日后降低离职率奠定了良好的基础。第二,现实工作预览可以使应聘者清楚什么是可以在这个组织中实现的,什么是不可以实现的。这样,一旦他们加入组织后,就不会产生强烈的失望感,有助于提高工作的满意程度、投入程度和长期服务的可能性。第三,这些真实的未来工作情景可以使应聘者及早做好思想准备,即使日后的工作中出现困难,他们也不会回避难题,而是积极设法解决。第四,公司向应聘者全面展示未来的工作情景会使应聘者感到组织是真诚的、可信赖的。

在互联网时代,现实工作预览的方式也产生了变化,应聘者可以远程参观办公室、与工作人员对话等。为了最大化现实工作预览的效果,公司在准备现实工作预览的内容时,除了需要注意内容的真实性和全面性,还应该对诸如日常的工作环境等细节问题也给出详细的介绍,并着重说明那些应聘者关心但又很难从其他渠道获得的工作相关信息。

五、背景调查

背景调查是企业在招聘中对外部应聘者提供的信息进行查验的常用方法。前面提到,有一部分求职者会在简历或申请表中提供虚假或夸大的信息。通常,这些信息主要集中在夸大自己的学习成绩和过去的工作责任方面,也包括工作时间、岗位以及学历造假。这就需要企业进行背景调查,确保在准确的信息基础上做出招聘决策。

目前,由于互联网的发展,学历和学位信息可以在网上查验,例如国内的学信网。关于个人过往工作经历、成就等信息也可以通过联系应聘者提供的推荐人进行验证。当然,应聘者通常会请与自己关系较好的前领导或前同事担任推荐人,以确保推荐信对自己有利。企业也可以通过个人的社交网络了解应聘者在以往工作中的表现。

招聘企业在使用背景调查了解应聘者的信息时应该遵循以下原则：第一，只调查与工作有关的情况，并以书面的形式记录，以证明将来的录用决策是有依据的；第二，在进行背景调查以前，应该征得应聘者的书面同意；第三，忽视应聘者的性格等方面的主观评价内容；第四，估计背景调查材料的可靠程度，一般来说，应聘者的直接上司的评价要比人力资源管理人员的评价更可信；第五，要求对方尽可能使用公开记录的信息来评价应聘者的工作情况和个人品行。同时，被要求协助调查的企业应该遵循以下原则：第一，首先了解对方的姓名、职务、公司名称、调查的性质和目的；第二，在提供证明材料之前，必须征得被调查员工的书面同意；第三，保存所有已经提供的信息的书面材料；第四，不做主观性的评价，尽可能使用事实进行具体陈述；第五，不提供任何对方不要求的资料。

第四节　招聘面试

面试在招聘工作中的重要性不言而喻，原因有以下几点：第一，面试官有机会通过提问，了解工作申请表和测试结果无法提供的进一步信息；第二，面试可以让面试官更好地判断应聘者的人格特质或工作动机，是否具备岗位需要的特质，是否符合组织文化倡导的价值观等，这些信息是很难通过工作申请表或测试结果获得的，但对于未来工作表现却非常重要；第三，面试也是应聘者了解应聘岗位和组织的重要方式，人才选拔是一个双向的过程，双方通过面试有了更多的了解，能够提高最终决策的准确性。然而面试也有其缺点，如面试官可能因情绪化做出错误判断。许多企业并没有系统地研究过不同面试方式的效果，却经常发现面试效果不佳。企业需要认识到面试在下列情况中比较有效：第一，面试中的沟通仅仅限于与工作要求有关的内容；第二，面试官经过训练，能够客观地评价应聘者的表现；第三，面试按照一系列具体规则进行。

一、面试的程序

（一）面试前的准备

面试的目的是在应聘者中间进行选拔。因此，开展面试前，面试官需要通过工作分析资料了解所招聘的工作岗位的要求，确定主要的工作职责，并严格根据工作分析资料提前确定相关面试问题。

面试官的工作是根据应聘者对面试问题的回答，在脑海中刻画一个应聘者的形象，同时将这一形象与企业需要的合格员工的画像进行对照，得到对应聘者的评价。为此，面试官必须精心设计面试问题。在准备面试问题时，一种方法是了解应聘者过去的实际工作表现，其依据是过去的行为是未来的最佳预测。另一种方法是用设计的工作情景进行测试，其依据是动机与未来的工作表现密切相关。一般还要设计各个回答的评分标准，在面试结束后对应聘者的表现做出一个量化的评价。如果有多位面试官，应在面试前确保大家对面试评价内容和标准达成共识。

面试官应该事先认真阅读应聘者的申请表和简历，若发现不明确的地方则应该在面试中提出疑问。面试官还要充分了解企业层面和工作岗位层面的信息，具备正确的管理理念和价值取向。企业还要为面试安排合适的场所，最好选择比较安静的房间，排除电话等各种可能的干扰因素。

（二）实施面试

面试开始时，面试官要先营造一个轻松的气氛，从一些轻松的话题切入，如谈谈关于组织和工作的一般情况，消除应聘者的紧张情绪。这样，即使最后不录用，也可以给应聘者留下一个好印象。

面试的重点是通过与应聘者的讨论和使用事先设计的情景问题，发现应聘者的工作能力的上限，应聘者与未来的工作岗位相关的经验、教育和培训，以及应聘者的工作兴趣和职业目标，据此对应聘者的工作意愿和工作能力做出评价。面试官在面试中不仅要注意应聘者回答的内容，还要关注应聘者回答问题的方式。此外，面试官还要注意应聘者的面部表情并与其保持目光接触，这类因素可能反映应聘者对工作的兴趣和工作能力。面试官要尽可能提出一些开放性问题，避免只需要应聘者回答"是"或"不是"的封闭性问题。最后，面试官还需要认真准确地记录对应聘者的评价，以便面试后对应聘者进行打分。在结束面试之前，应该留出时间容许应聘者提问，然后以尽可能诚实礼貌的方式结束面试。

（三）评估面试结果

在应聘者离开后，面试官应该仔细检查面试记录的所有要点，这有助于避免过早下结论和强调应聘者的负面信息。面试官应该根据应聘者现有的技能评价应聘者能够做什么，根据应聘者的兴趣和职业目标评价应聘者愿意做什么，并在应聘者评价表上记录对应聘者的满意程度。

二、招聘面试的种类

按照面试问题的结构化程度，可以将招聘面试分为以下几种类型：

第一，非结构化面试。面试官可以即兴提出问题，也可以就某一方面进行追问，对于不同的应聘者可能会提出不同的问题。因此，面试官了解的每个应聘者的情况是不同维度的，无法很好地进行应聘者之间的比较。

第二，半结构化面试。面试官提前准备重要的、必须询问的问题，但是不要求按照固定的次序提问，而且就一些问题可以与应聘者展开讨论。这种半结构化面试可以帮助面试官进行应聘者之间的对比，也可以对感兴趣的应聘者进行深入了解。

第三，结构化面试。面试官提前准备好所有问题，面试官只根据问题清单提问，这种方式更加标准化，有利于应聘者之间的横向比较，但是也限制了面试官想进一步了解应聘者某方面特征的可能。一般而言，结构化面试可以降低面试中的随意性，以比较系统的结果评估应聘者与岗位的匹配程度。

此外，招聘面试还可以根据面试的组织方式划分为其他几种类型：第一，系列式面试。这是指招聘企业要求应聘者接受公司各个不同层次的管理人员的面试，方式一般是非结构化面试。各级面试官独立做出评估意见，然后再进行比较和讨论，共同决定是否录用应聘者。第二，陪审团式面试。这是指由多个面试官同时面试一个应聘者，目的是更加全面地了解应聘者的情况。第三，集体面试。这是指多个面试官同时面试多个应聘者。面试官分别提出问题，然后让各个应聘者分别回答。第四，压力面试。这是指用穷追不舍的方法对某一主题进行提问，问题逐步深入，详细而彻底，直至应聘者无法回答。这种方法的目的是测试应聘者如何应对工作中的压力，了解应聘者的应变能力，探测应聘者在适度的批评下是否会恼怒和意气用事。如果应聘者对面试官的提问表现出愤怒，则说明他工作中的抗压能力有限。使用这种方法时，面试官需要具备一定技巧和控制能力，对应聘者施加的压力应该是实际工作中真实存在的。

三、远程视频面试

依托多媒体技术和远程视频传输技术，企业可以通过远程视频进行面试。通过视频面试，招聘方和应聘者在系统中进行面对面的语音/影像即时交流，短时间内便可完成整个面试过程，解决多人时间和地点难以协调的问题。远程视频面试最大的优点就是能够在异地招聘中节省大量的面试成本，如交通、食宿等差旅费用，使招聘人员和应聘者无需奔波于不同城市之间就能达到面对面交流和双向沟通的效果。这也扩大了企业的招聘范围，节省了企业参加现场招聘的费用和时间。

在运用视频面试时需要注意以下几点问题：第一，招聘人员应该提前浏览简历以确认提问内容，且题目的设置要符合情境。第二，在远程视频面试中，面试题目的设计应该是清晰简洁的，信息过大或者篇幅过长的问题会使视频面试的效果大打折扣。第三，招聘人员应该适当地引导应聘者，让应聘者放松下来，以便更真实地表现自己。第四，视频面试双方需要提前测试网络、需要使用的软件和设备。面试中可能会出现网络异常等突发情况，面试官应提前准备预案。

目前网络视频面试的受众有限，主要针对中高端人才和大学生，而一些劳动密集型企业主要还是侧重于现场交流和招聘。

四、面试官容易出现的问题

由于面试官的主观性，对应聘者的评价可能出现偏差，因此面试官需要意识到这些偏差并努力修正。下面列举了几个常见问题。

第一，第一印象。这是指面试官经常在见到应聘者的几分钟之内就已经根据申请表、简历和应聘者的外貌做出是否录用的判断，而且即使延长面试时间也无济于事。

第二，负面效应。这是指面试官比较容易受到应聘者负面信息的影响。这包括两方面的含义：一是面试官对应聘者的印象容易由好变坏，但不容易由坏变好；二是对于应聘者同样程度的优点和缺点，面试官会强调缺点而忽视优点。这种负面效应存在的原因是人们更容易受到负面信息的影响，而忽视或遗忘正面信息。此外，公司对面试官招聘到合格的员工通常没有奖励，而若招聘到不合格的员工，却会对面试官进行批评。这使得面试官一般倾向于选择保守做法，不愿承担风险。

第三，面试官不熟悉工作要求。这是指面试官经常不了解工作内容，不清楚哪一种人才能胜任工作。在这种情况下，面试官无法依据与工作岗位要求密切相关的信息做出录用决策。经验表明，在选拔标准不明确的情况下，面试官经常给应聘者一个偏高的评价。

第四，权重错置。在招聘面试中，面试官一般要考察应聘者的多个方面，并根据每个应聘者在这些方面的表现综合考虑决定录用人选。但是在实践中，面试官个体或全体会不自觉地强调某些方面而忽视另外一些方面，导致录用决策产生偏差。

第五，招聘规模的压力。如果面试官接到上级增加招聘人数的指示，往往会过高评价应聘者，从而做出错误的录用决策。

第六，对比效应。这是指应聘者的面试次序会影响面试官对其的评价。一位能力中等的应聘者在连续几位不理想的应聘者之后接受面试常常会得到过高的评价，而同样这位应聘者如果在连续几位很理想的应聘者之后接受面试又会得到过低的评价。

第七，肢体语言和性别的影响。面试官对应聘者的评价会无意识地受到应聘者肢体语言的影响。另外，面试官对应聘者的评价还会受到应聘者性别的影响。当一位女性应聘者应聘一个被普遍认为男性才能胜任的岗位时，就可能被认为缺乏相关能力，进而得到较低的面试评价。

五、影响面试结果的因素

研究表明，影响面试结果的因素如表4-2所示。这三个方面的因素共同作用，决定着招聘面试的过程及其结果。因此，企业在进行招聘面试的活动时，除了需要制定面试评估的内容和标准、安排面试流程，还需要对面试官进行必要的培训，减少他们因受到不相关因素的影响而做出错误判断的可能性。

表4-2 影响面试结果的因素

应聘者方面的因素	面试官方面的因素	其他因素
• 年龄、性别和种族等因素 • 相貌、身高等身体特征 • 教育和工作背景 • 工作兴趣和职业抱负 • 态度、智力和动机等心理特征 • 作为面试对象的经验和准备 • 对面试官、工作和公司的理解 • 语言和非语言行为	• 年龄、性别和种族等因素 • 相貌、身高等身体特征 • 态度、智力和动机等心理特征 • 作为面试官的经验和准备 • 对工作要求的理解 • 面试的目标 • 语言和非语言行为	• 组织内部和社会上的政治因素、经济形势和法律条款 • 在招聘过程中面试的作用 • 筛选比率 • 面试环境，包括舒适程度、隐私保护和面试官的数量 • 面试的形式

资料来源：Milkovich 和 Boudreau（1994）。

第五节 选拔录用的原则和招聘效果评估

一、选拔录用的原则

在招聘录用的过程中，组织往往将多种测评工具结合在一起使用，且需要遵循以下三种原则之一：

（一）补偿性原则

补偿性原则是指应聘者在招聘测评中成绩高的项目可以补偿成绩低的项目，因此在评价时可以对不同项目设置不同的权重。例如：

未来工作绩效预测值 = 0.6 + 0.4 × 工龄 + 0.3 × 智力分值 + 0.5 × 学历分值

补偿性原则适用于对应聘者没有某种最低要求而是强调应聘者综合素质的情况。

（二）多元最低限制原则

多元最低限制原则是指应聘者在测评的每个方面都必须达到某个最低标准。在运用这种方法时，应聘者依次经过各种测评，只有在本轮测评中没有被淘汰的才有资格参加下一轮测评。为了进一步降低成本，在测评手段的安排上，应该首先选择成本较低的测评手段，成本越高的测评越应该安排在后面。

（三）混合原则

组织在招聘员工时经常遇到这样的问题，即在某几个方面对员工有最低的要求，但是在其他几个方面对员工没有最低的要求，这时就可以使用混合原则。具体的步骤是首先使用多元最低限制原则淘汰一部分应聘者，然后依据补偿性原则对应聘者进行综合评价。

二、招聘效果评估

从闭环管理的角度看，某项招聘工作完成之后，企业需要对该项工作的效果进行评估。招聘效果的评估可以从总体进行评估，也可以从特定的角度进行评估。根据评估结果，企业对招聘工作进行必要的优化和改进。一个比较详细的招聘评价指标体系如表4-3所示。

表4-3 招聘评价指标体系

一般评价指标	• 空缺岗位的数量或比例 • 得到及时填补的空缺岗位的数量或比例 • 平均每位新员工的招聘成本 • 绩效优良的新员工的数量或比例 • 留职一年以上的新员工的数量或比例 • 对新工作满意的新员工的数量或比例
基于招聘双方的评价指标	• 面试的数量 • 应聘者对面试质量的评级 • 职业前景介绍的数量和质量等级 • 推荐的候选人被录用的比例 • 推荐的候选人被录用而且绩效突出的比例 • 平均每次面试的成本
基于招聘方法的评价指标	• 收到工作申请表的数量 • 收到合格的工作申请表的数量 • 平均收到一份工作申请表的成本 • 从发布招聘信息到收到工作申请表的时间 • 平均每个被录用的员工的招聘成本 • 招聘的员工的质量（绩效、出勤等）

资料来源：Milkovich 和 Boudreau（1994）。

当前，招聘效果主要从招聘周期、用人部门满意度、招聘成功率、招聘达成率、招聘成本五个方面进行评估。①招聘周期是指完成一个岗位招聘所需要的时间。对于企业来说，岗位一旦发布，就说明这个岗位是企业所需要的，如果长时间招不到合适的人才，就会给企业的运营带来直接影响。即使这个岗位不是急缺的，招聘周期越长，企业花费在上面的人力、物力、财力就会越多。②用人部门满意度是指用人部门领导对所招聘员工的满意程度。招聘到的员工是直接听从用人部门安排的，如果用人部门严重不满意就很可能重新启动该岗位的招聘程序。③招聘成功率是指实际上岗人数和面试人数的比率。很多企业发布岗位后会收到很多投递来的简历，企业也会根据需要自主下载一些求职简历，经过筛选，对其中一部分求职者发出面试邀请。招聘成功率与用人单位的知名度有直接的联系。④招聘达成率是指实际上岗人数与计划招聘人数的比率。特别是基层岗位，需要的员工人数较多、招聘量大，但往往因为各种因素的干扰，实际能上岗的人数低于计划招聘人数，这一比率与公司岗位设置有必然的关系。⑤招聘成本是指一个岗位招聘需要花费的总费用，包括显性成本和隐性成本。大部分企业对显性成本比较敏感，对隐性成本则认识不足。招聘成本的核算取决于多个因素，除了招聘广告费用、招聘员工成本、内部推荐奖励资金等显性成本，不可忽视的还有内部沟通、内部协商等隐性成本。另外，试用期离职率、人才库完整性、新员工满意度、入职办理效率、外部渠道依赖性等方面也应纳入招聘效果的评估范畴。

三、招聘中基础比率、挑选率和有效系数之间的关系

组织招聘的质量既受到应聘者数量和招聘测评有效性的影响，也受到基础比率和挑选率的影响。所谓的基础比率是指不使用新的测评工具，在使用原有测评工具的情况下招聘成功的比率。换言之，基础比率是使用原有测评工具录用的应聘者中绩效符合标准的人数所占的比例。如果基础比率比较高，那么测评工具的改进空间就比较小；反之，如果基础比率比较低，那么测评工具的改进空间就比较大。挑选率是指在一定的应聘者中，招聘测评的分数线高到某一程度时被录用人数所占的比例。显然，所设置的分数线越低，挑选率越高；所设置的分数线越高，挑选率就越低。在其他条件既定的情况下，如果挑选率比较高，那么新的测评工具改进的空间就比较小；反之，挑选率越低，那么新的测评工具改进的空间就比较大。

研究表明，基础比率、挑选率和测评工具的有效系数之间存在稳定的关系，可以帮助企业确定自己所选择指标的有效程度，并进一步确定招聘成功率。这些研究成果表现为一系列的表格，各种表格都是在企业目前的基础比率既定的情况下设计测算出来的，不同的基础比率对应不同的表格。因此，企业在选用这些表格之前首先需要确定本企业的基础比率水平。表4-4是著名的泰勒—鲁塞尔（Taylor-Russell）表（部分）。

从表 4-4 中可以知道，如果企业招聘的基础比率是 0.70，挑选率是 0.30，测评工具的有效系数为 0.50，那么新招聘的员工中将有 89% 可以达到让企业满意的工作绩效；如果企业招聘的基础比率仍为 0.70，测评工具的有效系数达到 0.75，0.30 的挑选率就可以使新招聘的员工中有 97% 的工作绩效让企业满意。不难发现，在挑选率既定的情况下，随着测评工具有效系数的提高，基础比率不断上升，挑选率越低，基础比率上升的速度越快。在测评工具的有效系数既定的情况下，随着挑选率的降低，基础比率不断上升，有效系数越高，基础比率的上升速度越快。在企业设计和选择新的测评工具的过程中，需要对新工具的成本与收益进行比较，如果新的测评工具能够明显提高基础比率但成本过高，也是不宜采用的。

表 4-4 泰勒—鲁塞尔表（部分）

基础比率	有效系数	挑选率										
		0.05	0.10	0.20	0.30	0.40	0.50	0.60	0.70	0.80	0.90	0.95
0.30	0	0.30	0.30	0.30	0.30	0.30	0.30	0.30	0.30	0.30	0.30	0.30
	0.25	0.50	0.47	0.43	0.41	0.39	0.37	0.36	0.34	0.33	0032	0.31
	0.50	0.72	0.65	0.58	0.52	0.48	0.44	0.41	0.38	0.35	0.33	0.31
	0.75	0.93	0.86	0.76	0.67	0.59	0.52	0.47	0.42	0.37	0.33	0.32
0.50	0	0.50	0.50	0.50	0.50	0.50	0.50	0.50	0.50	0.50	0.50	0.50
	0.25	0.70	0.67	0.64	0.62	0.60	0.58	0.56	0.55	0.54	0.52	0.51
	0.50	0.88	0.84	0.78	0.74	0.70	0.67	0.63	0.60	0.57	0.54	0.52
	0.75	0.99	0.97	0.92	0.87	0.82	0.77	0.72	0.66	0.61	0.55	0.53
0.70	0	0.70	0.70	0.70	0.70	0.70	0.70	0.70	0.70	0.70	0.70	0.70
	0.25	0.86	0.84	0.81	0.80	0.78	0.77	0.76	0.75	0.73	0.72	0.71
	0.50	0.96	0.94	0.91	0.89	0.87	0.84	0.82	0.80	0.77	0.74	0.72
	0.75	1.00	1.00	0.98	0.97	0.95	0.92	0.89	0.86	0.81	0.76	0.73

资料来源：Fisher 等（1997）。

泰勒—鲁塞尔表虽然可以帮助我们确定在各种有效系数和挑选率组合情况下的基础比率，但该表不能在应聘者个人层面上应用，只能帮助我们了解应聘者的总体情况。这一缺点可以使用劳希期望表（见表 4-5）加以克服。从表 4-5 可以知道，如果测评工具的有效系数为 0.50，某个应聘者的测评成绩排名前 20%，那么这个员工在未来工作中的工作绩效让企业满意的可能性为 91%。只要企业的挑选工具的有效系数达到 0.95，即使某个应聘者的测评成绩只处于前 40%，那么其在未来工作中的工作绩效让企业满意的可能性仍可达到 100%。不难发现，在应聘者的测评成绩比较高的情况下，随着测评工具有效系数提高，基础比率会不断上升；在应聘者的测评成绩比较低的情况下，随着测评工具有效系数降低，基础比率也会不断上升。在测评工具的有效系数既定的情况下，随着应聘者测评成绩降低，基础比率会不断下降；而且有效系数越高，测评成绩高的员工未来的工作绩效让企业满意的可能性越大，而测评成绩低的员工未来的工作绩效让企业满意的可能性越小。

表4-5 劳希期望表（部分）

假定基础比率＝0.70

有效系数	最高20%的	次高20%的	中间20%的	次低20%的	最低20%的
0.15	0.77	0.73	0.69	0.69	0.62
0.50	0.91	0.82	0.73	0.62	0.42
0.75	0.98	0.91	0.78	0.57	0.25
0.95	1.00	1.00	0.93	0.52	0.04

资料来源：Crino 和 Leap（1989）。

不论录用测评工具有效系数高低，人力资源部门都应该重视录用比例。如果录用比例比较低，即只有非常优秀的应聘者才有可能被录用，因此这时就可以使用有效系数比较低同时成本也比较低的测评工具。在两种测评工具的有效系数基本相同的情况下，应该优先选择成本比较低的工具。但是应该强调的是，在权衡成本与有效系数时，我们应该更强调有效系数，因为错误的录用或晋升决策可能给组织带来更大的损失。

四、员工录用决策的改进

如图4-2所示，在测评工具有效系数既定的情况下，基础比率（水平线）与挑选率（垂直线）把应聘者在测评成绩和绩效水平上的分布划分成四个区域。其中，右上方A区域中的应聘者是被录用的，对组织来说，对这部分应聘者的录用是正确的肯定；左上方B区域中的应聘者是没有被录用的，对组织来说，对这部分应聘者的否定是错误的否定；左下方C区域中的应聘者是没有被录用的，对组织来说，对这部分应聘者的否定是正确的否定；右下方D区域中的应聘者是被录用的，对组织来说，对这部分应聘者的录用是错误的肯定。

企业的成功录用比率是指在录用的应聘者中表现达到标准的人数所占的比例，即A/(A+D)的数值。正确选择比率是指在所有应聘者中被正确地录用与被正确地否定的人数总和所占的比例，即(A+C)/(A+B+C+D)的数值。如果企业在员工录用过程中没有使用任何测评工具，只是随机性地招聘员工，那么成功录用比率就是招聘到的

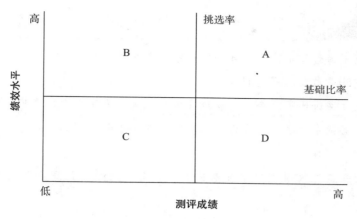

图 4-2　员工录用决策的效率

绩效合格的员工在全部应聘者中所占的比例，即（A+B）/（A+B+C+D）的数值。因此，企业所使用的测评工具的有效系数可以用下式衡量：

测评工具的有效系数 = 使用测评工具的成功录用比率 - 不使用测评工具的成功录用比率

= A/（A+D） -（A+B）/（A+B+C+D）

显然，测评工具的有效系数衡量的是企业所使用的测评工具能够提高成功录用比率的程度，它隐含的前提条件是企业过去没有使用任何测评工具。但是，如果企业事实上已经采用某一测评工具，那么新的测评工具的有效系数就应该是两种测评工具的成功录用比率的差额。在这种情况下，测评工具有效系数的提高只受到录用中正确的肯定和错误的肯定两者之间相对关系的影响，而不涉及错误的否定因素。

虽然高的挑选率有助于避免错误的录用，但是企业花费比较大的成本才能吸引到足够数量的应聘者，否则就无法录用到足够数量的合格员工，同时也可能会使组织的竞争对手录用到更多的优秀人才。一般而言，新的测评工具在以下条件下的作用比较大：测评工具的成本低，需要使用这一测评工具招聘大量员工，而且他们将在组织中工作很长时间；原有的基础比率在50%左右，有效性高，挑选率低，应聘者价值的差异大。

在员工录用测评的过程中，企业的人力资源部门需要注意以下问题：第一，不应该把测评成绩作为唯一的选拔标准，而应把它作为面试等录用方法的参考。第二，即使公司在规模等方面非常相近，对于直接套用其他公司的测评工具也需要采取谨慎的态度。过去有许多测评专家认为测评的有效性是因情况不同而变化的。但是，一些研究表明，测评工具有效系数的大小主要取决于样本的大小，消除抽样误差的影响后，在不同情况下相似的工作和相似的测评得出的有效性的差别并不大。第三，及早进行测评的有效性论证，并且尽可能采用预测检验法。第四，测评成绩要对应聘者严格保密。

复习思考题

1. 在企业招聘过程中使用内部补充机制有哪些优点和缺点?
2. 不同招聘渠道各有哪些利弊?
3. 移动互联网时代下,企业招聘流程和员工录用方法产生了哪些新变化?
4. 在招聘面试中,企业的人力资源部门应该注意哪些问题?如何减少或避免这些问题?
5. 若企业在员工录用过程中提高挑选率,对成功录用比率会产生什么影响?为什么?

第五章

员工培训

学习目标

1. 了解培训的重要性和内容
2. 掌握员工培训需求的评估方法
3. 学会设计并实施企业培训方案
4. 掌握培训效果的评估方法
5. 了解培训迁移及其影响因素

第一节　培训概述

一、员工培训的必要性

从根本上说,员工培训是技术进步和员工发展的必然要求。技术的不断进步要求企业对员工进行培训,而员工在企业中的发展也需要企业开展培训工作。这是因为员工在企业工作期间的工作岗位要经历一些变化,而每次工作岗位的变动都对员工的知识和技能提出一些新的要求。此外,目前全球性的企业收购和兼并浪潮也对许多企业的员工培训工作提出了越来越高的要求。

长期以来,国际上许多著名企业都非常重视员工培训工作。20世纪90年代初,摩托罗拉(Motorola)公司每年在员工培训上的花费达到1.2亿美元,这一数额占公司工资总额的3.6%,每位员工每年参加培训的时间平均为36小时。美国《财富》(*Fortune*)杂志曾经把摩托罗拉公司称为公司培训的"金本位"。20世纪90年代初,美国联邦快递(Federal Express)公司每年花费2.25亿美元用于员工培训,这一数额占公司总开支的3%。同时,该公司创建了一种根据知识对员工付酬的薪酬系统,每两年对员工的工作知识进行一次测试,并把测试结果与薪酬增长幅度联系起来。在美国前总统克林顿在任期间,政府要求美国企业至少把工资总额的1.5%用于培训。美国《培训》(*Training*)杂志发布的培训行业报告指出,2021年,美国企业的培训支出增长到923亿美元,培训人员的工资支出也达到687亿美元。培训方面排名前三的企业的培训支出达到了员工工资总额的11%—15%。国内著名企业(如华为、腾讯等)每年的员工培训费用都高达数亿元。尽管很多组织花费了大量的资金和精力进行员工培训,但经常发现培训的效果有限。这通常由多个原因造成,如未能发现真正的培训需求,培训体系的设计不合适,或受训者没有动力吸收培训内容等。

二、培训原理

Bandura(1977)提出社会学习理论,他认为如果人们只能通过直接经验来学习,人类的发展就会停止。实际上,人们是基于信息处理、理解行为与结果之间的联系来学习。在人力资源管理中,学习是指由经验引起的在知识、技能、理念、态度或行为方面发生的相对持久的变化,而不仅仅是指能够陈述事实或知识。因此,学习的发生需要一些先决条件,包括确立目标、行为示范、事实材料、亲身实践和效果反馈等方面。

(一) 确立目标

培训项目要想取得理想的效果，就必须要求受训者在参加培训之前怀有一种改进自己工作中的行为和结果的强烈愿望。影响受训者动机的因素主要包括目标设置、强化和期望。

目标设置理论（Locke 和 Latham，1990）认为设置目标会影响个体的激励水平和工作绩效。受训者的动机在培训中具有重要作用，而强化受训者动机的有效途径就是设置目标。这是因为目标能够激发个体的行为动机，使人们的行为朝着一定的方向努力，并把自己的行为结果与既定的目标相对照，及时进行调整和修正，从而实现目标。而且高标准的目标总是比低标准的目标和"尽力而为"这样的笼统目标更容易产生高水平的工作绩效。在这一点上，培训者的任务就是使受训者采纳或者认同培训项目的目标。要实现这一目的的基本技巧包括：第一，在培训开始时和整个培训的各个关键时刻，向受训者传达学习的目标。第二，要使目标有一定的难度，使受训者感到具有挑战性，这样，受训者在达到既定目标时就会产生满足感。应该注意的是，不要使目标高到受训者难以达到的程度。第三，把整体目标分解为各个子目标，通过小测验或样本工作任务的实施，使员工不断获得成就感。

培训目标不仅影响受训者的动机，也影响培训者对受训者的期望，进而影响培训效果。人力资源管理中经常使用一个神话故事来说明这个问题——皮格马力翁（Pygmalion）是希腊神话中的塞浦路斯国王，他用象牙雕刻了一位名叫加拉蒂亚（Galatea）的少女的塑像，不久皮格马力翁陷入了对少女雕像的热恋。由于他虔诚祈祷，爱和美的神赋予了加拉蒂亚真正的生命。皮格马力翁的热切愿望使他的期望变成了现实。培训者对受训者的期望所产生的积极效果被称为培训的皮格马力翁效应。

强化理论认为一种行为发生的频率受到结果的影响。积极的强化可以使行为逐渐接近理想的目标，当理想的行为发生后应该及时地加以强化。期望理论认为个人有动力去选择最可能产生理想结果的行为方式。因此，受训者必须相信培训中的知识、技能和其他收获会产生理想的结果，而且参加培训能够学习到这些知识和技能。

(二) 行为示范

榜样的行为被认为是理想和恰当的行为模式。如果榜样能够因他们的行为而得到补偿（晋升、加薪和扩大个人影响等），而这种补偿又是别人所期望的，那么与榜样相同的行为出现的频率就会增加。在员工培训中，为了增加受训者对榜样的认同感，应该注意以下几个方面：第一，所树立的榜样应该在年龄、性别等方面与员工相近，否则他们不会效仿其行为；第二，应该结合关键行为表对榜样的行为进行清楚和详细的描述；第三，示范的行为应该从易到难，对每一行为要有一定的重复率；第四，各种行为应该由多个榜样示范。

(三) 事实材料

员工培训事实材料设计的基本原则是：第一，确定培训任务总体的各个组成部分（子任务）；第二，保证各项子任务都圆满完成；第三，合理安排培训项目之间的顺序，以保证各个子任务之间的逻辑联系。事实材料应该能够使受训者产生丰富的联想，从而便于理解和接受培训细节。因此，培训者首先应该简要阐述培训内容，使受训者理解各个培训项目之间的联系；然后使用受训者熟悉的事例、概念来讲授材料，以使培训要点更鲜明和生动。

(四) 亲身实践

只有通过充分的亲身实践，才能使员工应用所学内容成为一种自然的反应，而不再是一种有意识的活动。因此，即使员工已经掌握相关知识，也要给他们提供机会来进一步实践。在培训的初期，培训者应该直接监督受训者的实践活动，及时纠正受训者的偏差，防止其错误行为被固化。

实践可以分为分散实践和集中实践。一般而言，分散实践与集中实践的区别取决于实践内容的难度和各个部分之间联系的紧密程度。如果各个组成部分是密切相关的，那么内容越复杂，集中实践方案越好；反之，如果各个组成部分的相关程度比较弱，那么内容越复杂，分散实践方案越好。另外，在培训时长一定的条件下，分散实践的效果比集中实践的效果好，原因是持续的学习很容易引起疲劳，无法充分表现所掌握的技能。

(五) 效果反馈

效果反馈的重点是告诉受训者在何时何地以何种正确或错误的方式完成了何种工作。反馈的作用方式是：第一，直接给受训者有关其行为正确性的信息，使他们能够自动调整以后的行为；第二，培训者密切关注受训者的行为，使受训者增强学习的愿望；第三，反馈应该及时，以防止受训者混淆实际的行为和被评价的行为。正向的反馈是给予表扬或奖励，对受训者有强化作用，而且最有效的表扬或奖励应该来自受训者的直接上司。负向的反馈是批评或惩罚，它只会导致对某种行为暂时的抑制。在培训过程中，批评或惩罚常常会给受训者带来严重的挫折感。

在培训过程中，由于受训者在个人能力、学习动机和学习习惯等方面的差异，培训效果肯定会因人而异。但是，受训者的整个培训过程具有明显的共性，这就是培训效果曲线所描述的特征。在培训初期，受训者进步明显；但是一段时间之后，就会出现培训效果停滞不前的现象；过了瓶颈期后，培训效果继续呈现进步的态势，因此中间这一停滞阶段被称为培训的"高原平台"，如图 5-1 所示。

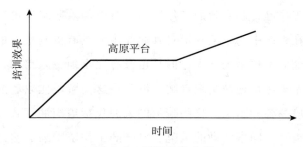

图 5-1　培训效果曲线

出现这一现象的原因是：第一，培训效果遵循边际收益递减规律，受训者学习的积极性随时间逐渐减弱；第二，随着培训的进行，受训者需要经历一个将各种不同的技能结合在一起的一体化过程，由此减缓了学习速度；第三，受训者学习的深化需要一种与原来不同的培训方式。在培训过程中，认识到高原平台存在的客观必然性，并在这一平台出现之后继续对受训者进行鼓励和有效的指导，不但可以帮助受训者顺利度过这一困难阶段，而且对增强培训效果也具有重要意义。

三、员工培训的基本步骤

员工培训是指将执行工作的各种基本技能传授给新员工或现有员工，包括一系列有计划的活动。员工培训的四个基本步骤是：

第一，评估企业开展员工培训的需求和目标，确定企业绩效方面的偏差是否可以通过员工培训来弥补，并确认需要进行培训的具体部门和员工，以及培训的内容。在设置培训目标的过程中，需要注意的是目标的设置应与评价标准的确定密切相关，以确保培训目标是可以衡量的。由于组织面临的问题会不断变化，培训项目在实施过程中会暴露出新的问题，因此培训目标也将不断变化。

第二，设计培训项目。对培训项目的设计需要考虑到很多因素，如培训对企业正常经营活动的影响、受训者的学习特点和学习动机等。

第三，实施培训项目。培训项目的具体实施涉及很多具体问题，如培训师的选择、培训地点的布置、培训时间的安排、培训方式的选择、培训资料的确定等。

第四，对培训效果进行评估。在评估过程中要比较员工接受培训前后的绩效差异，以此考核培训计划的效果，并调整后续培训的设计。

四、培训的类型

（一）入职培训

新员工进入组织会面临"文化冲击"，入职培训意味着员工要适应新组织的要求和目标，学习新的工作准则和有效的工作行为。有效的入职培训可以减少这种冲击的负面影响。新员工在组织中的早期经历对其职业生涯具有极其重要的影响。新员工处于组织的边界上，他们不再是局外人，但是也没有完全地融入组织，因此会感到很大的心理压力。他们希望尽快地被组织接纳，员工在这一阶段比以后的任何时期都更容易接收来自组织环境的各种暗示。这些暗示的来源包括组织的正式文件、上司所做的示范、上司的正式指示、同事所做的示范、自己的工作所带来的奖惩、自己的问题所得到的反馈和任务的挑战性程度等。公司在这一阶段的工作主要是帮助新员工建立与同事和工作团队的关系，并帮助其形成符合实际的期望和积极的态度。

一般来说，新员工所需要的信息包括以下几个方面：第一，公司的标准、行为规范、期望、传统与政策，包括领薪的手续、证件的取得方法和工作时长等。第二，整个公司和管理层所期望的态度、价值观和行为规范。换言之，新员工需要了解在这个公司中应该如何待人处事，如何在工作中表现自己，即社会化。社会化过程在减少新员工的焦虑的同时，可以使新员工与原有员工的价值观念和行为规范协调一致，还可以增进员工对组织的认同感，鼓舞员工士气以提高工作绩效。第三，工作中技术方面的信息。这需要公司和部门两个层面为新员工提供入职培训。人力资源部门对入职培训活动的计划和追踪负有总体责任，而人力资源部门和直线经理应该明确各自的职责，以免发生信息传达的重复和遗漏。

员工入职培训由三个部分组成：第一，入职培训开始时，高层管理人员应该向新员工介绍公司的使命和愿景，以及员工可以对公司怀有的期望和公司对员工的要求。然后由人力资源部门进行一般性的指导，在这一过程中，人力资源部门的代表应该和新员工讨论一些共性问题，包括公司概况、各种政策与规定、薪酬体系、晋升制度和员工福利等。公司概况应该包括公司的历史和现状、公司的发展趋势与目标、组织具备的优势和面临的问题、公司的传统、规范与标准、公司的组织指挥系统等。所需要介绍的各种政策与规定包括加班制度、轮班制度、工作费用报销规定、节假日工资标准、发薪方式、纳税方法等。一个成熟的公司通常会有具体的员工手册，便于新员工查阅相关信息。第二，由直属上司给予新员工特定性的指导，包括介绍部门的功能、新员工的工作职责、工作的地点、安全规定、绩效考核标准以及一起合作的同事等。新员工的直属上司和同事可以成为新员工的教练或导师，便于指导工作。第三，举行新员工座谈会，鼓励新员工提问，进一步使其了解关于公司和工作的各种信息。这一过程在促进新员工的社会化方面具有重要作用。

有效的入职培训应当事先制订完整的计划。在入职培训计划阶段，人力资源部门需要明确的关键问题包括入职培训的目的、需要介绍的信息及其范围、开展入职培训的时间等细节问题。对公司层面、部门层面和工作层面的主题要做出合理的划分,并合理规划入职培训中的技术类内容和社交类内容。在方法上,培训计划应具备一定的灵活性,以适应不同教育程度、不同智力水平和不同工作经历的员工,保证能够鼓励新员工在学习过程中积极参与讨论和活动,并获得信息反馈。

在入职培训中容易出现的问题有:第一,入职培训仅仅限于让新员工在人力资源部门填写大量表格、参加一个简单的欢迎会后就上岗工作;第二,浮光掠影式的入职培训,时间很短,没有办法给新员工留下深刻的印象;第三,填鸭式的入职培训,短时间内给新员工传递过多信息,使其产生负荷感。

(二)在职培训

员工在职培训方法主要包括教练法(或导师制,让有经验的员工或直接上司进行培训)、助理制(培养公司未来的高级管理人员)和工作轮岗(让未来的管理人员有计划地熟悉各种岗位)。事实上,大多数培训(特别是非管理岗位的培训)都采取在职培训的形式,因此在职培训是最常用、最必要的培训方法。在职培训能够为员工提供真实的工作环境、线索和回报。

在职培训的优点是:第一,节约培训成本,不需要在工作场所以外安排仿真教室,也不需要准备培训器材和教材;第二,受训者迅速得到工作绩效反馈,培训效果明显。它的缺点是管理人员对待在职培训的态度不够重视,不明确在职培训的目标,在实施过程中也不指派训练有素的教员,结果是员工在经过在职培训之后收获甚微。虽然理论上在职培训的成本比较低,因为它几乎不发生任何直接成本,但是在职培训的潜在风险在于新员工可能损坏机器设备,生产出不合格产品,浪费原材料。在职培训的实施步骤如表 5-1 所示。

表 5-1 在职培训的实施步骤

步骤	内容要点
第一步: 培训的准备工作	● 准备好必要的工具、设备、原材料 ● 安排好工作场所
第二步: 受训者的准备	● 让受训者身心放松 ● 明确受训者对于工作要求的了解程度 ● 使受训者有兴趣和愿望学习工作相关技能
第三步: 示范与展示	● 说明新知识和操作程序 ● 慢速、完整、清晰、耐心地讲解工作要点,每次只解释一个要点 ● 检查学习效果,对受训者提问,针对受训者不清楚的地方着重阐述 ● 确保受训者掌握所学内容

(续表)

步骤	内容要点
第四步： 实际演练	• 尝试着让受训者进行实际操作 • 用为什么、怎样、什么时候和什么地方这样的问题对受训者提问 • 观察受训者的操作，纠正错误，必要时重复指导内容 • 重复上述过程，直到培训者确信受训者已经掌握所学内容
第五步： 巩固	• 经常性检查，确保受训者将培训内容用到了工作中 • 逐渐减少监督和近身指导的频率，直到受训者能够在正常的监督条件下胜任工作

第二节 员工培训需求评估

一、培训需求的循环评估模型

循环评估是指针对员工培训需求提供一个连续的反馈信息流，以便周而复始地评估培训需求。在每个循环中，都需要依次从组织层面、任务层面和员工绩效层面进行分析。具体而言，循环评估模型需要解决以下三个层面的问题：

（一）组织分析

组织分析是指确定组织范围内的培训需求，以保证培训计划符合组织的整体目标与战略要求。组织层面的分析目的是辨析培训活动开展的背景，确定在给定组织经营战略的前提下培训如何支持特定战略的实施，组织又如何为培训活动提供可利用的资源和支持。组织层面的分析重点是企业的战略目标分析、内部资源分析及氛围分析，通过分析准确找出组织中存在的问题，明确培训是不是正确解决问题的有效手段。

第一，企业的战略目标分析。企业或组织开展的一切活动都是以战略目标为导向的，企业的战略目标决定了培训目标，对企业的战略目标进行分析可以明确要实现战略目标所必需的知识、技能和能力，以及企业现有的知识、技能和能力状况。表5-2表明培训主题因企业经营战略的不同而存在非常大的差异。

表5-2 经营战略与培训主题的关系

经营战略	强调的重点	达成途径	关键点	培训主题
集中 战略	• 增加市场份额 • 降低运营成本 • 建立并维护市场地位	• 改善产品质量 • 提高生产率或进行技术流程创新 • 产品和服务的客户化	• 技能的先进性 • 现有员工队伍的开发	• 团队建设培训 • 跨职能培训 • 专业化技能培训 • 人际关系能力培训 • 在职培训

（续表）

经营战略	强调的重点	达成途径	关键点	培训主题
内部成长战略	• 市场开发 • 产品开发 • 创新 • 合资	• 提高现有产品的市场影响力或增加分销渠道 • 全球市场扩张 • 修正现有的产品 • 创造新的产品 • 通过合资进行扩张	• 创造新的岗位和工作任务 • 创新	• 支持或促进关于产品价值的高质量沟通培训 • 文化培训 • 鼓励创造性思考和分析的组织文化培训 • 技术能力培训 • 对管理者进行反馈与沟通方面的培训 • 冲突谈判技能培训
外部成长战略	• 横向一体化 • 纵向一体化 • 集中多元化	• 兼并竞争对手 • 兼并上下游企业 • 兼并与本企业毫无关系的其他企业	• 整合 • 精简冗员 • 重组	• 并购整合培训 • 团队建设培训
投资抽回战略	• 缩减规模 • 转向 • 剥离 • 清算	• 降低成本 • 减少资产规模 • 获取收入 • 重新确定目标 • 出售所有资产	• 效率	• 激励、目标设定、时间管理、压力管理、跨职能培训 • 领导能力培训 • 人际沟通培训 • 求职技巧培训

资料来源：诺伊（2005）。

第二，企业内部资源分析。企业的内部资源分析应该包括对企业人力、物力、财力、时间等资源的描述。这些资源都是有限的，运用有限的资源创造最大的价值是企业追求的最终目标。企业内部资源分析的一个重要方面就是要确定企业可以为培训投入的资源，包括可以为培训活动配备多少人员、准备哪些设施，以及为培训活动投入多少资金等。这些决定了企业培训的目标、规模和频率。一个培训方案设计得再好，企业没有实施培训方案所需的资源，那也只是纸上谈兵，落不到实处。因此在确定培训目标之前，必须先确定可以利用的资源。如果可以利用的资源比较充裕，那么培训活动的范围就可以扩大一些，频率也可以提高一些。反之亦然。

第三，企业的氛围分析。企业氛围的好坏是决定培训活动开展成功与否的关键因素。如果企业内部存在对培训活动友好和支持的氛围，那么培训活动的开展就能获得广泛的参与和大力支持；反之，培训活动的设计和实施就变得非常困难。

通过组织层面的分析，可以发现导致组织现状与预期存在差距的具体问题在哪里，例如，在集中战略下，如果是由于员工技能的缺失导致产品质量不够好，进而不能实现企业的市场占有率目标，那么就可以考虑开展专业化技能培训。

（二）任务分析

任务分析的目的在于分析组织达到战略目标所需要完成的各项任务中有哪些欠缺。这一层面的分析包括系统地收集反映工作特性的数据，并以这些数据为依据，拟定每个岗位的工作标准，还要明确员工有效的工作行为所需要的知识、技能和能力。对任务进行分析的最终结果就是形成工作活动的详细描述，包括员工执行的任务和完成任务所需要的知识、技能和能力等的描述。任务分析通常包括四个步骤：

第一步，选择待分析的工作岗位。企业是一个复杂的组织，内部工作具有不同的层次，这就决定了各种岗位的重要程度具有一定的差异。理想状态是对每一种岗位都进行培训，但是这样做会浪费大量的资源，还会干扰组织的正常运行，不太现实。因此，通常只是对某些关键任务（对组织绩效影响重大的任务）、亟待解决问题的任务（存在比较严重问题的任务），即影响组织目标实现的任务的相关岗位进行培训。

第二步，描述任务及基本清单。采用访问并观察熟练工和经理的工作，或者与其他进行任务分析的人员共同讨论等方法确定三个层次的任务：职能或职责层次、主任务层次、子任务与关键任务层次。在这三个层次中，第三个层次是关键，重要的是鉴别出关键任务而非全部任务。这些关键任务是指那些重要的、经常执行的和难度较大的任务，相反，对于那些不重要的且不经常执行的任务所在的相关岗位，则无需进行专门培训。

在任务分析过程中，我们除了可以使用工作描述和工作规范，还可以使用工作任务分析记录表，它记录了工作中的任务以及所需的技能。工作任务分析记录表通常包括工作的主要任务和子任务，各项任务的执行频率、绩效标准，执行任务的环境、所需的技能和知识，以及学习技能的场所。工作盘点法是一种比较常用的工作任务分析法，它可以得到员工需要完成的各项任务、各项任务的重要程度，以及执行任务所需要花费的时间等信息。这些信息可以帮助培训者安排各项培训活动的先后次序。表5-3展示了一个轮胎商店主管的工作盘点表。

第三步，确保任务基本清单的可靠性和有效性。可以通过专门项目专家（在职人员、管理人员等）对一系列问题的回答确保任务清单的可靠性和有效性。一系列问题包括执行该任务的频率，该任务对取得良好工作绩效的重要性，完成各项任务的难度，完成各项任务需要的时间，该任务对新员工的要求标准，然后在以上问题的基础上编制任务调查问卷。

表 5-3　轮胎商店主管的工作盘点表

	重要程度 1——不重要 2——有点重要 3——比较重要 4——很重要 5——极其重要	花费的时间 0——几乎没有 1——很少 2——较少 3——一般 4——较多 5——很多
① 为所有新员工分配工作任务	1　2　3　4　5	0　1　2　3　4　5
② 每月盘点仓库的库存	1　2　3　4　5	0　1　2　3　4　5
③ 指定各个业务员到供货商处进货	1　2　3　4　5	0　1　2　3　4　5
④ 监督加班费支领情况	1　2　3　4　5	0　1　2　3　4　5
⑤ 在报纸和电台安排广告事宜	1　2　3　4　5	0　1　2　3　4　5
⑥ 维护建筑物内外的整洁	1　2　3　4　5	0　1　2　3　4　5
⑦ 客户上门时做礼节性招待	1　2　3　4　5	0　1　2　3　4　5
⑧ 安排新员工的实习训练并定期考核绩效	1　2　3　4　5	0　1　2　3　4　5
⑨ 指导会计人员申请赔偿损失	1　2　3　4　5	0　1　2　3　4　5
⑩ 签发支票	1　2　3　4　5	0　1　2　3　4　5
⑪ 安排卡车的最佳运输路线	1　2　3　4　5	0　1　2　3　4　5
⑫ 召开安全会议	1　2　3　4　5	0　1　2　3　4　5
⑬ 打电话给客户招揽生意	1　2　3　4　5	0　1　2　3　4　5
⑭ 确保广告上的产品能够及时供货	1　2　3　4　5	0　1　2　3　4　5
⑮ 与员工讨论职业发展问题	1　2　3　4　5	0　1　2　3　4　5

资料来源：德斯勒（1987）。

第四步，分析与关键任务相关的知识、技能或能力。通过任务调查问卷可以收集到任务分析所需要的相关信息，根据这些信息可以确定工作任务。在工作任务确定之后，就可以明确完成该任务所需要的知识、技能和能力；从中可以分析出哪些知识、技能和能力是最重要的，应该首先培训；哪些知识、技能和能力是可以在工作中积累的；哪些是需要通过专门的培训活动来提高的。

（三）员工绩效分析

由于培训的对象是员工，因此需要分析是哪些员工的绩效不达预期。这里的绩效分析是指考察员工目前的实际绩效与理想的目标绩效之间是否存在偏差，然后决定是否可以通过培训来矫正偏差。在这一过程中，需要回答以下三个问题：①员工是否了解工作的内容和绩效标准？②员工是否愿意做这份工作？③如果员工愿意做，他能否胜任？

通过对组织、任务和员工个体三个层面的分析，组织需要确认培训需求，即哪些员工需要进行哪些方面的培训。有时，组织可能发现业绩差异不必要或无法通过培训解决。例如，由于设备老旧导致的生产效率低下，应通过更新设备而不是培训操作员工来解决。新的流水线工人的工作速度不够快也不是因为他们缺乏技能，而是需要一定的时间变成熟练工。通过三个层面的分析，组织也可能发现造成战略目标未能实现或员工绩效不达预期的原因是岗位设置问题，这就需要组织进行工作岗位的再设计而不是培训。

二、前瞻性培训需求分析

随着技术的不断进步和员工在组织中个人成长的需要，即使员工目前的工作绩效是令人满意的，但他可能需要为工作调动、晋升做准备并适应未来工作内容要求，从而产生新的培训需求。前瞻性培训需求分析为这种情况提供了良好的分析框架，如图 5-2 所示。基于组织的职业发展通道，利用学习地图、领导梯队模型这样的工具进行前瞻性培训需求分析，是非常有效的途径。

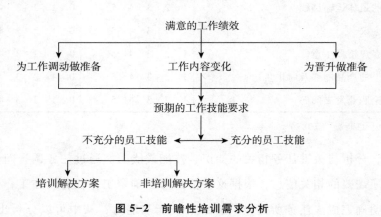

图 5-2　前瞻性培训需求分析

资料来源：Crino 和 Leap（1989）。

学习地图（Learning Maps）是指以职业规划为主轴而设计能力提升路径的一系列学习活动，是员工在企业内学习发展路径的直接体现。通过学习地图，员工可以找到从一名最底层的新员工进入企业开始，直至成为公司最高领导者的学习发展路径。如图 5-3 所示，在学习地图中，除了给不同层级、不同岗位的员工提供有针对性的学习内容，需要特别关注的是晋级包和轮岗包这两个关键要素。

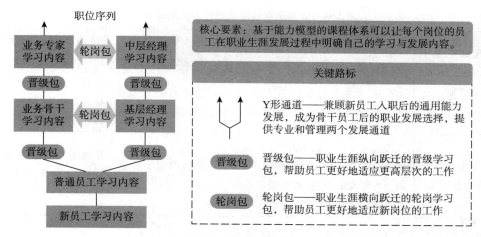

图 5-3 学习地图

Charan 和 Drotter（2011）提出的领导梯队模型是用于管理人员前瞻性培训需求分析的一个工具。该模型认为大多数企业存在天然的工作层级，在大型的、分权管理的企业中包括七个工作层级，即基层员工、一线经理、部门总监、事业部副总经理、事业部总经理、集团高管和首席执行官（见图 5-4）。不同工作层级上的领导者组成了企业的领导梯队，处于不同层级的管理者需要具备相应的领导技能、时间管理方式和工作理念（见表 5-4）。领导梯队模型可以帮助公司以有序的方式推进组织中的职责配置，帮助企业将重点放在开展与各个领导层级相匹配的技能培训上，是进行领导梯队建设、继任计划、人才分层分级培养方案设计、人才盘点方案设计、岗位评估等工作的重要根据。

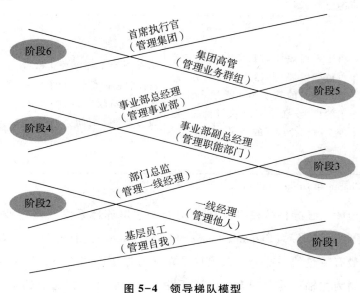

图 5-4 领导梯队模型

资料来源：Charan 和 Drotter（2011）。

表 5-4 领导梯队各层级的能力维度与要求

管理层级	能力维度与要求		
	领导技能	时间管理方式	工作理念
一线经理（管理他人）	工作计划/知人善任/分配任务/激励员工/教练式辅导/绩效评估	部分时间用于管理工作	重视管理而不是任何事亲力亲为/通过激励他人完成任务
部门总监（管理一线经理）	选拔人才担任一线经理/为一线经理分配管理工作/教练式辅导/评估一线经理的进步/超越部门的视角，全局性考虑问题并有效协作	主要精力用于管理工作	管理工作比个人贡献重要/重视其他部门的价值和公司整体利益
事业部副总经理（管理职能部门）	管理自己专业外的其他工作/新的沟通技巧/与其他部门协作、争夺资源/制订业务战略实施计划	花时间学习本专业以外的知识	大局意识，长远思考/开阔视野，重视未知领域
事业部总经理（管理事业部）	制订业务战略规划/管理不同职能部门/熟练地与各方面的人共同工作/敏锐地意识到部门利益点、顺畅沟通/兼顾长远目标与近期目标/对职能部门的欣赏和支持	花更多时间分析、思考和沟通	从盈利的角度考虑问题/从长远的角度考虑问题
集团高管（管理业务群组）	评估财务预算和人员配置的战略规划/教练式辅导/评估业务的投资组合策略/冷静客观地评估管理的资源和核心能力/发现和管理新的业务	花大量时间和事业部班子成员沟通	开放和善于学习的思维/关注他人的成功/重视选育事业部班子成员
首席执行官（管理集团）	善于平衡短期与长期利益，实现可持续发展/设定公司发展方向/重视公司的软实力，激发全体员工的潜能/确保战略执行到位/管理全球化背景下的公司	不会因忙于外部应酬而忽视内部管理/要在公司软实力建设方面投入时间	耐心细致地推动公司循序渐进地变革与转型/在长期目标与短期目标之间寻找平衡点，并有效执行/保持与董事会的密切沟通与协作/倾听利益相关方的意见

资料来源：Charan 和 Drotter（2011）。

基于学习地图、领导梯队模型构建公司的人才培养体系是很多企业采用的方法。例如，"西门子卓越领导"（Siemens Leadership Excellence）管理培训是西门子公司人才培养体系中最有特色的一部分。该项目是在学习地图的指引下，以领导力模型为基础，以职业规划为主轴，为管理人员设计开发了与发展节点相对应的学习活动。该项目由 S1 到 S5 五个级别组成，每个级别的管理培训课程与受训员工的职能级别一一对应，例如接受管理基础课程的对象应是职能级别为 S1 级的初级经理。对管理培训课程的效果评估与考察该员工是否符合晋升标准的工作是同步进行的。如果员工得到晋升，其职能级别得到提升，自然也就进入下一级别管理培训课程的培训，各级培训均以参加前一级培训所获得的技能为基础，如表 5-5 所示。从 S1 到 S5，所有的培训活动是混合式的，包括研讨会、远程教学、多媒体教学及参与实际项目等多种形式，持续时间为 5—10 个月。

表 5-5 "西门子卓越领域"管理培训

课程组	目标对象	培训重点	地点
战略管理课程	关键岗位的高级管理人才（S5）	全球战略	总部
高级管理课程	对全球业务有影响的总经理（S4）	高级领导力	总部
综合管理课程	刚承担全面管理工作的管理者（S3）	企业家潜能	区域
中级管理课程	管理经理的管理者（S2）	西门子思维	区域
初级管理课程	新提拔的初级经理（S1）	自我管理团队	区域

三、培训需求评估方法的比较

除了上述比较著名的培训需求评估模型，实际上还存在许多其他的培训需求评估方法，如顾问委员会研讨、员工态度调查、管理人员调查和员工行为观察等。这些不同的培训需求评估方法对培训的效果都具有不同的影响，而培训效果可以从受训者的参与程度、管理人员的参与程度、培训所需要的时间和成本、培训效果的可量化程度等方面来衡量。受训者的参与有助于提高他们的内在动力和参加培训的责任感，是培训计划成功实施的重要基础。管理阶层的投入能够支持和鼓励受训者在回到自己的工作岗位后应用自己在培训中学到的新技能。在其他情况相同的条件下，花费的时间少、成本低，并且效果容易量化的培训是组织所需要的。表 5-6 是对各种培训需求评估方法的比较。

表 5-6 培训需求评估方法的比较

培训需求评估方法	受训者的参与程度	管理层的参与程度	所需要的时间	成本	效果可量化的程度
顾问委员会研讨	低	中	中	低	低
评估中心	高	低	高	高	高
员工态度调查	中	低	中	中	低
集体讨论	高	中	中	中	中

（续表）

培训需求评估方法	受训者的参与程度	管理层的参与程度	所需要的时间	成本	效果可量化的程度
面谈候选培训者	高	低	高	高	中
管理人员调查	低	高	低	低	低
员工行为观察	中	低	高	高	中
绩效考核	中	高	中	低	高
关键事件法	高	低	中	低	高
问卷调查与清单	高	高	中	中	高
技能测试	高	低	高	高	高
评估过去项目	中	低	中	低	高
绩效档案	低	中	低	低	中

资料来源：Milkovich 和 Boudreau（1994）。

四、受训者的选择

员工学习和培训潜力的评估是设计员工培训方案前需要考虑的非常重要的问题。这是因为由于资源的限制，组织愿意对那些最具培训潜力的员工进行培训，而员工也希望培训课程既符合自己的兴趣又能够帮助自己提高能力。培训成本中最大的一项是在培训期间支付给受训者的工资，因此缩短培训周期是降低培训成本的重要途径。为了达到培训的目的、提升培训效果，就必须选择那些学习和培训潜力最高的员工进行培训。

在选择受训者时必须考虑员工掌握培训内容的能力，以及他们回到工作岗位以后应用所学内容的能力。这不仅是一个重要的员工激励问题，也是一个重要的效率问题。如果员工在培训过程中没有获得应有的收获，或者他们回到工作岗位无法应用所学内容，就不仅会让员工产生强烈的挫折感，也会浪费组织所花费的培训资源。

受训者在接受培训时，他们的经历、体力、智力和对培训材料的熟悉程度都不同，这些构成了受训者不同的学习能力基础。培训方案的设计要确保培训要求与受训者的学习能力相匹配。受训者感到培训内容过于简单或者过于复杂，都会损害培训的效果。因此，许多公司在遴选受训者之前要对培训候选人进行测试。研究表明，工作样本法对员工的可培训性，特别是短期的可培训性有很好的预测作用。在选择受训者时，美国海军使用的预测方法是设计一组样本任务，对参加培训项目的候选人进行培训，然后检验这些候选人的学习效果。如果一个候选人掌握样本任务的效率比较高，那就说明他以后完成工作任务的效率也会比较高。

在选择受训者的过程中，除了对培训候选人的学习能力进行甄别，还可以从其学习动力的角度进行考察。一个典型的例子是，美国海军学校在选择蛙人①的受训者时所采用的一种"信心衡量表"。该表能够相当准确地预测一个人能否从10个星期的水下呼吸器和深海气压训练班中结业。在这个信心衡量表中，要求培训候选人对以下7个问题使用6点量表逐一进行自我评价（1＝强烈反对，6＝强烈支持）：

- 我比其他人有更好的条件完成这一训练。
- 只要我能力足够，我会自愿接受这一训练。
- 在这项训练中获得的知识和经验对我未来的职业生涯将有很大的好处。
- 即使我不能通过，这次训练对我也是一次有价值的经历。
- 在训练中，我将比大多数人学到更多的东西。
- 如果我在训练中遇到麻烦，我将付出更大的努力。
- 我的身体条件比这里的大多数人更适合这种训练。

第三节　员工培训方法

在设计人才培养方案时，"721"法则常常被认为是基本法则。该法则认为成人的学习70%来自真实生活经验、工作经验、工作任务与问题解决，20%来自反馈，以及与同伴一起工作并向同伴学习，10%来自正规培训。"721"法则强调了四点，即学习主体非常重要，学习的根基是实践，反馈是不可或缺的环节，同伴是重要的学习资源。传统的培训模式已经难以满足企业对人才培养的全面需求，而混合式学习是培训发展的必然趋势。通常，企业培训大多是脱产的正规培训。

一、员工脱产培训方法

各种脱产培训可以划分为信息传达类的脱产培训和模拟方法类的脱产培训。培训的信息传达技术包括讲座、会议、面授/函授课程、电影、阅读清单、电视和录像、行为示范和计算机辅助教学等。培训的模拟方法包括案例教学法、角色扮演法、循序渐进的群体练习和商业模拟游戏等。如果让受训者在工作现场学习的成本过高或者过于危险，那么模拟训练就将成为唯一的选择，例如训练飞机驾驶员就是这样一种情况。不难发现，脱产培训的方法有很多种类，它们在组织中应用的广泛程度也有一定的差别。

---

① 指承担水下侦察、爆破及其他特殊任务的部队，因其携带的装备中有形似青蛙脚的脚蹼，故称"蛙人"。

各种脱产培训方法的特点有很大的差别。采用讲座或面授/函授课程的方式进行培训可以迅速而有效地传授知识，但是它的缺点是容易产生单向沟通的问题，这意味着如果讲师不能注意到受训者在学习方式、能力和兴趣等方面的差异，不重视受训者的反馈，就很难取得很好的培训效果。为了克服这种缺点，讲师应该在讲授过程中穿插适当的讨论。近年来，视听技术在培训中的作用日益显现。技术的进步使得处于不同地区的受训者和讲师可以通过远程会议进行交流，双方不仅能够听到对方的声音，还可以看到对方的表情和演示。通过电影、电视和录像等方法进行远程培训适用于下述情况：第一，培训中需要示范各个步骤的衔接；第二，仅用讲解的方法无法说清的时候，如脑外科手术技术的展示；第三，公司业务分布广，让受训者实地受训成本过高。

二、"做中学"与行动学习

（一）"做中学"

所谓的"做中学"（Learn by Doing）是约翰·杜威（John Dewey）在对知与行的关系进行论述时提出的著名原则，他认为"做中学"就是从经验中学、从实践中学，把学到的知识与生活中的活动联系起来，最终达到知与行的统一。成人是通过"做"来学习的，在培训期间完成实际任务的人总比只完成了虚拟任务的人收获大，所以培训内容越真实，效果就越好。

"做中学"类型的培训方法包括模拟、商业游戏、案例研究、角色扮演和行为塑造。"做中学"类型的培训是复制现实工作中的主要成分，让受训者在这种环境中扮演一个角色或者制定有关这一环境的决策，然后得到反馈以判断其行为或决策的有效性。模拟方法经常在飞机驾驶员的培训中使用。商业游戏由几个员工或员工小组一起参加，各个小组根据其面临的经济环境对有关的经济变量做出决策。商业游戏一般要使用计算机系统跟踪和计算竞争结果。案例研究一般提供给受训者一个现实的问题，然后由受训者进行分析，并给出自己的解决方案。角色扮演让受训者扮演另一种身份的角色，并与其他人模拟这种角色所面临的环境，使受训者理解和体会别人的切身感受。在培训中，经常把商业游戏、案例研究和角色扮演合并在一起的方法称为行动学习（Action Learning），且行动学习中的游戏、案例和所扮演的角色是公司面临的真实问题或存在的真实岗位。行为塑造的理论依据是人们能够形成适当行为的心理模式，这一方法的目标是发掘受训者在看到某一行为之后模仿并将其强化为自己行为的能力。行为塑造首先要向受训者介绍所要学习的技能，然后受训者观察获取所培训技能的员工的成功行为，集体讨论这一行为的有效性，然后每个受训者在其他受训者面前实际操作，最后得到自己行为有效性的反馈。

(二) 行动学习的源起和基本步骤

传统学习模式由于脱离"行动"和情景，未能产生令人满意的学习效果，无法应对日益动荡变革的商业环境。学习不应停留在简单的"信息发送"和"信息接收"上，而应主动去建构实践。行动学习是一个具有影响力的工具，可在短时期内促使人们进行大量的、相关的和持久的学习，进而取得显著的学习效果。在实践层面，早在20世纪20年代，行动学习就已渐渐盛行，不断地被应用于组织学习活动中，尤其被广泛应用于人员培训领域；在理论层面，直到20世纪80年代，Revans（1980）才首次提出"行动学习"概念[①]。

不同的问题对应不同的行动学习方法，不同的行动学习方法对应多种不同的实施步骤。但不论哪一种行动学习方法，基本都包括以下六个最基本的步骤：

（1）聚焦问题。行动学习强调集体成员在组织正常运作过程中面对突然出现的问题时，通过讨论提出解决方案，并在采取行动处理问题的同时获得学习机会。这些问题的解决就是行动学习的原始出发点。国际行动学习协会（World Institute for Action Learning）发起人迈克尔·J. 马奎特（Michael J. Marquardt）总结了组织出现的、适合行动学习的问题的性质：①具有突出重要性；②复杂而紧迫；③困难，具有挑战性；④具有可实行性，且在集体成员的权利和责任范围内；⑤问题解决过程中能提供学习机会。

（2）组建小组。行动学习依靠的并非成员个人智慧而是集体能力的交互作用，因此需要组建一个具有多样性特征的学习团队。该学习团队具有不同背景，有助于成员利用各自的专业知识和经验知识，从更多视角看待和思考问题，进而碰撞出更多的思想火花，实现智慧的交融，带来更多的创新点，这有助于创新性地解决问题，又能加强集体成员的创新思维。小组成员规模一般为4—8人。

（3）分析问题。参与者需要借助有关分析工具，思考问题背后的根本原因。

（4）制订方案。参与者根据组织的目标和问题原因，制订解决问题的可行方案。

（5）行动实施。行动学习的最终目的是解决有突出重要性的复杂问题，以促进组织顺畅运作。如果行动学习成员没有权利采取行动或无法确保学习成果被组织采纳，行动学习的效果就会大打折扣。只有赋予行动学习成员采取行动的权利，才能将行动学习的结果应用于实践并得到检验，也才能促使最有价值的学习发生。

（6）总结推广。企业需要对方案实施的阶段性成果进行反思，并为下一阶段工作

---

① 1985年，《管理发展杂志》（*Journal of Management Development*）第一次将行动学习列为研究专题，也激发了学者对行动学习的研究兴趣。2004年，《行动学习：研究和实践》（*Action Learning: Research and Practice*）期刊创办，掀起了行动学习研究的热潮。

积累经验,提高未来学习的效果。

行动学习的基本步骤如图 5-5 所示。

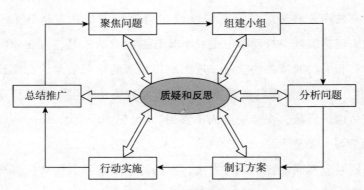

图 5-5　行动学习的基本步骤

质疑和反思贯穿于行动学习过程的始末。行动学习关注正确的问题而非正确的答案。适合开展行动学习的问题通常是无现成答案的,需要成员齐心协力地寻找解决方案,此时需要通过质疑和反思形成一个共同目标,以强化倾听、团结集体成员、促进学习交流。因此,行动学习过程中的每一个步骤都离不开质疑和反思。

此外,行动学习过程中需要一个行动学习催化师。所谓当局者迷、旁观者清,催化师在行动学习过程中起到引导的作用,他需要及时扭转行动学习的错误方向,使问题解决和团队互动变得更有效率。催化师需要拥有丰富而全面的专业知识和实践经验、深邃的洞察力和较强的协调力,且能营造一个安全、信任、开放和相互尊重的环境。

三、基于网络技术的培训方法

随着网络技术的飞速发展,特别是移动设备(如智能手机、平板电脑等)的普及,企业的培训方式与员工的学习模式也发生了变化,学习模式从远程学习(Distance-learning,D-learning)到电子学习(Electronic-learning,E-learning),再到移动学习(Mobile-learning,M-learning)。当然,三种模式也会并存于企业培训之中。

(1)远程学习的特点是实现了教师与学生的时空分离,教与学的活动不是同步的。主要使用印刷材料、录音带、磁盘、实验箱等渠道,师生一般可以通过邮件、电话进行联系。

(2)电子学习的特点是实现了远程的面授教学(Teaching Face to Face at a Distance),弥补了远程学习的一些不足。主要使用卫星电视、视频会议系统、计算机网络等技术。

（3）移动学习的特点是可以随时随地进行自由的学习。移动学习不是在固定的、预设的地点进行，且需要运用移动技术（O'Malley 等，2005）。这个定义体现了移动学习的两个要素——学习的移动性和使用移动技术学习。

随着互联网和信息技术的飞速发展，还涌现出微课（Microlecture）、慕课（Massive Open Online Course，MOOC）、翻转课堂、微信培训和网络直播培训等各种各样的培训方式。企业培训常用的在线课程是微课。微课指为达成特定的教学目标，围绕单一知识点（技能、问题等），通过教学设计，由多媒体形式（动画、视频、声音、图文等）呈现的教学方式。一般而言，每门微课具有短（时长仅为几分钟甚至几十秒，清晰阐述问题）、小（文件体积小，易于传播、加载）、精（聚焦单个知识点、问题，形式新颖、内容精炼）、悍（自成完整个体，可组合为更长体系）等特点，适用于移动学习平台、微信平台，可以为受训者提供移动化、便捷化的学习体验。

此外，利用虚拟现实（Virtual Reality，VR）技术进行培训也是未来的一种趋势。VR 是利用多种技术复制全部的实际工作环境，而不是仅仅模拟其中的几个方面。VR 技术使得受训者置身于电脑生成的虚拟环境中，并可以根据头部和身体的移动改变虚拟环境的内容。在这种三维的立体环境里，受训者可以互动并实时操控虚拟物体。军队采用 VR 技术培训士兵，并持续投资这方面的技术。将士兵们置于战场上可能会遇到的情境中对他们来说是非常有价值的经历，可以帮助他们更好地为战争做准备。另外，VR 可能会向士兵灌输压力观念，使他们真正到战场上时不容易产生心理问题。一般而言，需要不断练习、远程执行的工作或者平常不易看到或接触的物体或流程，都适合以 VR 进行培训。VR 也非常适用于极易对设备造成损害或对员工造成伤害的工作。例如，VR 培训正成为训练内科医生开展冠脉支架置入手术的不二之选。在 VR 培训中，内科医生通过人工循环系统来穿过导管，观察人体模型的血管造影片。VR 技术可以提高内科医生的专业技能，避免把患者置于危险之中。

这种以计算机和互联网为基础的培训方法有很多优点：一是便于根据受训者的不同要求对培训内容进行剪裁；二是生动的界面容易提高受训者的参与程度；三是声音和图像便于说明学习要点。当然，这种培训方法的开发成本比较高，但是由于它不需要受训者进行空间转移，也会减少脱产培训的时间和员工差旅费用。

四、培训方法的有效性比较

不同的培训方法各有其优劣势，虽然我们无法笼统地说明哪一种培训方法比其他的方法更优越，但是根据既定的培训目标，我们可以发现存在一些比较有效的方法。例如，从知识传授的角度来看，教师授课并与学生进行互动的方式较为有效，但它不能很好地帮助学生提升人际沟通技能；而角色扮演、模拟商业等方法由于受训者深度参与，他们解决问题、协作沟通的能力会得到有效提高。因此，企业应根据培训目标和培训资源选择有效的培训方法，以实现员工工作能力和态度的提高和改进。

第四节 培训效果评估与培训迁移

一、培训效果的评估

目前，中国很多公司很重视员工和管理人员的培训，但是现阶段的许多培训工作缺乏针对性。很多公司都在一定程度上存在"为培训而培训"的现象，培训活动很少与其他人力资源管理活动相互配合，或者缺少明确的目标。在这种情况下，培训只是一种活动，而不是一种战略。很多企业经常用参加培训的人数来衡量培训的结果，却很少研究培训的真实效果。作为一项活动的培训的特征是没有明确的目标，没有培训原因和培训结果有效性的评估，没有支持培训的工作环境准备过程，没有对培训效果的衡量。而作为战略的培训的特征是与客户合作，与企业自身的业务需要相联系，有培训原因的评估，有支持培训的工作环境准备，有对培训结果的衡量。

培训效果是指在培训过程中受训者所获得的知识、技能、才干等的积累提升，并将其应用于本职工作的程度。培训效果可能是积极的，这时工作绩效得到提高；也可能是消极的，这时工作绩效降低；还可能是中性的，即培训对工作绩效没有明显的影响。

在对培训效果进行评估时，需要研究以下问题：第一，员工的工作行为是否发生了变化？第二，这些变化是不是培训引起的？第三，这些变化是否有助于组织目标的实现？第四，下一批受训者在完成相同的培训后是否会发生相似的变化？Kirkpatrick（1994）提出对培训效果的评估涉及以下四个层面：

第一，反应，即受训者对这一培训项目的满意程度——受训者是否认为培训项目对自身有好处，包括受训者对培训科目、培训者和自身收获的感觉。这可以通过培训结束后的问卷调查来了解。

第二，学习效果，即受训者对所教授的内容的掌握程度——受训者能否回忆起和理解所培训的知识和技能。这可以通过培训后的考试或实际操作测试来考察。

第三，行为变化，即受训者因参加这一培训所引起的与工作有关的行为发生的变化——受训者是否在行为上应用了学到的这些知识和技能。需要注意的是，行为的改变需要一个过程，很难在培训结束后马上发生，但是随着时间的推移，工作经历的逐渐丰富、监督和工作奖励方式的变化都可能对员工的行为产生影响。为了消除这种干扰，可以使用变量控制法，即将员工分为接受培训的实验组和未受培训的控制组。在实施培训之前，衡量各组的工作绩效；在实施培训之后，再衡量各组的工作绩效，通过比较评估培训的效果。在这个问题上，应该注意实验组的绩效变化在培训结束后经过一段时间的实践才能体现出来，了解这一性质对正确评估培训效果很重要。通过多个时点的比较，也能够发现培训效果的持续性。

第四，结果变化，即受训者行为的变化是否对组织的整体经营结果有积极的影响（如生产率的提高、质量的改进、离职率的下降和事故的减少），以及有多少积极影响是由培训引起的，受训者在经过培训之后对待组织或他们工作的态度是否更加积极。

对反应和学习效果的衡量相对简单易行，可以在培训后马上进行；对行为变化和结果变化的衡量则更加困难，但是对组织的价值和意义更大。由于在实践层面，衡量行为变化和结果变化时，很难准确界定这种变化是由培训还是其他因素导致的（假如公司的销售收入在实施一个培训项目之后比实施之前上升了20%，我们并不能断言这都应该归功于这次培训），因此使得很多组织在评估培训效果时，仅仅停留在反应和学习效果层面。很多人力资源管理专家认为，最合适的评估培训效果的方法应该是那些以合理的成本就能够获取对关键决策制定者最有意义的数据的方法。

二、培训效果评估方法的设计

20世纪70年代，美国学者凯伦·S. 布莱瑟伍尔（Karen S. Brethower）和吉尔里·A. 拉姆勒（Geary A. Rummler）对培训项目的评估标准和衡量方法进行了研究，他们总结出来的方法在如今仍然具有很大的影响。他们的贡献如表5-7所示。

表5-7 培训效果评估方法

我们想知道什么	评估什么	评估项目	获取数据的方法	获取数据的替代方法
① 受训者是否满意？如果不满意，为什么？ a. 概念不相关 b. 培训场所设计不合适 c. 受训者选择得不合适	培训期间受训者的反应	• 联系 • 胁迫 • 学习的轻松程度	• 受训者的评论 • 培训者的评论 • 练习的问题 • 练习的行为方式	• 观察 • 面谈 • 问卷
	培训之后受训者的反应	• "值不值" • 相关程度或者学习动力	• 受训者的行为方式 • 关于培训项目本身的问题	• 观察 • 面谈 • 问卷

（续表）

我们想知道什么	评估什么	评估项目	获取数据的方法	获取数据的替代方法
② 受训者是否掌握了概念？如果没有，为什么？ a. 培训教室的结构不合理 b. 课程设置不合理 • 表述 • 例子 • 练习	培训期间受训者的表现	• 理解 • 应用	• 学习时间 • 做练习的成绩 • 表达	• 观察 • 文件检查
	培训之后受训者的表现	• 理解 • 应用 • 设施 • 内容的衔接	• 未来的行动方案 • 做练习时所使用的工具 • 表达	• 观察 • 文件检查 • 面谈 • 问卷
③ 所学习的概念是否被应用？如果没有，为什么？ a. 概念原因 • 不相关 • 太复杂 • 太含糊 b. 工具不适合 c. 环境不支持	绩效改进计划	• 分析 • 行动计划 • 结果	• 讨论 • 文件 • 结果	• 观察 • 面谈 • 文件检查 • 问卷（关键事件）
	解决技术难题	• 提出的问题 • 计划的行动 • 采取的行动	• 讨论 • 文件 • 结果	• 观察 • 面谈 • 文件检查 • 问卷（关键事件）
	完善管理方法	• 语言 • 人员管理程序	• 讨论 • 会议 • 文件	• 观察 • 面谈 • 文件检查 • 问卷（关键事件）
④ 概念的应用对组织是否有积极的影响？如果不是，为什么？	难题解决	• 问题的识别 • 分析 • 行动 • 结果	• 讨论 • 文件 • 结果	• 面谈 • 文件检查 • 问卷（关键事件）
	危机的预测和预防	• 潜在危机的识别 • 分析和行动	• 讨论 • 文件 • 结果	• 面谈 • 文件检查 • 问卷（关键事件）
	绩效衡量以及具体到一个特定的培训项目	• 产出的衡量 • 过渡的方法或者诊断的方法	• 绩效数据	• 文件检查

资料来源：Brethower 和 Rummler（1979）。

具体进行培训效果评估时必须回答两个基本问题：①受训者是否真的发生了变化？②变化是否由培训导致？对于第一个问题的回答可以对比受训者参加培训前的行为/绩效（称为"前测"）和参加培训后的行为/绩效（称为"后测"）来实现。而回答第二个问题需要通过实验设计来实现，即与没有接受培训的员工（作为控制组）相比较，接受培训的员工（作为实验组）发生了哪些变化。因此，根据"是否有控制组"及"是否做前测、后测"，培训效果评价方法可分为以下几类，如表5-8所示。

表 5-8 培训效果评估方法的比较

研究设计	分组	前测	后测
后测法	实验组	无	有
前测、后测法	实验组	有	有
具有控制组的后测法	实验组、控制组	无	有
具有控制组的前测、后测法	实验组、控制组	有	有
时间序列法	实验组	有，数次	有，数次
所罗门四组设计法	实验组 A	有	有
	控制组 B	有	无
	实验组 A	无	有
	控制组 B	无	有

资料来源：Noe（1998）。

1. 后测法

后测法只是单纯以培训后的成果来衡量培训效果。这种方法由于缺少事前的测验，因此无法了解培训对事后测验所呈现效果的影响程度。后测法比较适用于受训者在培训前的知识、行为与绩效都很相似的情形，可利用增加一个控制组的方式来增强。

$$X \to O_2$$

（X：培训；O_2：后测）

2. 前测、后测法

前测、后测法是以评估培训前、后的表现差异来衡量培训效果。要求受训者接受培训前与培训后的测验，并比较二者之间的差异，以了解培训对学员影响的效果。由于这种设计缺乏控制组作为比较，因此无法排除在两次测验之间其他因素对培训效果造成的影响。

$$O_1 \to X \to O_2$$

（O_1：前测；X：培训；O_2：后测）

3. 具有控制组的后测法

选取两组背景类似的员工，对实验组实施培训并进行后测，对控制组仅仅进行后测，比较两组后测的结果来了解培训的效果如何。

$$\text{实验组} \quad X \to O_2$$
$$\text{控制组} \quad O_2$$

（X：培训；O_2：后测）

4. 具有控制组的前测、后测法

选取两组背景类似的员工，并同时接受事前与事后的测验，但只让实验组的员工接受培训，比较两组事前与事后测验的结果来了解培训的效果如何。这样的研究设计包含了被培训的实验组及未被培训的控制组，评估资料的收集包含了两组的培训前测、后测表现。如果实验组的行为/绩效改变优于控制组，则可判断受过培训者较好的表现有可能来自培训。不过，由于这种设计下的两组都经过了前测，无法排除前测可能对后测产生的影响。

$$实验组 \quad O_1 \rightarrow X \rightarrow O_2$$
$$控制组 \quad O_1 \rightarrow O_2$$

（O_1：前测；X：培训；O_2：后测）

5. 时间序列法

时间序列的设计与前测、后测的设计类似，只是增加了前测与后测的次数。由于在组织中将员工分为多组进行培训效果评估存在一定的困难，而这种方式只需一组学员。通过四次前测分析，可了解前测对分数的影响程度；在培训后立即测验，便可了解培训的效果，并排除测验的学习效果。在不同时间的持续后测，是为了了解培训效果的维持程度。长时间稳定的持续后测，通常适用于能持续观察的培训效果，如生产率、缺勤率等。

$$O_1 \rightarrow O_2 \rightarrow O_3 \rightarrow O_4 \rightarrow X \rightarrow O_5 \rightarrow O_6 \rightarrow O_7 \rightarrow O_8$$

（$O_1 \cdots O_4$：前测；X：培训；$O_5 \cdots O_8$：后测）

6. 所罗门四组设计法

诺曼·H. 所罗门（Norman H. Soloman）认为前测可能会对受训者的态度及行为产生影响，干扰实际培训效果，这被称为前测的敏感性（Pretest Sensitization）。而传统的两组设计方法，无法衡量和控制前测的敏感性。因此，所罗门建议以四组设计来控制前测对培训效果的影响（Soloman，1956）。这种设计方法是根据类似的背景把员工分成四组，全部的员工都接受后测，但只有第一组与第二组接受前测，第一组与第三组接受培训的安排，通过这样的研究设计可了解培训效果是否受前测的影响。

$$第一组 \quad O_1 \rightarrow X \rightarrow O_2$$
$$第二组 \quad O_1 \rightarrow O_2$$
$$第三组 \quad X \rightarrow O_2$$
$$第四组 \quad O_2$$

（O_1：前测；X：培训；O_2：后测）

三、培训迁移

（一）基本内涵

所谓培训迁移，主要是指受训者将在培训的环境中学到的知识、技能、态度等，有效地运用到工作中的程度。培训迁移包括近迁移和远迁移两种类型。近迁移指几乎不用任何调整或修改就把培训中所学内容直接应用于工作中。远迁移指把培训中所学内容加以扩展或并应用（谢晋宇，2005）。Newstrom（1986）发现，只有40%的培训内容在培训后的短时间内能被迁移到工作情境中，25%的内容可在6个月以后持续迁移，只有15%的内容可在第1年年末持续迁移。因此，组织除了设计有效的培训项目，还需要了解如何促进培训迁移的产生并为受训者提供支持。

（二）促进培训迁移的因素

企业都想通过培训改进员工绩效，提高组织的生产率。通过培训获得的知识、技能和态度如果不能迁移到工作中或在一定时间内不能维持，那么培训的价值是很小的。培训迁移重点关注的是知识、技能和态度能否转变为行为和结果，因此在人力资源开发领域，研究者更关心的是在什么条件下更容易出现培训迁移。

Baldwin 和 Ford（1988）提出了一个培训迁移过程模型（见图5-6）。这个模型指出培训输入——包括受训者特征（Trainee Characteristics）、培训设计（Training Design）和工作环境（Work Environment）——会影响学习保存和推广维持，并且受训者特征和工作环境将直接影响迁移效果。受训者特征包括影响学习的能力、个性和动机。如果受训者不具备学习的基本能力（如认知能力、阅读能力），缺乏学习动机，不相信自己能掌握所学技能（自我效能感弱），那么学习行为与培训迁移能否发生就令人怀疑了。

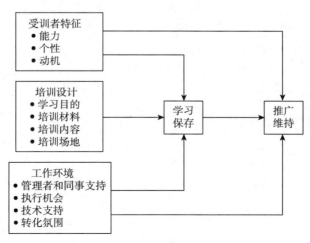

图5-6　培训迁移过程模型

复习思考题

1. 企业应该如何设计入职培训活动？
2. 如何进行培训需求评估？
3. 在职培训有哪些特点？
4. 脱产员工培训有哪些方法？各种方法有什么特点？在互联网背景下，如何改进企业的培训方法？
5. 如何评估一个培训项目的效果？以您参加过的一个培训项目为例，针对培训效果评估的四方面内容，应该收集什么数据进行不同层次的评估。
6. 企业如何促进培训迁移？

第六章 绩效考核与管理

学习目标

1. 理解绩效考核与绩效管理之间的区别
2. 掌握绩效考核常见的方法以及应用
3. 了解绩效考核方法的新发展
4. 理解如何进行绩效反馈和制订绩效改进计划

我国最早的绩效考核制度出自周朝提出的"三有宅心""三有俊心",大致相当于现在对公务员之德、能、勤、绩、廉的考核要求。秦汉时期官员考核称为"上计",主要考核官员的道德和政绩。到了魏晋南北朝,实行三年一考,考核范围包括品行、政绩和年劳(任职时间长短)。唐宋时期,随着科举制度的发展,官员考核制度也进一步完善(见表6-1):高级官员由皇帝亲自考核,其他官员由直接上司进行初步考核,然后由吏部考功司进行复审,最后还有专人对考功司的复审进行审校和监督;考核内容分为"善"(品德)和"最"(才干和功绩)两方面,"善"的指标包括"德义有闻""清慎明著""公平可称""恪勤匪懈",而"最"的指标多达27种,因此考核内容被称为"四善二十七最"。到了明朝,除了考察官员政绩,还会特别考察其不称职的行为,如贪、酷、浮躁、不及、老、病、罢、不谨等。清朝对文官的考核规定了"四格",即守、政、才、年(见表6-2)。可以看出自古以来,历朝历代都非常重视官员考核,有较为完善的考核管理体系,以及专门的考核机构、流程、标准和奖惩方式,在某些方面与现代绩效考核制度有类似之处。

表6-1 唐宋时期官员考核制度

流程	主体	任务	时限
自我鉴定	被考核官员	对当年内的功过政绩做出自我鉴定(考状)	京城诸司:9月30日以前(考簿直接送尚书省考功司);各地府州:10月25日以前(考簿交朝集使送至京城)
领导评议	本司或本州长官	当众宣读、评议(考第)	
考核沟通与确认	被考核官吏、本司或本州长官	沟通确认(考簿)	
结果公布	京官:集合应考者当面唱读考课簿注定 地方官:对朝集使注定,然后上报皇帝批准公布		
考核监督	定考时,考功司对于各部门所定考第有不妥者,有修改的权力;为示公平,考功司定考时一般还有监考使和校考使在旁监督		

表6-2 清朝文官考核指标

四格	八法	评级
守	贪	● 一等者必须守、政、才、年皆优秀。 ● 二等者,年、守需达到标准,政、才两项中仅有一项相对平庸。 ● 三等者,在满足年力尚足的基础上,才、政视为整体,"才政"和"守"二者中仅有一方面不符合标准。
守	酷	
守	不谨	
守	浮躁	
政	罢软无为	
才	才力不及	
年	年老	
年	有疾	

第一节 绩效考核与管理的基础

一、绩效管理的内涵

（一）绩效管理的定义

绩效管理是管理者为确保员工的工作活动和产出与组织目标保持一致而实施的管理过程。正确理解绩效管理需要注意：

（1）绩效管理是一个完整的系统，而不是一个简单的步骤。无论是理论阐述还是管理实践，都容易产生这样一个误区：绩效管理等同于绩效考核，做绩效管理就是做绩效考核表。这一误区使得许多企业在实施绩效管理时省略了极为重要的目标制定、沟通管理、反馈改进等过程，忽略了绩效管理中需要掌握和使用的技巧与技能，因此在实施绩效管理时遇到了很多的困难和障碍，企业的绩效管理水平也在低位徘徊。

（2）绩效管理强调目标管理，"目标+沟通"的绩效管理模式被广泛提倡和使用。只有绩效管理的目标明确，管理者和员工的努力才会有方向，才会共同致力于绩效目标的实现，共同提高绩效水平，更好地服务于企业的战略规划。

（3）沟通在绩效管理中起着决定性的作用。制定绩效目标要沟通，帮助员工实现目标要沟通，年终绩效评估要沟通，分析原因寻求进步要沟通。总之，绩效管理的过程就是员工和管理者持续不断沟通的过程。离开了沟通，企业的绩效管理将流于形式。

（二）绩效管理的循环过程

绩效管理作为一个管理循环系统，分为四个环节，即绩效计划、绩效实施与监控、绩效考核和绩效反馈面谈，如图6-1所示。

（1）绩效计划。绩效计划是绩效目标确立的过程，包括两个方面的内容：做什么和如何做。它是指在企业战略的领导下，通过员工的参与并结合员工的意愿，管理者与员工共同制定和完善员工的绩效目标及行动计划。绩效计划通常分三个阶段进行，即收集信息、确定关键工作领域与关键绩效指标、绩效计划讨论与确定。

（2）绩效实施与监控。绩效实施与监控贯穿于绩效管理的全过程。管理者在员工工作的过程中，给予其指导、激励、协调和支持，帮助员工克服工作障碍、完成工作目标。

（3）绩效考核。绩效考核活动的内容包括制定科学合理的考核标准，对员工的日常表现与工作要求进行对比，以便进行经常性的考核。绩效考核中要把员工的自评与管理者的他评相结合。绩效考核的关键是员工参与，考核结果与员工发展相结合。

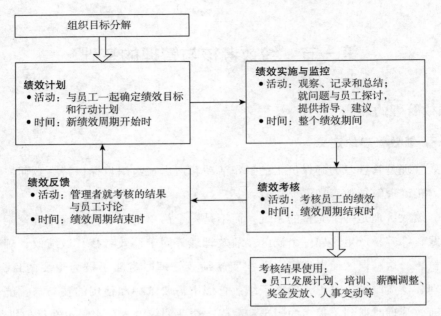

图 6-1 绩效管理的循环过程

（4）绩效反馈。绩效反馈指管理者就上一绩效管理周期中员工的表现和绩效考核结果与员工进行正式的沟通，通常以面谈的形式展开。通过绩效反馈面谈，管理者将考核结果及时反馈给员工，以促使员工不断完善工作方式，并修订考核标准。绩效反馈主要有四个目的：管理者与员工对绩效考核的结果达成共识；使员工认识到自己在本阶段工作中取得的进步和存在的缺点；制订绩效改进计划；修订或协商下一个绩效管理周期的绩效目标和绩效计划。

二、绩效考核与管理的目的

企业要实施员工绩效考核与管理，有必要先理解绩效考核与管理的必要性。员工绩效考核系统的设计和实施必须与绩效考核与管理的目的相一致。绩效考核与管理的目的主要有以下三个方面：

第一，绝大多数员工都愿意了解自己目前的工作绩效，也想知道自己如何才能把工作做得更好。绩效考核可以为员工提供反馈信息，帮助员工认识到自己的优势和不足，发现自己的潜在能力并在实际工作中充分发挥这种能力，改进工作绩效，有利于员工个人事业的发展。如果企业不能提供正式的关于员工工作绩效的信息反馈，员工就会寻找非正式的渠道了解自己的绩效水平，还可能会变得非常敏感。

第二，绩效考核可以为甄别高效能员工和低效能员工提供信息，为组织奖惩系统的制定提供依据，从而确定奖金和晋升机会在员工个人之间的分配。在企业的薪酬决策依据中，员工绩效水平是重要的考虑因素之一。事实上，组织中不同的员工在绩效上可能存在很大的差距。只有实行客观公正的绩效考核系统，不同工作岗位上员工的工作成绩才能得到合理的比较，在员工之间分配的奖金才能起到真正的激励作用。在晋升、调动和解聘决定中，员工过去的工作表现是一个非常有说服力的根据，这也要求实施有效的绩效考核。

第三，建立员工绩效的档案材料，以便将来帮助组织进行人事决策，并确定招聘员工时应该重点考察的知识、能力、技能和其他品质。总之，绩效考核结果有利于人们发现组织中存在的问题，也可以用来确定员工和团队的工作情况与组织目标之间的关系，以及改进组织的效率和改进员工的工作。因此，绩效考核既是一个过程的结束，又是一个新阶段的开始。需要指出的是，无论一个绩效考核系统多么完美，也只有最终受其影响的人接受才能发挥作用。通常来说，绩效考核信息的用途类别和作用途径如表6-3所示。

表6-3 绩效考核信息的用途类别和作用途径

用途类别	作用途径
员工评价	薪酬管理
	确定个人绩效
	识别不合格绩效
	晋升决策
	留用/解聘决策
	下岗决策
员工个人发展	绩效反馈
	确定员工优点和缺点
	转岗和任务安排决策
	确定个人培训需要
系统维护	评价个人在组织中的发展
	评价个人、团队和业务部门工作成绩
	人力资源规划
	评估组织培训需求
	优化管理结构
	确定组织发展需要
	监控人力资源系统

(续表)

用途类别	作用途径
信息备案	管理人力资源管理文件档案
	遵守人力资源管理的法律要求
	制定有效性研究的标准

资料来源：Schuler 和 Huber（1993）。

三、有效绩效考核系统的特征

为了保障绩效管理工作的顺利进行，绩效考核的结果应是准确可靠的。因此，建立一个有效的绩效考核系统非常重要，而有效的绩效考核系统应该同时具备敏感性、可靠性、准确性、实用性和可接受性五个特征。

第一，敏感性。即绩效考核系统应具有区分绩效水平高和绩效水平低的员工的能力，否则既不利于企业进行管理决策，也不利于员工自身的发展，且会挫伤管理者和员工的积极性。如果考核的目的是辅助晋升、推荐、奖金分配等人事管理决策，考核系统需要收集关于员工之间工作情况差别的信息；如果考核的目的是促进员工个人的成长发展，就需要收集员工在不同的阶段自身工作情况差别的信息。

第二，可靠性。即考核结果的一致性，不同的考核者对同一个员工所做的评价应该基本相同。当然，考核者应该有足够的机会观察员工的工作情况和工作条件。

第三，准确性。即绩效考核系统应该把工作标准和组织目标联系起来，把工作要素和评价内容联系起来，以明确一项工作成败的界限。工作绩效标准是根据一项工作的数量和质量要求，具体规定员工行为是否可接受的界限。我们知道，工作分析描述一项工作对员工的素质要求，工作绩效标准规定工作绩效合格与不合格的标准，实际的绩效考核则是具体描述员工工作中的优缺点，在多大程度上达到或未达到绩效标准。

第四，实用性。即绩效考核系统的设计、实施和信息利用都需要付出时间、努力和金钱，组织使用绩效考核系统的收益必须大于成本；并且绩效考核的结果应有助于员工绩效的提高，最终促进企业目标的实现。

第五，可接受性。绩效考核系统只有得到管理人员和员工的支持才能推行。因此，绩效考核系统的构建经常需要员工的参与。绩效考核的内容和标准的正确性以及员工对考核系统的态度都很重要。

以上是对绩效考核系统的五项基本要求，前三项被称为技术项目，后两项被称为社会项目。一般来说，只要绩效考核系统符合科学和法律的要求，具有准确性、敏感性和可靠性，就可以认为它是有效的。

第二节 绩效考核系统的设计

在绩效管理的过程中，绩效考核是最引人关注的一个环节，是对员工在一个既定时期内对组织所做贡献进行评价的过程。员工绩效考核要从员工工作成绩的数量和质量两个方面，对员工在工作中的优缺点进行系统的描述。工作绩效考核涉及观察、判断、反馈、度量、组织介入以及人们的感情因素，是一个复杂的过程。与很多管理学的问题一样，在员工绩效考核问题上，我们首先应该采用5W方法来明确绩效考核中的关键问题：第一，Why，即为什么要进行员工绩效考核。第二，What，即在绩效考核中我们应该考核什么，工作的结果，员工工作表现，还是员工个人特征。第三，How，即我们应该怎样实施绩效考核，以及如何确定考核标准。第四，Who，即应该由谁考核员工的工作绩效，以及如何对考核者进行培训。第五，When，即应该在什么时候或者说间隔多长时间进行绩效考核。

一、绩效考核标准的确定

客观和可观察是员工绩效考核标准的两个基本要求。实际上，在对员工的工作绩效进行考核时，有很多种评价标准可供选择，其中包括员工的特征、员工的行为和员工的工作结果。员工的特征是员工行为的内因，员工的行为可以帮助我们了解员工是否在努力完成工作任务，员工的工作结果则可被用来证实员工的行为和组织目标之间的联系。表6-4展示的是可以作为绩效考核标准的项目。一个值得注意的倾向是，负责员工绩效考核的管理者经常倾向于采用自己最熟悉或者自己最有把握的标准对员工进行评价。

在选择和确定员工绩效考核标准的过程中，我们需要注意以下几个方面：第一，员工绩效考核标准应该与工作要求密切相关，而且是员工能够影响和控制的。这意味着我们不能选择员工无法控制的指标作为员工绩效的衡量标准。第二，一般而言，我们不能单纯根据某个单一的标准对员工进行评价。第三，一旦我们确定了员工绩效考核标准，就要寻找能够精确衡量这些标准的方法。在这个问题上需要注意的是，员工绩效的某些方面，包括生产或销售的数量、出现失误的次数以及所服务的客户的数量等指标是比较容易衡量的；而其他方面，包括工作的主动性、工作的可靠性以及有效沟通的能力等方面的衡量就比较困难。

表 6-4　绩效考核标准举例

员工特征	员工行为	工作结果
工作知识	完成任务	销售额
力气	服从指令	生产水平
眼—手协调能力	解决难题	生产质量
证书	维护设备	浪费
商业知识	维护记录	失误
成功欲	遵守规则	设备修理
社会需要	按时出勤	服务的客户数量
可靠性	提交建议	客户的满意程度
忠诚度	不吸烟	
诚实度	不吸毒	
创造性		
领导能力		

资料来源：Milkovich 和 Boudreau（1994）。

二、考核信息来源的选择

员工绩效考核的标准和执行方法取决于开展绩效考核的目的。因此，在确定考核信息的来源之前，应该先明确绩效考核的结果是为谁服务的，以及他们用这些绩效考核信息做什么。考核信息的来源与用途之间的配合关系可以从两个方面加以认识：第一，不同考核者提供的信息来源对人力资源管理中的各种目标具有不同的意义，如表 6-5 所示。第二，根据不同的考核标准得到的员工绩效考核信息对人力资源管理中的各种目标具有不同的意义。例如，如果为了给合理发放奖金提供依据，就应该选择反映员工工作结果的标准。如果为了安排员工参加培训或者帮助他们进行职业生涯规划，就应该选择工作知识等员工的个人特征或工作行为表现作为评价标准。

表 6-5　考核信息的来源与用途

用途	来源				
	直接上司	同事	下属	员工自己	客户
人事决策	适合	适合	不适合	不适合	适合
自我发展	适合	适合	适合	适合	适合
人事研究	适合	适合	适合	适合	适合

三、评价者的选择

在员工绩效考核过程中，对评价者的基本要求有以下几个方面：第一，评价者应该有足够长的时间和足够多的机会观察员工的工作情况；第二，评价者有能力将观察结果转化为有用的考核信息，并且能够最小化绩效考核系统可能出现的偏差；第三，评价者有动力提供真实的员工绩效考核信息。不管选择谁作为评价者，如果考核结果的质量与评价者的奖励能够结合在一起，那么评价者会更有动力去做出精确和客观的评价。一个值得注意的现象是，对评价者的激励与评价系统的设计和选择同样重要。一般而言，可以对员工工作绩效进行考核的候选人有以下几种类型：

第一，员工的直接上司。一般情况下，直接上司熟悉员工工作，而且也有机会观察员工的工作情况。此外，直接上司还能够比较好地将员工的工作与部门或整个组织的目标联系起来，也对员工进行奖惩决策。因此，直接上司是最常见的评价者。但是直接上司作为评价者的缺点是：如果单纯依赖直接上司的考核结果，那么直接上司的个人偏见、个人之间的冲突或友情关系将可能损害考核结果的客观公正。为了克服这一缺陷，企业可以要求将直接上司的考核结果作为总体考核结果的补充，这对保证考核结果的准确性有很大作用。

第二，员工的同事。一般而言，员工的同事能够观察到员工的直接上司无法观察到的某些方面。特别是在员工的工作指派者经常变动，或者员工的工作场所与主管的工作场所相分离的时候，主管通常很难直接观察到员工的工作情况。这时既可以通过书面报告的方式了解员工的工作绩效，也可以采用同事评价。在采用工作团队的组织中，同事评价显得尤为重要。当然，由于一个团队的员工彼此之间在奖金分配和岗位晋升中存在竞争关系，因此为了减少偏见，应该规定同事评价的工作内容。尽管很多人认为同事评价只能作为整个评价系统的一部分，但是 Wexley 和 Klimoski（1984）表明同事评价可能是对员工绩效的最精确的评价，且同事评价非常适用于员工发展计划的制订，但对人力资源管理决策似乎不适用。

第三，员工的下属。下属的评价有助于员工的个人发展，因为下属直接了解员工的实际工作情况、信息交流能力、领导风格、解决团队矛盾的能力与组织能力。在使用下属评价时，上下级之间的相互信任和开诚布公是非常重要的。通常情况下，下属评价只是作为整个评价系统的一部分。在美国克莱斯勒（CHRYSLER）公司，管理者的工作绩效由其下属进行匿名评价，评价内容包括工作团队的组织、沟通、产品质量、领导风格、计划和员工的发展情况。被评价的管理者在汇总这些匿名评价信息后再与下属讨论如何改进。

第四，员工自己。长期以来，关于员工自我评价的作用一直有争议。这一方法能够减少员工在评价过程中的抵触情绪，当绩效评价和员工个人工作目标结合在一起时很有意义。但是，自我评价往往会出现"自我宽容"的倾向，常常与他人的评价结果不一致，因此比较适合用于个人发展，而不适合用于人事决策。不难发现，有效的工作规范和员工与主管之间良好的沟通是员工自我评价发挥积极作用的前提。此外，经验表明，员工和主管双方关于工作绩效衡量标准的看法的一致性越高，双方对评价结果的认可度也就越高。

第五，客户。在某些情况下，客户可以为个人与组织提供重要的工作情况反馈信息。虽然客户评价的目的与组织的目标可能不完全一致，但是客户评价结果有助于为晋升、工作调动和培训等人事决策提供依据。如今，越来越多的服务工作都会在服务完成后邀请客户进行服务评价。表6-6是一个客户评价表的实例。

表6-6　客户评价表实例

姓名：_____　日期：_____年____月____日
地址：_____

您的事业成功和满意对我们非常重要。为了确保安装和服务质量，我们非常感谢您填写这张评价表并将它寄回我们商店。您填写这张表后可以得到我们为您免费清洗两个房间地毯的服务，该项服务在本次安装后一年之内有效。如果安装工人符合陈述，请您选"是"；如果安装工人不符合陈述，请您选"否"。

① 是　否　安装工人事先与您商量接缝的位置，并将它们安排在最理想的位置。
② 是　否　所有的接缝都安排在行走少的地方而不是门厅里。
③ 是　否　看不见接缝。
④ 是　否　接缝很牢固。
⑤ 是　否　安装时没有损坏物品。
⑥ 是　否　安装工人将地毯拉得足够紧，没有出现褶皱。
⑦ 是　否　安装工人将地毯的边缘修剪得与墙壁齐整贴合。
⑧ 是　否　安装工人清理了整个区域，没有留下碎片。
⑨ 是　否　安装工人与您一起检查并确保您满意。

资料来源：Schuler和Huber（1993）。

近年来，美国的很多企业开始实行360度绩效考核，即综合员工自己、直接上司、下属、同事和客户的评价结果对员工的工作绩效做出最终的评价。这些绩效考核的信息来源在评价员工绩效的不同侧面时具有不同的效力，将它们综合起来可以得到一个全面的结论。但是，对于360度绩效考核的效果还存在争论，如表6-7所示。实践证明，360度绩效考核方法只有在那些开放性高、员工参与气氛浓和具备活跃的员工职业发展体系的组织中才能够取得理想的效果。

表 6-7 关于 360 度绩效考核的争论

支持理由	反对理由
• 由于信息是从多方面收集的,因此这种方法比较全面 • 信息的质量比较好 • 由于这种方法更重视内外部客户和工作小组的因素,因此它有助于质量管理的改进 • 由于信息反馈来自多人而不是单个人,因此减少了存在偏见的可能性 • 来自同事和其他方面的反馈信息有助于员工的自我发展	• 综合各方面信息增大了考核系统的复杂性 • 如果员工认为考核者对他有一致的偏见,那么考核者可能会受到威胁 • 有可能产生相互冲突的评价 • 需要经过培训才能使评价系统发挥作用 • 员工会做出不准确的评价

资料来源:Edwards 和 Ewen(1996);Milliman 等(1994)。

一个好的评价者同时应该充当教练的角色,能够激励员工。在绩效考核过程中,评价者容易出现的错误包括对被评价者过分宽容或者过分严厉、评价结果聚中、出现光环效应和产生对比误差等。其中,光环效应是指评价者根据自己对被评价者某方面的积极印象进行评价,而不是把他们的综合工作表现与客观的工作标准进行比较。为了最大限度地减少绩效考核错误,应该在每次开展绩效考核以前对评价者进行培训。在培训评价者的过程中,提高绩效考核的可靠性和有效性的关键是要求、鼓励评价者对具体的评价行为进行记录,给评价者提供实践的机会,组织培训的主管要为评价者提供反馈信息,并适时地给予鼓励。此外,还要进行反思训练,巩固理想的评价行为。在培训负责员工绩效考核的管理人员时,应当使他们在整个绩效考核流程中能够做到以下三个方面:第一,在绩效考核前经常与员工交换工作意见,参加企业组织的关于员工绩效考核的面谈技巧的培训,学会在与员工的面谈中采用"问题—处理"的方式,而不是"我说—你听"的方式。第二,在绩效考核中,管理人员要鼓励员工积极参与评价员工工作的过程,不评论员工个人的性格与习惯,注意倾听员工的意见,最后要能够使双方为今后的工作目标改进达成一致的意见。第三,在绩效考核后,管理人员要经常与员工交换工作意见,定期检查工作改进的进程,并根据员工的表现及时给予奖励。

四、工作绩效考核周期

工作绩效考核周期是指员工接受工作绩效考核的间隔时间。员工绩效考核周期的长短受到以下几个因素的影响:第一,奖金发放的周期。例如,在公共部门,每半年或者每年分配一次奖金,因此对员工的绩效考核也要间隔半年或一年,在奖金发放之前进行一次考核。第二,工作任务的完成周期。第三,员工工作的性质。对于基层的员工，他们的工作绩效可以在比较短的时间内得到一个比较准确的评价结果，因此评价周期可以相对短一些；而对于管理人员和专业技术人员，只有在比较长的时间内才能看到他们的工作成绩，因此对于他们的绩效考核周期就应该相对长一些。第四，如果每个管理人员负责考核的员工数量比较多，那么每次的绩效考核对这些管理人员来说，工作负担就比较重，甚至可能影响到绩效考核的质量。因此，企业也可以采取离散的形式进行员工绩效考核，即当每名员工在本部门工作满一个考核周期（如半年或一年）时对这名员工实施绩效考核。这样可以把员工绩效考核工作的负担分散到平时的工作中。

很多情况下，企业在员工进入组织满一年时会对他们的工作绩效进行一次评价。但是一年一次或两次的绩效考核可能太少，因为评价者很难记住员工在过往的工作表现，容易发生错觉归类（Faulty Categorization）。这种心理现象是指人们往往忘记他们观察过的事物的细节，而是根据脑海中已经存在的心理类别，重新建立他们认为是真实的细节。工作绩效考核要求经常化，每当一个项目取得重大成果时就应该进行一次考核。这可以及时地为人事决策提供准确的信息，也可以使员工及时了解自己的工作情况。当然，过于频繁的绩效考核也有问题，因为这要花费许多时间，产生额外负担。因此，在一个重要的项目或者任务结束之后，或者在关键性的结果出现的时候，应该进行绩效考核。除了定期进行的正式绩效考核，管理者可以对员工进行非正式的、不定期的绩效评价和反馈，例如每当员工成功完成一项任务或出现失误后，管理者可以及时提供评价和反馈，这有助于员工工作的改进。同时，管理者在考核周期末进行正式评价时，也可以参考这些平时的反馈，提升评价的准确性。

五、员工绩效考核系统容易出现的问题

在员工绩效考核系统的设计和实施过程中，容易出现以下问题：

第一，只要求员工的直接上司对员工进行评价，但是现代组织中员工除了与直接上司接触，还会接触本部门同事、其他部门同事，以及客户。因此，直接上司对员工的工作表现的了解是较为有限的。实际上有些管理者与直接下属的接触很少，而且通常是在正式会议等场合，对员工工作情况了解的信息有限。因此，在实际评价过程中，管理者经常会根据员工工作知识的多寡，而不是根据员工完成任务的情况作为评价的标准。另外，有时管理者不清楚对员工工作的要求，导致员工无法明确绩效评价的标准，或者是员工对管理者的要求感到不满。

第二，绩效考核结果要求强制分布，即每个团队或部门都要有优秀、良好、及格等，这将导致绩效考核的标准不稳定。一些部门人才济济，竞争激烈，员工获得一个高等级的评价很不容易；而另一些部门员工普遍水平一般，同样会有人得到很高的评价等级，这就很不公正。

第三，评价者个人的价值观和偏见影响考核结果和工作评价标准的执行情况，如有的评价者非常严格，而有的评价者则非常宽松，前者导致评价结果低于实际，而后者导致评价结果高于实际。或者有的管理者为了保持部门内部"一团和气"，结果使得工作出色的员工在考核中受到压制，而工作平庸的员工却得到偏袒。

第四，工作绩效考核的评价标准过于片面，无法衡量员工在这一工作岗位上的表现。如评价销售人员的绩效水平时只考虑了销售额这一个单一指标，而不考虑销售人员与客户关系的维护等方面，使得员工只注重销售额，而不进行客户关系维护，从而不利于组织的长远发展。因此考核内容应包括工作描述中列出的主要工作职责。

第五，管理者不重视工作绩效考核信息，很少向员工反馈绩效考核信息，也未能指导员工改进绩效，不利于员工工作绩效水平的提高。这在很大程度上浪费了企业开展员工绩效考核的资源。

第三节　员工绩效考核方法

不同的员工绩效考核法各有优点和缺点，应该根据实际情况进行选择。应该强调的是，绩效考核方法在整个绩效考核系统中只是一个基本条件，而有关各方在绩效考核过程中的相互信任、管理人员和员工的态度、评价的目的和频率、评价的信息来源以及评价人员的培训等各种因素对于绩效考核系统的效果都是非常关键的。根据上述讨论，本节重点介绍员工的工作行为评价法和工作成果评价法。员工的工作行为评价方法又包括两类：主观评价法，即将员工之间的工作情况进行相互比较；客观评价法，即将员工的工作与工作标准进行比较。

一、工作行为评价法之一：主观评价法

根据员工的工作行为对员工进行主观评价的一般做法是：在对员工进行相互比较的基础上对员工进行排序，提供一个员工工作相对优劣的评价结果。具体的方法包括简单排序法、交错排序法、成对比较法和强制分布法。

（一）简单排序法

在实行简单排序法的情况下，评价者将员工按照工作的总体情况从最好到最差进行排序。这种方法所需要的时间成本很少，简便易行，一般适用于员工数量比较少的情况。在员工的数量比较多的情况下，就需要选择其他的排序方法。

（二）交错排序法

交错排序法是简单排序法的一个变形。人们对简单排序法的一个批评是它过于粗

糙，很难得到一个比较合理的考核结果。根据心理学的观点，人们比较容易发现极端的情况，而不容易发现中间的情况。于是，人们利用该原理提出了交错排序法来克服简单排序法的缺点。在实行交错排序法的情况下，评价者在所有需要评价的员工中首先挑选最好的员工，然后选择最差的员工，将他们分别列为第一名和最后一名；然后在余下的员工中再选择最好的员工作为整个序列的第二名，选择最差的员工作为整个序列的倒数第二名；以此类推，直到将所有员工排列完毕，就可以得到对所有员工的一个完整的排序。直觉上，人们相信交错排序法优于简单排序法。

（三）成对比较法

成对比较法是评价者根据某一标准将每个员工与其他员工进行逐一比较，并将每一次比较中的优胜者选出……最后，根据每个员工"胜出"的次数由高到低进行排序。这一方法的比较标准往往较笼统，不是具体的工作行为或者工作成果，而是评价者对员工的整体印象。下面，我们结合一个例子说明成对比较法的应用方法。假设现在有张三、李四、王五、赵六、陈七共五个员工需要进行考核，如果使用成对比较法，我们首先可以按照表6-8所示的方法进行考核。首先将所有需要考核的员工的姓名分别按照行和列写好，将每个员工和部门内所有其他员工进行相互比较，将绩效水平比较高的员工的姓名或者代号写在二者交叉的空格内。然后我们就可以按照每位员工"胜出"的次数对他们进行排序，得到另一个排名表，如表6-9所示。

表6-8 成对比较法的评价过程

	张三	李四	王五	赵六	陈七
张三	—	李四	王五	赵六	陈七
李四		—	王五	李四	陈七
王五			—	王五	陈七
赵六				—	陈七
陈七					—

表6-9 成对比较法的评价结果

员工	胜出的次数	排名
陈七	4	1
王五	3	2
李四	2	3
赵六	1	4
张三	0	5

（四）强制分布法

强制分布实际上也是将员工进行相互比较的一种员工排序方法，只不过它是将员工按照组别进行排序，而不是针对员工个人进行排序。强制分布法的理论依据是数理统计中的正态分布概念，认为员工的绩效水平遵从正态分布，因此可以将所有员工分为杰出、高于一般、一般、低于一般和不合格五种情况，分布的典型形式如图 6-2 所示。在实践中，实行强制分布的企业通常会对设定的分布形式做一定程度的变通，使员工绩效水平的分布形式呈现某种偏态分布。强制分布法的优点是可以避免评价者过分宽容或过分严厉导致的偏误，也可避免所有员工不分优劣的平均主义。强制分布法的缺点是如果员工的绩效水平事实上不遵从所设定的分布形式，那么按照评价者的设想对员工进行强制区分容易引起员工不满。一般而言，当被评价的员工人数比较多，而且评价者又不止一人时，使用强制分布法可能比较有效。

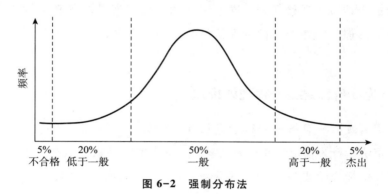

图 6-2 强制分布法

为了克服强制分布法的缺陷，同时将员工的个人激励与集体激励更好地结合起来，可以使用团体评价制度来改进强制分布法的效果。实施团体评价制度的基本步骤是：

第一，确定 A、B、C、D 和 E 各个评定等级的奖金分配点数，各个等级之间点数的差别应该具有充分的激励效果。

第二，由每个部门的每个员工根据绩效考核的标准，对自己以外的所有其他员工进行 0—100 分的评分。

第三，对称地去掉若干最高分和最低分，求出每个员工的平均分。

第四，将部门中所有员工的平均分加总，再除以部门的员工人数，计算出部门所有员工的绩效考核平均分。

第五，用每个员工的平均分除以部门的平均分，就可以得到评价的标准分。那些评价的标准分为 1 及其附近的员工应该得到 C 等级的评价，那些评价的标准分明显高于 1 的员工应该得到 B 等级甚至 A 等级的评价，那些评价的标准分明显低于 1 的员工应该得到 D 等级甚至 E 等级的评价。在某些企业中，为了强化管理人员的权威，可以将员工团体评价结果与管理人员评价结果的加权平均值作为员工最终的考核结果；但是需要注意的是，管理人员的权重不应过大。各个评价等级之间的数值界限可以由管理人员根据过去员工绩效考核结果的离散程度来确定。这种计算标准分的方法可以合理地确定被考核员工的绩效考核结果的分布形式。

第六，根据每个员工的评价等级所对应的奖金分配点数，计算部门的总奖金分配点数，然后结合可以分配的奖金总额，计算每个奖金点数对应的数额，并得出每个员工应该得到的奖金数额。其中，各个部门的奖金分配总额是根据各个部门的主要管理人员相互评价的结果来确定的。

为了鼓励每个员工客观、准确地评价自己的同事，那些对同事的评价排列次序与最终结果的排列次序最接近的若干员工应该得到肯定或奖励。另外，员工的评价结果在评价的当期应当严格保密，同时奖金的发放应当采取秘密给付的方式，以照顾员工的情绪。但是，各个部门的评价结果应该是公开的，以促进部门之间的良性竞争。

二、工作行为评价法之二：客观评价法

根据客观绩效标准对员工的行为进行评价的方法包括关键事件法、行为对照表法、等级鉴定法、行为锚定法和行为观察法。其中的大多数方法在实质上都是对员工的行为按照评价标准给出一个量化的分数或程度判断，再加总员工在各个方面的得分，得到员工绩效的一个综合评价结果。

（一）关键事件法

关键事件法是客观评价系统中最简单的一种形式。在应用这种评价方法时，评价者把员工在完成工作任务时所表现出来的特别有效的行为和特别无效的行为记录下来，形成一份书面报告。评价者在对员工的优点、缺点和潜在能力进行评价的基础上提出改进工作绩效的意见。如果评价者能够长期观察员工的工作行为，对员工的工作情况十分了解，同时也很公正和坦率，那么这种评价方法是很有效的。这一方法有助于为培训工作提供基础，也可以为绩效面谈提供信息。但是，由于书面报告是针对不同员工的不同工作侧面进行描述，无法在员工之间、团队之间和部门之间进行工作情况的比较，而且员工没有参与其中的机会，因此不适用于人事决策。关键事件法可以与绝大多数绩效考核方法结合使用。

（二）行为对照表法

行为对照表是最常用的绩效考核技术之一。在运用这种评价方法时，人力资源部

门给评价者提供一份描述员工工作规范的工作行为表格,评价者将员工的工作行为与表中的描述进行对照,找出准确地描述员工工作行为的陈述。这一方法得到的评价结果比较真实可靠。在某些情况下,行为对照表对于每一个反映员工工作行为的陈述都给出一系列相关的程度判断,每一判断被赋予不同的分数。评价者根据员工的工作行为表现进行选择后,将员工在各项上的得分加总就得到该员工的总分。

行为对照表法的一个改进是强制选择系统,即设计一个行为对照表,其中的评价项目分组排列,但是每个评价项目并不列出对应的分数。评价者从行为对照表中挑选出他认为最能够描述和最不能够描述员工工作行为的陈述,然后汇总到人力资源部门,由人力资源部门根据不公开的评分标准计算每个员工的总分。这种方法可以减少评价者对员工的宽容成分,建立更加客观的评价系统;但是设计和制作强制选择系统需要花费大量的时间和费用,而且由于评价者自己也不知道他所选择的项目代表什么样的工作水平,因此强制选择系统对于绩效面谈作用很小。

(三) 等级鉴定法

等级鉴定法是一种历史最悠久、应用最广泛的员工绩效考核方法。在运用这种评价方法时,评价者首先确定绩效考核的标准,然后针对每个评价项目列出几种行为程度供评价者选择,如表6-10所示。具体而言,等级鉴定法的有效性取决于以下三个方面的要素:一是各项选择含义的明确程度;二是上层管理人员在分析评价结果时分辨理想答案的清晰程度;三是对评价者来说各个评价项目含义的清晰程度。这种方法所要花费的成本比较低,容易使用。假定优秀等于5分,良好等于4分,中等等于3分,及格等于2分,不及格等于1分,于是在对各个评价标准设定了权重之后,员工绩效的评价结果可以体现为分数的加总,从而可以进行员工之间的横向比较。等级鉴定法在评价内容的深度方面不如关键事件法,其主要优点是适应性较强、相对较容易操作和成本较低。

表6-10 等级鉴定法示例

员工姓名:		工作部门:		考核者:			日期:	
评价标准	权重(%)	优秀(5分)	良好(4分)	中等(3分)	及格(2分)	不及格(1分)		分数
工作质量	25							
评语								
工作知识	15							
评语								
合作精神	20							

(续表)

员工姓名：		工作部门：		考核者：		日期：	
评语							
可靠性	15						
评语							
创造性	15						
评语							
工作纪律	10						
评语							
总分：							

（四）行为锚定法

行为锚定法是由等级鉴定法演变而来的。行为锚定法的最大优点是明确定义每一个评价项目，同时使用关键事件法对不同水平的工作要求进行描述。因此，行为锚定法为评价者提供了明确而客观的评价标准。其主要缺点是设计和实施成本比较高，经常需要聘请人力资源管理专家帮助设计，而且在实施之前要进行多次测试和修改，需要花费许多时间和金钱。

行为锚定法的步骤是：第一步，管理者确定工作所包含的活动类别或者绩效指标；第二步，管理者为各种绩效指标撰写一组关键事件；第三步，由一组处于中间立场的管理者为每一个评价指标选择关键事件，并确定每一个绩效等级与关键事件的对应关系；第四步，将每个评价指标中包含的关键事件从好到坏进行排列，建立行为锚定法考核系统。表6-11是为一个学生宿舍管理老师建立的行为锚定法中"关心学生"指标的评价标准示例。

表6-11 行为锚定法示例

评价指标：关心学生				
指标定义：关心住宿学生，发现他们的需要并真诚地对他们的需要做出反应				
评价等级：				
最好（1分）	较好（2分）	好（3分）	较差（4分）	最差（5分）
当学生面露难色时上前询问对方是否需要帮助	为住宿学生提供一些关于所修课程学习方法上的建议	遇到住宿学生时上前打招呼	友好地对待住宿学生，与他们讨论遇到的困难，但是不跟踪解决困难	批评住宿学生不能解决自己遇到的困难

资料来源：Milkovich 和 Boudreau（1994）。

（五）行为观察法

行为观察法与行为锚定法有一些相似，但它在工作绩效考核的角度方面相比后者能提供更加明确的标准。在使用这种评价方法时，需要首先确定衡量绩效水平的角度，如工作的质量、人际沟通技能、工作的可靠性等。每个角度都细分为若干具体的标准，并设计一张评价表。评价者将员工的工作行为与评价标准进行比照，每个衡量角度的所有具体项目的得分构成员工在这一方面的得分，将员工在所有评价方面的得分加总，就可以得到员工的总分。表6-12是根据行为观察评价方法为项目工程师工作可靠性设计的评价项目及分数标准。按照这种评价方法，如果一位项目工程师在5个评价项目上都被评为"几乎总是"，那么他就可以得到25分，从而在工作可靠性上得到"很好"的评价。行为观察法的主要优点是设计和实施时所需要花费的时间与金钱都比较少；而主要缺点是不同的评价者对"几乎没有"和"几乎总是"的理解上有差异，结果导致绩效考核的结果不够稳定。

表 6-12　行为观察法示例

工作可靠性（项目工程师）						
1. 有效地管理工作时间						
几乎没有	1	2	3	4	5	几乎总是
2. 在截止日期之前完成任务						
几乎没有	1	2	3	4	5	几乎总是
3. 必要时帮助其他员工工作						
几乎没有	1	2	3	4	5	几乎总是
4. 必要时愿意推迟下班和周末加班工作						
几乎没有	1	2	3	4	5	几乎总是
5. 预测并试图解决可能阻碍项目按期完成的问题						
几乎没有	1	2	3	4	5	几乎总是
13分及以下	14—16分		17—19分	20—22分		23—25分
很差	差		一般	好		很好

三、工作成果评价法

工作成果评价法依据的是著名的目标管理过程，因此也被称为目标管理评价法。实施这种方法的过程非常类似于管理者与员工签订一份合同，双方规定在某一个具体的时间点达到某一个特定的目标。员工的绩效水平就根据届时这一目标的实现程度来评定。

实施工作成果评价法的关键是目标制定,即分别为组织、组织内的各个部门、各个部门的管理者以及每一位员工制定具体的工作目标。目标管理评价法不是用来衡量员工的工作行为,而是用来衡量每位员工为组织的成功所做贡献的大小。因此,目标制定要符合 SMART 原则:具体的(Specific),即规定一个具体的目标;可衡量的(Measurable),即目标可以用数量、质量和影响等标准来衡量;可实现的(Achievable),即设定的目标应该是可以实现的,当然也应该具有一定的难度,不能太难让员工觉得无法实现进而丧失动力,也不能过于简单缺乏挑战性;相关的(Relevant),即设定的目标应该是与工作单位的需要和员工前程的发展相关的;有时限的(Time-bound),即目标中包含一个合理的时间约束,预计届时可以出现相应的结果。

在目标管理过程中,应该经常检查进度,直至目标实现。在达到阶段性目标后,已经完成既定任务的员工汇集在一起对工作成果进行评价,同时为下一阶段的工作制定目标。目标管理是一整套计划和控制系统,同时也是一套完整的管理哲学系统。理论上,只有每位员工成功,才可能有管理者的成功、各个部门的成功和整个组织的成功,因此目标管理评价法鼓励每一位员工的成功。但是目标管理的前提是个人、部门和组织的目标要协调一致。经验研究表明,这一方法不但有助于提高工作效率,而且能够使公司的管理者团队根据迅速变化的竞争环境及时引导员工。

目标管理评价法也有一些缺点。第一,这种评价方法没有为管理人员提供员工之间进行相互比较的依据。第二,目标设定本身是一个非常困难的问题。如果员工在本期完成了设定的目标,管理者在下一期就会倾向于提高目标水平。如果员工在本期没有完成目标,管理者在下一期就会倾向于将目标设定为原来的目标水平,从而产生"棘轮效应"[①]。第三,市场环境在目标设定后发生意外的变动,将影响员工目标的完成情况。如果出现的是有利变化,受益者是员工;如果出现的是不利变化,受益者是企业。

此外,还有一种与目标管理评价法类似的绩效考核方法——工作计划与检查法。这种评价方法特别强调管理者及其下属对工作计划的实施情况进行检查,以确定计划的完成程度、找出存在的问题、明确训练的需要。在使用工作计划与检查法时,了解工作目标是否已经达到主要依靠管理者的个人判断,而在目标管理中则依靠更为客观的、可度量的证据。在实际操作中,这两种方法很难严格区分。从理论上说,目标管理评价法更强调结果,而工作计划与检查法更强调过程。

---

① 棘轮效应主要用于消费领域,通常是指消费者易于随着收入的提高而增加消费,但不易于随着收入降低而减少消费,简单来说就是由俭入奢易、由奢入俭难。相应地,目标制定过程中,这种标准随业绩上升的趋势被称为棘轮效应,优异的表现反而受到惩罚,因此聪明的员工会通过隐瞒自己的实力或工作成果来应对这一问题。

四、影响绩效考核方法选择的因素

一般而言,在其他方面相同的情况下,企业应该选择那些比较容易实施的绩效考核方法。这样不仅可以减少考核的误差,还可以减少培训考核者的时间和降低管理考核方法的难度。前面我们之所以讨论了许多种员工绩效考核方法,是因为在实践中不存在一种绝对好的评价方法。各种方法都有各自的适应性,关键是企业应该选择适合自己特点的评价方法。我们知道,员工的工作可以从不同的角度划分出许多特征。从工作环境稳定性来看,可以有非常稳定的工作环境,也可以有变动性很强的工作环境。从工作内容程序性来看,可以有程序性很高的事务性工作内容,也可以非常不确定的工作内容。从员工工作独立性来看,可以有非常低的独立性要求,也可以有非常高的独立性要求。实际上,每个员工的工作都是这三种因素的某种组合;相应地,对员工工作绩效的评价就要有不同的方法。

如图6-3所示,横轴代表工作内容程序性,纵轴代表员工工作独立性,第三轴代表工作环境稳定性。这个"箱子"中的每个点都对应上述三种因素的某一组合。例如,"箱子"左下角(A点)反映的是工作环境稳定、工作内容程序性高和员工工作独立性低的情况。在这种情况下,工作绩效标准的客观性很强,应该选择将员工的行为与工作标准进行对照的评价方法,如等级鉴定法等。"箱子"右上角(B点)反映的是工作环境不稳定、工作内容程序性低和员工工作独立性高的情况。在这种情况下,工作绩效标准的客观性很弱,应该选择非结构化的评价方法,如关键事件法等。"箱子"正中心反映的是工作环境稳定程度居中、工作内容程序性居中和员工工作独立性也居中的情况。在这种情况下,工作绩效的客观性也居中,对员工工作结果的考察比对员工工作过程的考察更重要,可以选择目标管理评价法。

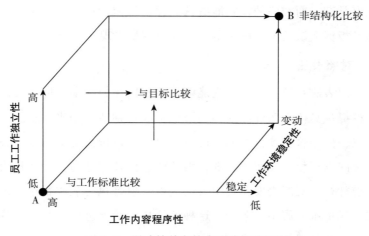

图 6-3　影响绩效考核方法选择的因素

五、绩效考核方法的比较

除上述的影响因素外,员工绩效考核方法的选择实际上还与各种评价技术本身作用的特点有关。有的评价技术可能非常适用于员工奖金的分配,但是可能不适用于为员工提供反馈和指导;有的评价技术可能非常适用于降低评价系统的成本,但是也可能产生评价误差。下面我们对各种主要的绩效考核方法进行比较。

(一) 主观评价法

对于排序和强制分布等主观评价法:第一,由于评价的基础是整体的印象,而不是具体的比较因素,因此很难发现问题存在的领域,不适合用来对员工提供建议、反馈和辅导;第二,使用这类评价技术时即使可以在员工之间给出一个用来相互比较的量化分数,但是在员工提出异议的情况下,评价者很难为自己的结论给出有力的证据,因此在为奖金和机会的分配提供依据方面的作用有限;第三,设计和应用主观评价法的成本很低,这是这种评价技术突出的优点;第四,这类评价技术在大多数情况下可以保持评价尺度的一致性,但是很容易出现光环效应和武断评价等误差。

(二) 关键事件法

对于采用工作报告进行评价的关键事件法:第一,它是否有助于向员工提供建议、反馈和辅导在很大程度上取决于评价者在撰写工作报告时所选择的主题,对此没有一个明确的结论;第二,由于这种评价技术没有对员工给出一个综合的分数,因此无法在员工之间进行横向的比较,也就不适合为员工的奖金和机会分配提供依据;第三,与行为对照表法和等级鉴定法刚好相反,关键事件法的设计成本很低,但是应用成本很高,这是这种评价技术的突出特点;第四,在采用这种评价技术时,如果评价者对员工的观察是充分而准确的,就能够减少评价误差。但是,由于工作报告是非结构化的,在衡量指标上缺乏统一的规范,因此很容易出现评价误差。

(三) 行为对照表法

对于行为对照表法:第一,由于它能够发现一般性的问题,但是无法对今后员工工作绩效的改进提供具体而明确的指导,因此不是特别适合用来向员工提供建议、反馈和辅导;第二,由于这种评价技术可以通过对各项评价指标的重要性设置权重,从而得到在员工之间进行相互比较的分数,因此能够比较好地为奖金和机会的分配提供依据;第三,设计行为对照表要花费很大的成本,但是执行成本很小,因此同其他的评价技术相比,成本水平居中;第四,这种评价技术的评价标准与员工的工作内容的相关性很高,因此评价误差比较小。

（四）等级鉴定法

对于等级鉴定评价法：第一，它能够发现问题出现的领域，以及需要改进的员工行为或工作结果方面的部分信息，因此在一定程度上适合用来向员工提供建议、反馈和辅导；第二，这种评价技术虽然可以得出在员工之间进行相互比较的量化分数，但是在员工提出异议的情况下，评价者很难为自己的结论给出有力的证据，因此在为奖金和机会的分配提供依据方面的作用是有限的；第三，设计和应用等级鉴定法的成本都很低，这是这种评价技术的突出优点；第四，虽然这种评价技术的评价指标在形式上非常明确，但是指标定义方面的欠缺和执行中的不同理解都可能造成评价误差。

（五）行为锚定法

对于行为锚定法：第一，它能够明确指出导致问题出现的行为欠缺，适合用来向员工提供建议、反馈和辅导；第二，这种评价技术可以得出在员工之间进行相互比较的量化分数，而且在员工提出异议的情况下，评价者能够明确给出支持结论的证据，因此适合用来为奖金和机会的分配提供依据；第三，设计行为锚定法的成本很高，但是应用这种评价技术的成本很低，这一点与行为对照表法相似；第四，这种评价技术依据的是员工的行为，能够有效地避免评价误差。

（六）目标管理评价法

对于目标管理评价法：第一，它能够发现具体的问题和差距，便于制订下一步的工作计划，因此非常适合用来向员工提供建议、反馈和辅导；第二，这种评价技术没有在员工之间和工作部门之间建立统一的目标，不便于对员工和各个工作部门的工作绩效进行横向的比较，也不适用于为奖金和机会的分配提供依据，更不适用于为日后的晋升决策提供支持；第三，设计目标管理评价系统要花费很多资金和时间，因此成本很高；第四，这种评价技术的评价标准直接反映员工的工作内容，结果也易于观测，因此很少出现评价误差。

我们可以将上述分析结果总结为表 6-13。

表 6-13　绩效考核方法的比较

方法	提供建议、反馈和指导	分配奖金和机会	最小化成本	避免评价误差
主观评价法	不好	不好或一般	好	一般
关键事件法	不确定	不好	一般	不确定
行为对照表法	一般	好	一般	好
等级鉴定法	一般	一般	好	一般

(续表)

方法	提供建议、反馈和指导	分配奖金和机会	最小化成本	避免评价误差
行为锚定法	好	好	一般	好
目标管理评价法	非常好	不好	不好	好

通过上述的比较分析，我们可以得到一些选择员工绩效考核方法的启示。一般而言，如果可以获得客观的工作情况资料，那么目标管理评价法就是最佳选择。但是，如果企业进行绩效考核是为了进行重大的人事决策（如晋升和加薪等），那么评价者就必须对员工进行相互比较，这时关键事件法和工作计划与检查方法就不适用了。不过在有关涨薪和晋升决策方面，几乎没有任何一种评价方法是百分之百有效的。如果在绩效考核过程中有关各方缺乏相互信任，而且评价又涉及重大人事决策，就应该使用强制排序的方法，因为这种方法更能够避免评价中的蓄意夸张。如果使用行为锚定法，就应该做工作记录，这能够使评价更准确，同时也有助于管理者分辨效率高和效率低的员工。一般而言，侧重描述工作行为而不是评论工作行为的评价方法所产生的评价结果最容易被理解。那些最有效的评价方法往往也是最难使用和维持的方法。但是从根本上说，所有的评价方法都在衡量同样的事物，而且统计结果也表明不同评价结果之间的相关性很高。

六、绩效考核方法的新发展

（一）关键绩效指标法

关键绩效指标（Key Performance Indicator，KPI）是指衡量组织战略实施效果的关键指标，其目的是建立一种能将组织战略转化为内部过程和活动，以保持持续高效益和不断增强组织核心竞争力的机制。KPI使绩效考核系统在发挥激励约束作用的同时，成为组织战略实施的工具。企业通过建立KPI，可以不断地落实企业不同层面的目标和业务重点，传递企业的价值导向，有效激励员工为企业战略目标而共同努力。

1. KPI的特征

KPI是企业战略目标经层层分解而产生的可操作的战术目标，是对企业运作过程中的关键成功要素的提炼和归纳。KPI一般用来反映战略执行的效果，是战略决策执行效果的监测表。建立明确的、切实可行的KPI体系是做好绩效管理的关键，也是公司价值创造的驱动因素。我们可以从以下三个方面对KPI进行深入了解。首先，KPI必须具备可量化或可行为化的基本特征。在KPI体系中，被评价者的绩效必须是可量化或可行为化的。如果两个条件都不能满足，则不能作为KPI。其次，只有对企业经营战略目标有增值作用的绩效指标才是 KPI。只有基于 KPI 进行的绩效管理才可以保证真正对企业有贡献的员工的工作行为受到奖励和鼓励。最后，KPI 也是企业管理者和员工沟通的要点，管理者和员工如果在 KPI 上达成共识，就可以在工作期望和未来表现等方面进行有效的沟通。

2. 建立 KPI 的步骤与方法

绩效考核系统通常分为企业总绩效、部门绩效和个人绩效三个体系，因此 KPI 按照考核主体的不同可分为企业级 KPI、部门级 KPI、个人级 KPI（或具体岗位 KPI）。企业级 KPI 是由企业的战略目标演化而来的；部门级 KPI 根据企业级 KPI 和部门职责确定；个人级 KPI 是落实到具体岗位（或子部门）的绩效衡量指标。这三个层面之间的关系是环环相扣的。

建立 KPI 的要点在于流程性、计划性和系统性。具体步骤如下：

（1）明确企业的战略目标，并在企业会议上利用头脑风暴法和鱼骨分析法找出企业的业务重点，即企业价值评估的重点；再用头脑风暴法找出关键业务领域的关键绩效指标，即企业级 KPI。

（2）各部门主管要依据企业级 KPI 建立部门级 KPI，并对相应部门的 KPI 进行分解，确定相关的要素目标，分析绩效驱动因素（技术、组织、人），确定实现目标的工作流程，分解各部门级 KPI，以便确定评价指标体系。

（3）各部门管理者和员工进一步细分部门级 KPI，得到个人级 KPI 和绩效衡量指标。这些绩效衡量指标就是员工考核的要素和依据。这种建立 KPI 体系过程的目的在于统一全体员工的认识，使他们朝着企业战略目标努力。

（4）KPI 体系确立之后，还要设定评价标准。一般来说，指标指的是从哪些方面衡量或评价工作，解决"评价什么"的问题；而标准指的是在各个指标上分别应该达到什么样的水平，解决"被评价者怎样做，做多少"的问题。

（5）审核 KPI。这一阶段需要关注以下问题：多个评价者对同一个绩效指标进行评价，结果能否取得一致？这些指标的总和是否可以解释被评价者 80% 以上的工作目标？跟踪和监控 KPI 是否可以操作？等等。审核主要是为了确保 KPI 能够全面、客观地反映被评价者的绩效。

企业建立 KPI 的方法包括关键成功要素分析法、标杆基准法、目标分解法等。

（1）关键成功要素分析法的实质就是寻找企业成功的关键因素，并对这些因素进行重点监控。它的主要思路是对比企业过去、现在和未来的经营状况，分析企业过去成功或未来取得行业领先地位的关键因素，提炼、归纳出导致成功的关键绩效模块（KPI 维度）；再把 KPI 维度层层分解为关键成功要素；最后细分为各项 KPI。

（2）标杆基准法是企业将自身的关键绩效行为与竞争力强的企业或在同行业中居领先地位、最有声望的企业的关键绩效行为进行比较和评价，并分析这些企业的绩效的形成原因，以此为基础建立本企业可持续发展的关键绩效标准及改进绩效最优策略的程序与方法。

（3）目标分解法一般采用平衡计分卡的基本思想，即建立财务与非财务指标的综合指标体系，对企业的绩效水平进行监控。主要步骤是首先确定企业战略经营目标，然后进行业务价值树分析。业务价值树实际上是一种因果关系链分析工具，是指在指标之间寻找对应的逻辑关系，在业务价值树中分别列出所在组织的战略目标、对应的KPI、驱动这些指标的关键流程，以及可能与该指标相关联的部门。

（二）平衡计分卡与战略地图

1. 平衡计分卡

平衡计分卡是一个将公司使命和发展战略落实到可行的目标、可衡量的指标和目标值上的战略实施工具。它以公司经营战略为基础，有效地跟踪财务指标，同时关注关键能力成长，以期合理有效地开发对未来发展有利的无形资产。它既是一个战略规划工具，又是一个绩效管理系统，能够帮助企业贯彻落实企业愿景与战略。它通过财务、客户、内部流程、学习成长四个维度来衡量企业绩效（见图6-4），这四个维度不但能够对企业当前绩效进行有效监控，而且能够捕捉企业未来表现的信息，克服了传统绩效考核的单一财务指标的局限性。

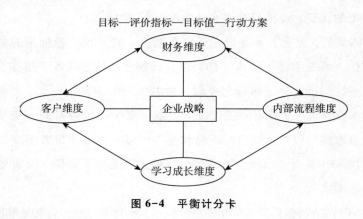

图6-4 平衡计分卡

资料来源：Kaplan 和 Norton（1992）。

（1）财务维度：我们怎样满足股东？财务维度的目标是所有目标考核的焦点。财务类指标的选择取决于企业经营战略目标中对财务绩效的要求，常用的指标有营业收入增长率、权益报酬率、现金流量和经济增加值等。

（2）客户维度：我们需要向客户展示什么？客户如何看待我们？客户维度的目标包括市场份额、客户保留率、客户满意度、新客户开发率及服务应达到的目标。客户类指标由客户维度的目标转换而来，具体可分为两类：结果指标和过程指标。结果指标是指对战略目标的实现具有重要意义的指标体系，如客户满意度、市场份额等；过程指标则是指对结果指标起推动作用的指标，如新客户的开发率和老客户的维系率等。

（3）内部流程维度：我们擅长什么？这一维度指向企业的内部运营，反馈给管理者的信息是企业业务运转得如何，企业产品（服务）是否与市场需求相一致等。内部流程维度的目标必须由非常熟悉企业流程的人员来设定。内部流程类指标涉及三个过程：革新过程、营运过程和售后服务过程。革新过程指开发新产品或服务的过程，用以评价发现和满足客户需求的能力；营运过程是指从产品设计到送交客户为止的过程；售后服务过程指履行未尽义务和资金及时回收的过程。典型的指标包括新产品（业务）推出能力、设计能力、员工生产率等。

（4）学习成长维度：我们能否继续提高并创造价值？这一维度衡量的是员工培训，以及企业对待自身发展与员工成长的态度。Kaplan 和 Norton（1992）强调"学习"不仅仅是"培训"那么简单。"学习"要求组织内部有人员担任辅导员、顾问这样的角色，员工之间要有顺畅的沟通渠道，当员工在工作中遇到问题时能及时得到帮助。学习成长维度的目标包括新产品（业务）开发周期、流程改进效率等。常用的指标包括员工培训次数、员工流动率、员工生产率和员工满意度等。

2. 战略地图

Kaplan 和 Norton（2001）进一步提出将平衡计分卡作为企业战略管理系统。这个飞跃性的转型就是通过战略地图（Strategy Map）来实现的。战略地图将组织的各项战略目标进行因果相连，从而反映企业的价值创造过程。战略地图采纳了平衡计分卡的四个维度，即财务、客户、内部流程及学习成长。其核心内容为：企业只有运用人力资本、信息资本和组织资本等无形资产（学习成长），才能获得战略优势并提升效率（内部流程），进而使公司把特定价值带给市场（客户），从而实现股东价值（财务）。

总部设在印度孟买的塔塔汽车（Tata Motors）公司由乘用车和商用车两个事业部组成，其中商用车 2003—2004 年战略地图如图 6-5 所示。

一般来说，可以采用六个步骤绘制企业战略地图：

第一步，确定股东价值差距（财务维度）。比如说股东期望 5 年之后销售额能够达到 5 亿元，但是现在只有 1 亿元，距离股东的价值预期还差 4 亿元，这个预期差额

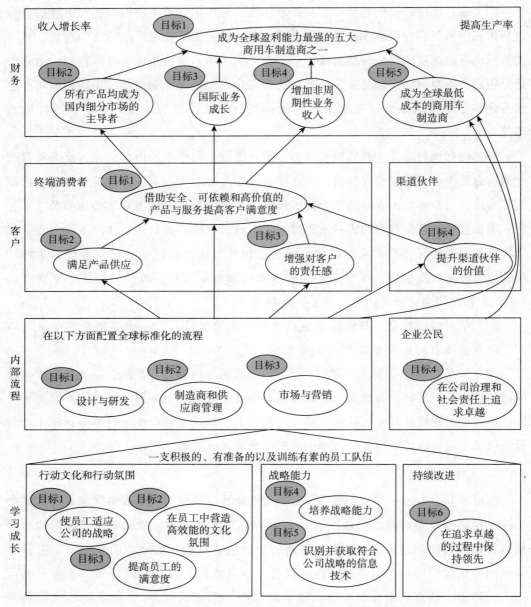

图 6-5 塔塔汽车公司商用车 2003—2004 年战略地图

资料来源：克里尔曼和马可贾尼（2019）。

就是企业的总体目标。

第二步，调整客户价值主张（客户维度）。为了弥补股东价值差距，实现 4 亿元销售额的增长，就必须对现有客户进行分析，调整客户价值主张。客户价值主张主要有四种：第一种价值主张是总成本最低，第二种价值主张强调产品创新和领先，第三种价值主张强调提供全面解决方案，第四种是系统锁定。

第三步，确定价值提升时间表。针对 5 年实现 4 亿元股东价值增值的目标，要确定价值提升时间表，第一年提升多少，第二年至第五年提升多少。

第四步，确定战略主题（内部流程维度）。找出关键的流程，确定企业短期、中期、长期做什么事。这其中有四个关键内部流程：运营管理流程、客户管理流程、创新流程、社会流程。

第五步，提升战略准备度（学习成长维度）。分析企业现有无形资产的战略准备度，以及是否具备支撑关键流程的能力。如果不具备，找出解决办法。企业无形资产分为人力资本、信息资本和组织资本三类。

第六步，形成行动方案。根据前面确定的战略地图以及对应的不同目标、指标和目标值，制订一系列的行动方案，配备资源，形成预算。

战略地图将股东价值创造、客户管理、流程管理、质量管理、核心能力、创新、人力资源、信息技术、组织设计和组织学习等诸多战略内容及其相互关系在一张图上反映出来，能够高效地向企业管理者及普通员工描述企业战略和行动方案。

（三）目标和关键结果法

英特尔公司创始人安迪·格罗夫（Andy Grove）为了明确和跟踪目标及其完成情况，提出了目标和关键结果（Objectives and Key Results，OKR）这一管理工具和方法。OKR 是一套协助组织进行目标管理的工具和方法，旨在促进员工紧密协作，确保组织上下目标一致，把精力聚焦在最重要的事情上。OKR 中的 "O" 即目标（Objectives），是组织希望在近期实现的、有激励性的目标，也通常是其长期使命与愿景的体现。"KR" 即关键结果（Key Results），由上述的 O（目标）分解而来，通过可量化、可测量的 KR 来实现组织的目标，而制定与拆解目标的过程能促进员工对业务进行深入思考，帮助员工更好地理解组织的愿景，也是员工提高自身工作水平和审视个人价值的有效工具。1999 年，OKR 在谷歌（Google）公司发扬光大，取得了较好的效果。2014 年后，这一方法传入中国，许多国内互联网企业开始应用 OKR 进行目标管理和绩效考核工作，飞书（现为抖音集团旗下一站式企业协作平台）是国内使用 OKR 最成熟的企业之一，它还专门研发了相应的管理系统，如图 6-6 所示。

不同于 KPI 的绩效指标自上而下层层分解，OKR 的实施需要管理者与员工共同参与制定。OKR 的顺利实施包括四个环节：目标制定、目标对齐、目标跟进和复盘总结。

尽管 OKR 不是作为一个绩效考核工具而出现的，但是这并不等于它没有反馈员工绩效的功能。实际上，每个员工需要在期末进行严格复盘，审视自己在当期工作中对目标的执行，以及对关键结果的落地和实际完成情况。除了自评，OKR 系统还允许

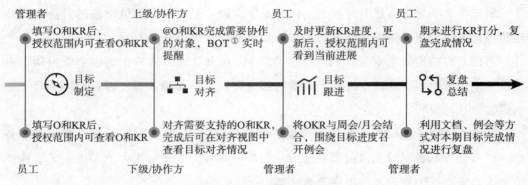

图 6-6　飞书 OKR 管理流程

资料来源：飞书 OKR 官网。

员工邀请同事、上级，以及其他工作中有接触的人员进行评价，当然，邀请名单需要得到上级的认同。OKR 的核心目的并不在于硬性的考核，而是要让员工拧成一股绳，通过为每个员工制定目标，使员工朝着共同的组织目标前进。与采用 KPI 的企业相比，OKR 的主要目标是明确公司和团队的"目标"以及明确每个目标要达成的且可量化的"关键结果"。单从形式上看，OKR 并不十分复杂，它的主要功能是帮助员工把个人的工作目标和组织的愿景"对齐"，借助 OKR，每一个员工都能够清晰地看到自己的工作和整个公司战略之间的关系。同时由于 OKR 通常在组织内部是完全公开的，员工可以看到其他成员的 OKR，这也让员工之间能够加强相互了解，意识到不同员工 OKR 相互之间的关系，进而能够更好地协作。

第四节　绩效反馈与改进计划

传统绩效考核的目的是通过对员工绩效的考核，确定员工薪酬、奖惩、晋升或降职。在现代人力资源管理中，绩效考核的目的不限于此，员工能力的不断提高以及绩效的持续改进和发展才是根本目的。基于员工层面的绩效反馈与改进计划是绩效管理过程一个非常重要的环节。

一、绩效反馈

绩效反馈主要通过考核者与被考核者之间的沟通，就被考核者在考核周期内的绩效情况进行面谈，在肯定成绩的同时找出工作中的不足。绩效反馈的目的是让员工了

---

① 即机器人（Robot）的简称，指的是根据算法设置自动执行系统命令。

解自己在本绩效周期内的绩效是否达到所定的目标、行为态度是否合格，让管理者和员工对考核结果达成一致的看法；双方共同探讨绩效未合格的原因并制订绩效改进计划；同时，管理者向员工传达组织的期望，双方对下一个绩效周期的目标进行探讨，最终形成一个绩效合约。

绩效反馈面谈的方式在很大程度上取决于面谈的目的和面谈的对象。在绩效管理实践中，绩效反馈面谈有多种方式，如下所示：

（1）"谈与劝"面谈。在绩效反馈面谈时，管理者向员工告知考核的主要过程和结果，以及正确有效的行为与错误无效的行为，并向员工提出一些新的、更高的工作目标。这种面谈可能会要求员工采取一种新的工作方式，而且要求管理者能够熟练地使用激励员工的方法与手段。"谈与劝"面谈的方式比较适用于绩效目标的实现程度不佳、不适合目前工作的员工。

（2）"谈与听"面谈。这种方式是先"告知"后"倾听"的形式，在面谈时，管理者告知员工绩效考核的结果，然后听取员工的不同意见并缓解员工的抵触情绪，而不应反驳员工的陈述。这种面谈要求人力资源管理者具有与员工沟通工作优缺点的能力与良好的专业素养。相对于"谈与劝"面谈，"谈与听"面谈更能体现人性化管理的特点，在一定程度上是一种双向沟通。"谈与听"面谈比较适用于上进型的员工——工作成熟度和积极性都很高、工作表现突出的员工。

（3）"问题解决"面谈。在使用这种方式时，管理者应该具备倾听和回应员工感受的素质。这种方式并不仅仅强调关注员工的感受，还通过谈论自上次反馈面谈后员工遇到的问题、需求、创新、满意与不满意之处，从而促进员工的成长和发展。"问题解决"面谈应当在反馈的基础上，帮助员工提出改进工作绩效的计划与目标。"问题解决"面谈适用于比较有潜力的员工。

（4）综合式绩效面谈。它由"谈与劝"面谈、"谈与听"面谈、"问题解决"面谈三种常见的绩效面谈方式经过合理的搭配综合而成。它要求人力资源部门管理者十分熟练地掌握以上三种技能。组织要达成多种绩效面谈目的的时候，这种方法最适用。所以，综合式绩效面谈也就是在一次面谈中，采取灵活变通的方式，从一种面谈方式过渡到另一种面谈方式，从而有效地节省时间和精力，提高绩效面谈效率。

不管采用哪种反馈面谈方式，作为管理者，在面谈中应尽量避免不当行为，确保反馈面谈可以实现其最大功效。表6-14列出了反馈面谈中对管理者建议采取和不建议采取的行为举例。例如，绩效反馈面谈的目的之一是允许员工提供考核过程中管理者可能不了解的信息，如由于生病导致的绩效表现不达预期，或工作中遇到了较大挑战等。因此，在反馈面谈时，应确保员工可以自由表达，而不能由管理者占用所有面谈时间。如果员工对考核结果有异议，这也是表达疑问的一个恰当时机。

表 6-14 绩效反馈面谈中对管理者建议采取和不建议采取的行为举例

建议采取的行为	不建议采取的行为
事前做好准备	不给员工讲话的机会
聚焦于考核结果和未来发展	对员工进行说教
明确考核结果的依据	将绩效评估和奖金或晋升决定混为一谈
确定改进计划	只关注负面信息
考虑员工绩效表现中管理者的作用和影响	对员工的失误过于严苛
表扬员工好的行为	认为双方需要在所有事项上达成一致
聚焦未来绩效的实现	将员工与其他人进行对比

二、绩效改进计划

绩效改进是指确认组织或员工工作绩效的不足和差距，查明产生的原因，制定并实施有针对性的改进计划和策略，以不断提高企业员工绩效的过程。绩效改进也称绩效指导，是绩效考核的后续应用阶段，是连接绩效考核和下一循环计划目标制定的关键环节，也是促进员工人力资本增值的一种管理方式。绩效改进工作的成功与否是绩效管理过程能否发挥效用的关键。

1. 绩效改进的步骤

绩效改进的形式多种多样，绩效改进过程大致上可以分为以下几个步骤：①分析员工的绩效考核结果，找出员工绩效中存在的问题；②针对存在的问题，制订合理的绩效改进方案，并确保能够有效实施，如个性化的培训等；③在下一阶段的绩效辅导过程中，实施已制订的绩效改进方案，尽可能为员工的绩效改进提供知识、技能等方面的帮助。

2. 员工工作绩效改进的策略

人力资源部门在查明绩效方面存在的差距及其产生的真正原因，并确定需要改进的部门与员工之后，可以有针对性地采取相应的措施，以促进员工绩效的提升。绩效改进策略有如下几种：

（1）预防性策略与制止性策略。预防性策略是指在企业部门或工作人员明确告诉员工应该如何行动。由上级制定出详细的绩效考评标准，让员工知道什么是正确有效的行为，什么是错误无效的行为，并通过专业性、系统性的培养与训练，使员工掌握具体的步骤和操作方法，从而可以有效地防止和减少员工在工作中出现重复性错误。

制止性策略是指及时跟踪员工的行为，及时发现问题并予以纠正，并通过各个管理层的管理人员实施全面、全员、全过程的监督与指导，使员工克服自己的缺点，发挥自己的优点，不断地提高自己的工作绩效。

（2）正向激励策略与负向激励策略。正向激励策略是指通过制定一系列行为标准，以及与之配套的人事激励政策（如奖励、晋升等），鼓励员工更加积极主动工作。给予达到和实现目标的员工的正向激励，可以是物质的，也可以是精神性的、荣誉性的；可以采用货币的形式，也可以采用非货币的形式。负向激励策略主要是惩罚手段，以避免员工表现出绩效低下的工作行为。

（3）组织变革策略与人事调整策略。企业员工绩效低下如果是由于组织制度不合理、运行机制不健全等，企业应针对考核中反映的问题，及时调整组织结构、作业方式、人员配置等方面。

复习思考题

1. 绩效管理和绩效考核有哪些区别？
2. 有效的员工绩效考核系统应该具有哪些特征？
3. 影响企业员工绩效考核系统选择的因素有哪些？
4. 哪些人员可能成为员工绩效考核信息的提供者？如何选择绩效评价者？
5. 管理者和员工应如何看待绩效考核工作？
6. 关键绩效指标法、平衡计分卡、目标和关键成果法各自适用的场景有何区别？
7. 中国人之间的沟通具有语境复杂的特点，在这样的文化背景下，如何提升绩效反馈与面谈的效果？

组织薪酬体系的设计

学习目标

1. 掌握激励理论及其对薪酬设计的启示
2. 了解薪酬体系的内容
3. 掌握各种工作评价方法的原理与应用
4. 了解薪酬等级结构的要素与设计方法

"这种薪酬体系太不公平！"这是我们在企业中经常会听到的抱怨。薪酬体系的重要性不言而喻，员工对之也相当敏感。那么到底什么样的薪酬体系才是公平的？企业如何设计薪酬体系才能尽可能地实现公平呢？组织存在的目的是实现特定的组织目标，而在组织中工作的员工在为组织提供实现目标所需要的劳动时，作为回报得到货币收入、非货币福利和奖励等，这些就构成了员工的薪酬。组织的薪酬体系在组织取得竞争优势和实现战略目标的过程中具有十分关键的作用。可以认为，薪酬体系的设计和实施是整个人力资源管理中最复杂的工作之一。

第一节 激励理论

激励是人力资源管理中一个重要的环节，它是最简单同时也是最复杂的工作。说它简单是因为人们实际上都是为了获得报酬而努力工作，只要找到人们期望得到的事物，就可以把它作为工作的报酬用来激励员工努力工作。说它复杂有以下三个方面的原因：第一，每个人期望得到的事物不同，组织很难找到具有普遍激励作用的报酬；第二，每个人期望得到的事物会随着年龄、生活和工作状况的变化而变化；第三，即使组织知道一项事物对某人激励作用很大，但这种激励作用也只有在这个人相信自己努力工作会获得这项报酬时才会起作用。

在职场中，薪酬是最主要的激励因素之一，各种激励理论构成了薪酬体系设计的理论基础。未来的人力资源管理政策不能建立在依赖员工改进工作绩效的责任感的基础上，而应该认真思考工作绩效和生产效率问题的成因，然后改进现行的人力资源管理政策中不能激励员工的部分。

一、需求理论

（一）马斯洛需求层次理论

一个有效的激励体系应该能够为员工提供满足他们需求的报酬。马斯洛需求层次理论（Maslow's Need Hierarchy Theory）（见图7-1）认为人们行为和活动的动机和需求多种多样，从低到高分别是：生理需求、安全需求、社交需求、自尊需求、自我实现需求。马斯洛认为人们只有在低层次的需求得到满足后，才会发展更高层次的需求。在对员工进行激励时，管理者需要了解不同的员工以及不同时期员工的差异化需求，有针对性地进行激励。

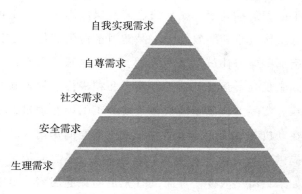

图 7-1 马斯洛需求层次理论

(二) 阿尔德弗尔 ERG 理论

1969 年，阿尔德弗尔提出了 ERG 理论（Alderfer's ERG Theory），该理论与马斯洛需求层次理论有一定的相关性。阿尔德弗尔赞同个体需求具有不同的层次，但与马斯洛的五种需求观不同，他认为，个体需求可以分为生存（Existence）需求、关系（Relatedness）需求和成长（Growth）需求三大类，简称为"ERG 理论"。除了层次减少，阿尔德弗尔还认为这三个不同的需求可以同时存在，对高层级需求的追求不需要低层级需求的满足。但是当人的较高层级需求不能获得满足或缺乏，就会产生更多对较低层级需求的追求，即所谓的"挫折—倒退"现象。如当一个人成长需求不断遭受挫折时，他就会转向追求关系需求和生存需求的更多满足。因此管理者在激励下属时，需要特别注意"挫折—倒退"现象的产生。

(三) 麦克利兰成就动机理论

麦克利兰成就动机理论（McClelland's Achievement Motivation Theory）认为，个体通过学习发展出不同的需求：①归属需求，即个体建立友好亲密的人际关系的需求；②权力需求，即支配和影响他人，获得名誉和影响力的需求；③成就需求，即追求成功，实现目标的需求。高成就需求者喜欢设立具有适度挑战性的目标，不喜欢凭运气获得的成功，不喜欢接受那些在他们看来特别容易或特别困难的工作任务。他们总是精心选择自己的目标，因此，他们很少自动地接受别人，包括上司，为其制定的目标。因此，在激励这类员工时，管理者需要注意与员工共同制定他的绩效目标，给予他们充分的自主权。

(四) 赫茨伯格双因素理论

赫茨伯格双因素理论（Hertzberg's Dual-factor Theory）又称激励—保健理论（Motivation-hygiene Theory），这一理论将组织中影响员工的各个因素分为两大类：保健因素和激励因素。保健因素是指那些若缺失可能会对员工产生消极影响的因素，例如良好的工作环境和公平的薪酬福利等。如果缺乏某些保健因素，员工可能会感到不满意和不公平，从而降低工作效率和绩效。但是保健因素得到满足不会让员工更有动力去工作。激励因素是指那些能够让员工感到满意、有成就感的因素，如具有挑战性的任务等。激励因素得到满足会增强员工的工作动力和积极性，但若缺少激励因素，也不会让员工感到不满意。实际上，激励因素会激发员工的内在动机，不少研究表明，相较于外在动机，内在动机对员工的工作绩效起到更重要的作用。管理者在激励员工增强工作动机时，仅提供薪酬福利等保健因素是不够的，还需要给员工布置具有挑战性的工作任务。但是如果只有挑战性任务而没有充足的保健因素，员工的工作动机将会减弱，损害工作绩效。

二、期望理论

除了让员工了解到组织能够帮助大家满足不同的需求，还需要让员工认识到在什么条件下，这些需求能够得到满足。Vroom（1964）提出的期望理论（Expectancy Theory）回答了这个问题——只有当人们认为经过努力可以完成任务，而且完成任务可以实现一个对自己来说非常重要的结果时，激励作用才会发生。该理论认为个体的工作动机水平受到一系列认知过程的影响，具体体现在三个方面，如图7-2所示。

（1）期望（Expectancy）指个体感知到的，自己付出努力能够产生预期的工作效果或绩效水平的可能性大小，即努力与工作绩效之间的相关性。当个体认为可能性较大，就愿意付出努力，反之，就不会努力工作。

（2）工具性（Instrumentality）指个体感知到的，当实现预期的工作效果或绩效水平后，就能够获得相应报酬的可能性大小，即工作绩效和报酬之间的相关性。当个体相信只要实现预期工作绩效，就能够获得相应的报酬，那么他就愿意努力工作并实现工作绩效。

（3）效价（Valence）指达到工作绩效水平后得到的报酬对个体产生的效用水平，即报酬对个体的吸引力大小。

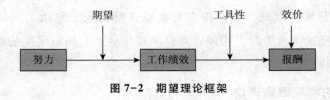

图7-2　期望理论框架

资料来源：Vroom（1964）。

期望理论认为上述三种个体感知共同决定了个体的动机水平，缺一不可。即只有当个体认为报酬对自己有吸引力；同时，相信自己努力后能够达到预期绩效水平；达到绩效水平后能够得到这些报酬时，才会产生较高的动机水平，用公式表达如下：

$$个体动机水平 = 期望 \times 工具性 \times 效价$$

因此管理者在使用报酬激励员工时，需要了解不同员工对组织提供的报酬的喜爱程度（效价），并通过制定相应的政策，提供必要的工作支持，确保员工对期望和工具性有较高水平的感知，才能使员工具有较强工作动机，进而实现预期绩效水平，最终促进组织目标的实现。同时，管理者在应用激励理论时应重点考虑以下三个方面：工作绩效的定义、提供创造绩效的条件和提供工作奖励。

（1）工作绩效的定义包括三个因素，即目标、度量和评估。确立目标是提高工作绩效的有效策略，因为目标使岗位责任更加明确，能够指明员工的努力方向。同时，目标的实现情况也必须便于管理者进行度量，这是工作标准起决定性作用的前提。评估目标的完成程度可以促使员工不断提高工作绩效。

（2）企业为员工提供创造绩效的条件应该包括以下三个方面：第一，为工作绩效的提高清除障碍，包括及时维护设备、确保原材料供给的及时性和质量、设计合理的工作场所和高效率的工作方法等；第二，为提高工作绩效提供手段和充足的资源，包括充分的财力、物力和人力资源；第三，合理配置员工，这可以提高生产积极性，降低人力资源成本。

（3）提供工作奖励涉及以下问题：奖励的形式、奖励的数量、奖励的时间、员工对奖励的喜爱程度和奖励的公平性。管理者应该选择对员工有价值的奖励形式，同时数额也应该能足以激励员工去努力争取。此外，还要确保奖励的及时性。

三、公平理论及应用

（一）公平理论的基本内涵

在组织中工作的员工都希望自己被公平地对待。这里的公平，指的是员工对自己在工作中的投入与自己从工作中得到的收益之间的比值，与其他人的投入和收益的比值进行比较而产生的感知。员工的投入包括教育、工作经验、特殊技能、努力程度和花费的时间。员工的收益包括薪酬、福利、成就感、认同感、工作的挑战性、工作的名声和其他任何形式的报酬。根据约翰·S. 亚当斯（John S. Adams）的公平理论（Equity Theory），当个体认为自己的投入与收益的比值与别人的投入与收益的比值相等时，他就会认为是公平的；当比值不相等时，无论自己的投入—收益比高于或低于他人，都会产生不公平感。

人们总是愿意追求公平。因此当产生不公平感时，个体会有动机通过不同方式降低不公平感：①改变自己的投入或收益（这种改变既可以是实际行为上的，如通过消极怠工降低投入，也可以是认知层面上的，如重新评估发现岗位晋升带来的声望和尊重比原来认为的更多）；②改变他人的投入或收益（同样也可以是实际行为上的改变或认知层面的改变）；③改变比较的对象；④离职，即跳出这一社会比较情境。Greenberg（1993）曾经做过的一项实验表明，当员工的工资水平降低时，员工在企业中的偷窃行为明显增加，员工会通过这种方式补偿自己受到的不公平待遇。通常情况下，人们总是过高地估计自己的投入和别人的收益。换言之，大多数人都有认为自己受到不公正对待的倾向。当然，也存在员工感到自己被过度补偿的情况。那些感到自己被过度补偿的员工可能会更加努力地工作，也可能会义务承担自己职责以外的工作。

（二）公平的类型

将公平理论应用于薪酬体系，我们可以得到三种公平的表现形式，即外部公平、内部公平和员工个人公平。

1. 外部公平

外部公平强调的是本公司薪酬水平与其他公司的薪酬水平相比时的竞争力。这种外部竞争力关注的是公司之间薪酬水平的相对高低，与其他公司比较的相对性质是外部竞争力概念的核心。在考虑公司薪酬政策的外部竞争力时，公司的薪酬水平可以高于其他公司，可以与其他公司保持一致，也可以低于其他公司。不同的外部竞争力带来的影响也不一样。高薪酬水平的目的是吸引和保留最优秀的员工为本公司服务，特别是当人才市场上供给不足时。此外，采用高薪酬水平的策略时，还需要考虑公司的承受能力，因为人力成本是公司的一项重要开支。如果采用低薪酬水平策略，公司可能会面临人才流失的风险，因此需要在其他报酬方面提供相应的补偿，如良好的福利、方便的工作条件或者有吸引力的培训机会等。

2. 内部公平

内部公平是指薪酬政策中的内部一致性，强调的是在一个公司内部不同工作之间、不同技能水平的员工之间的薪酬水平应该相互协调，表现出公平性。这意味着公司内部薪酬水平的相对高低应该以工作内容为基础，或者以工作所要求的技能的复杂程度为基础，当然也可以是工作内容或技能要求的某种组合。但是无论如何，内部一致性强调的重点都是根据各种工作对公司整体目标实现的相对贡献大小支付薪酬。

值得注意的是，决定薪酬的内部公平所依据的不是从事这一工作的员工个人特征，不是他的学历或者技能水平的高低，而是工作本身，是真正的"对事不对人"。

在实现薪酬政策的内部一致性时，公司既可以把岗位高低等级划分得多一些，也可以划分得少一些。类似地，公司可以把工作类别划分得详细一些，也可以划分得粗略一些。同时，公司还可以使不同层次或类别工作的报酬差异大一些，也可以小一些。不过所有这些方式的选择都应该与组织目标和企业所面临的竞争环境相配合。

3. 员工个人公平

员工个人公平指的是在对同一个组织中从事相同或类似工作的员工的薪酬进行比较时，公平性是否成立。员工个人之间的公平性要求组织中每个员工得到的薪酬与他们各自对组织的贡献相匹配，强调的是组织中员工个人的薪酬水平由以下两种因素所产生的差异的相对大小应该合理：一是员工个人的绩效差异，二是承担相同工作或者掌握相同技能的员工的资历差异。这种由员工的绩效水平或者资历等方面的差异引起的薪酬差异是否存在以及是否合理，对员工的工作态度和工作行为都有重要的影响。前面说的内部一致性强调的是工作本身对薪酬决策的作用，而个人公平因素强调的则是员工个人特征对薪酬决策的影响。

（三）公平理论与薪酬体系

在同一个组织中，两个员工的薪酬可能有很大的差异；在不同组织中从事类似工作的员工之间可能也存在较大的薪酬差异。造成这种薪酬差异的因素有很多，包括组织的差异、工作设计的差异、员工的差异、人力资源市场的差异、国家和地区的差异。国家和地区的差异反映了因工作地点的差异引起的各地生活费用支出的不同，从而导致员工的薪酬不同。不同行业中的企业员工的薪酬有差异，这是由行业本身的特点造成的；而我们经常发现即使是相同的行业中，不同企业之间员工的薪酬也有明显的差异，这缘自企业在薪酬政策、竞争实力等方面的差异。组织内部工作之间的差异也是影响员工薪酬的重要方面。一个组织中存在很多种工作岗位，如总经理、工程师、部门经理、市场分析师、装配线工人、秘书、会计、门卫等。这些不同工作岗位的工作任务和职责不同，对承担这些工作的员工在技术和能力等方面的要求也就不同，从而在不同岗位上工作的员工对组织的贡献也就有差异。因此，从事不同工作的员工得到不同的薪酬。在影响工作薪酬的因素中，员工教育程度的差异是引起薪酬差异的一个重要因素。劳动经济学中的人力资本理论表明，工作经验的增加和分析问题能力的提高也影响员工人力资本的水平，进而导致薪酬的差异。

有效的薪酬体系必须满足公平性要求。薪酬政策不仅要考虑薪酬水平的外部竞争力和薪酬结构的内部一致性，还要研究在一个组织内部承担相同工作或者拥有相同技能水平的员工之间的薪酬关系问题。一般而言，在相同的组织中承担相同工作或拥有相同技能的员工在工作绩效方面可能存在差别，在经验方面也可能存在差别，因此绝大多数公司的薪酬政策反映了员工个人方面的差异在薪酬决策中的影响。外部公平性、内部公平性和员工个人因素在员工薪酬决策中的作用如图7-3所示。

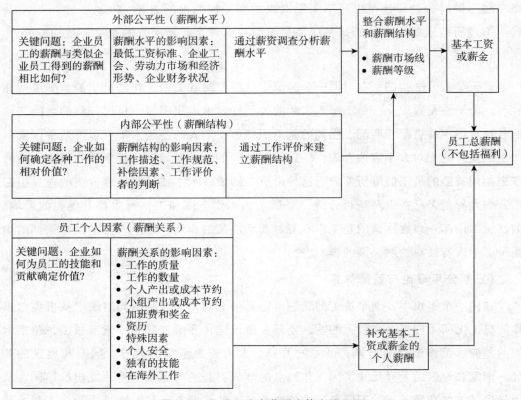

图 7-3　公平理论在薪酬决策中的作用

资料来源：Crino 和 Leap（1989）。

四、员工薪酬的构成

员工在组织中工作所得到的报酬包括组织支付给员工的薪资和所有其他形式的奖励，内容非常复杂，既包括以货币形式表现的外在薪酬，也包括以非货币形式表现的内在薪酬。内在薪酬包括工作保障、身份标识、富有挑战性的工作、晋升、对突出工作成绩的认可、培训机会、弹性工作时间和优越的办公条件等。在人力资源管理中，我们把外在薪酬作为员工薪酬的重点。

员工薪酬构成的基本内容可以概括为图7-4。从概念上讲，员工的外在薪酬指的是由于就业关系的存在，员工从企业得到的各种形式的财务收益、服务和福利。通常意义上的薪酬指的是这种外在薪酬，它可以分为直接薪酬和间接薪酬。直接薪酬包括基本薪酬、绩效加薪（Merit Pay）、鼓励员工进一步提高生产效率的各种激励薪酬和各种延期支付性质的薪酬。其中，基本薪酬在大多数情况下是企业根据员工工作的性

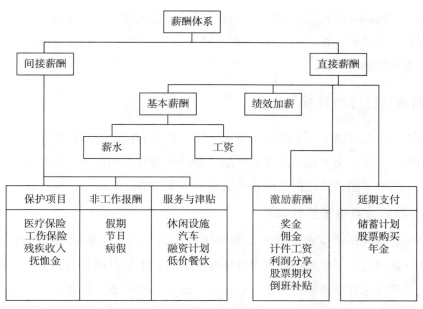

图 7-4 员工薪酬构成的基本内容

资料来源：Fisher 等（2005）。

质支付的基本现金报酬，它只反映工作本身的价值，不反映员工因经验或工作态度而引起的对企业贡献的差异。在有些情况下，例如在确定科技人员的基本薪酬时，企业也可以按照员工所拥有的技能或教育经历而不是员工所承担的工作的性质来决定基本薪酬。薪水和工资是基本薪酬的两种表现形式。在美国，薪水指的是那些免受《公平劳动标准法案》（Fair Labor Standards Act，FLSA）管制的员工获得的报酬。这些员工主要是管理人员和专业技术人员，他们的薪酬采取年薪或月薪的形式，不采取小时工资制，也没有加班工作的报酬。工资指的是那些受 FLSA 管制的员工获得的报酬。他们以小时工资制作为计算薪酬的基础，加班工作应该获得额外的报酬。应该指出的是，一个员工的基本薪酬是采取薪水还是工资的形式反映了他的工作身份，因此对他的满足感和成就感具有重要的影响。美国惠普公司和 IBM 公司为了体现团队合作的管理哲学，把所有员工的基本薪酬都称为薪水，而不区分薪水获得者和工资获得者。绩效加薪是对员工工作行为和所取得的成绩的奖励，表现为基本薪酬的增加，取决于员工的绩效水平。各种激励薪酬也是直接和员工绩效联系在一起的。它们可以是短期的，也可以是长期的；可以依据单个员工的绩效发放，也可以依据员工小组、部门甚至整个企业的绩效发放。激励薪酬和绩效加薪的重要区别在于，绩效加薪通常会体现为员工基本薪酬的增加，因此会长期影响企业的人工成本；而激励薪酬是一次性支付，不会长期影响企业的人工成本。此外，还有储蓄计划、股票购买和年金等各种延期支付。延期支付给员工带来的实际利益是员工要经过一个时期甚至要等到退休时才能够兑现的。间接薪酬包括各种保护项目、非工作报酬和各种服务与津贴。企业在这些方面为员工提供的薪酬除受到政府有关法规的限制外，还受到市场竞争和企业文化、管理理念的影响。

五、薪酬体系设计的目标与流程

薪酬体系是指反映了一个组织中不同岗位（以及岗位上不同任职者）之间薪酬水平关系的架构体系。由于组织通常是科层式的等级架构，相应地，也可以认为薪酬体系反映了组织中不同岗位之间薪酬水平关系与等级结构。

（一）薪酬体系设计的目标

一个好的薪酬体系应该同时考虑到外部竞争力、内部一致性和员工个人贡献因素。应该强调的是，尽管我们可以设计一套能够将以上三种因素结合在一起的薪酬体系，但是如果没有有效的管理工作，这套体系也不会发挥预想的作用。薪酬体系的管理工作包括确定这套体系的成本，了解员工对实施这套薪酬体系的感受，与员工保持沟通并让他们了解薪酬体系的作用方式，最后判断薪酬体系是否达到组织预期的目的。

薪酬政策是薪酬体系的基石，组织的目标、薪酬政策和工具三者之间存在密切的联系。这一关系可以用 Milkovich and Newman（1993）提出的一个薪酬决策模型加以说明。该模型表明，基本的薪酬政策内容包括外部竞争力、内部一致性、员工贡献和薪酬管理工作，如表7-1所示。我们将在本章接下来的部分研究企业在员工薪酬体系设计过程中是如何实现外部竞争力和内部一致性的，并将在下一章研究员工个人贡献在员工薪酬决策中的作用方式和整个薪酬体系的管理问题。

表 7-1 薪酬决策模型

薪酬政策	工具	组织的目标
外部竞争力	市场定位、市场调查、政策界限、薪酬结构	● 有效性（绩效驱动、全面质量管理、客户导向、成本控制） ● 公平性 ● 合法性
内部一致性	工作分析、工作描述、工作评价、工作结构	
员工个人贡献	资历基础、绩效基础、加薪指导、激励计划	
薪酬管理工作	计划、预算、沟通、评价	

（二）薪酬体系设计的流程

目前，国际上通行的薪酬体系有两大类，即基于岗位的薪酬体系和基于任职者的薪酬体系，后者又包括技能薪酬体系和能力薪酬体系。所谓岗位薪酬体系、技能薪酬体系和能力薪酬体系，是指企业在确定员工的基本薪酬水平时依据的分别是员工所从事的工作自身的价值、员工所掌握的技能水平以及员工所具备的能力水平。不同的薪酬体系在确定薪酬的流程中所考察的要素也不同。图7-5反映了三种薪酬体系的联系和区别。

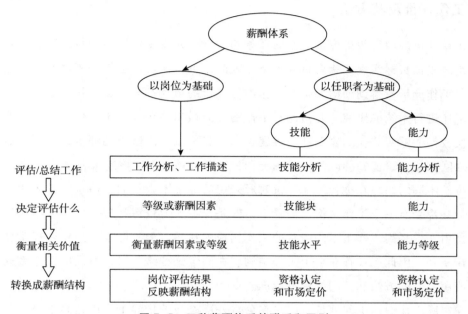

图7-5　三种薪酬体系的联系和区别

资料来源：米尔科维奇和纽曼（2002）。

岗位薪酬体系是最为常见的，其设计流程可以用图7-6来描述，主要有四个步骤：第一步，收集关于特定工作性质的信息，即进行工作分析；第二步，按照工作的实际执行情况确认、界定及描述岗位，即编写岗位说明书；第三步，对工作进行价值评价，即工作评价；第四步，根据工作的内容和相对价值进行排序，确定相应工作的薪酬，即建立职位结构。

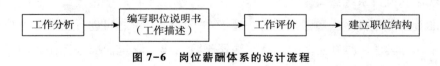

图7-6　岗位薪酬体系的设计流程

第二节　工作评价

在以岗位为依据设计薪酬结构时，我们应当先进行工作评价。所谓的工作评价，是指根据各种工作所包括的技能要求、努力程度要求、岗位职责和工作环境等因素决定各种工作之间的相对价值。工作评价的目的是对工作进行系统的、理性的评价，帮助我们确定工作结构，然后由工作结构决定薪酬结构，从而使组织薪酬体系符合内部一致性的要求。

一、工作评价及其方法

工作评价的内容包括评价工作的任务和责任、完成工作所需的技能，以及各种工作对组织整体目标实现的相对贡献大小。因此，工作评价与工作分析之间有着密切的联系，工作分析所得到的信息是对工作进行评价的重要基础。在工作分析中，我们可以对工作进行系统的研究，并由此对工作的性质做出评判，得出工作描述。工作描述应该使我们能够对工作的复杂性、难度、责任和价值做出恰当的评价，从而确定这些工作之间的相对价值，同时识别、确定和权衡对各种工作应该给予补偿的因素。

虽然不同的组织在进行工作评价时所采用的标准不太相同，但是不管使用什么标准，最终都会有一个工作结构。需要指出的是，在人力资源管理中，工作结构实际上指的是由一个系列工作中不同级别的工作构成的体系。但实际上，组织中通常存在多个工作系列，因此应该存在多个工作结构。在确定这种结构时，不同的工作系列可能需要使用不同的方法和不同的评价标准。

在实际工作中，工作评价一般是在公司外部顾问的指导下，由熟悉本公司各种工作的员工组成的工作评价委员会实施。工作评价委员会应该按照工作对公司的相对价值来确定各种工作之间的关系，防止代表各个部门的委员会成员的本位主义倾向。各种工作评价方法的最终目标相同，都是根据各种工作对于组织的相对价值进行排序，以便为每种工作确定公平合理的工资率。最主要的工作评价方法包括工作排序法、工作分类法、点数法、海氏系统法和因素比较法。从是否进行量化比较的角度看，工作排序法和工作分类法属于将整个工作看作一个整体的非量化评价方法；而因素比较法、点数法和海氏系统法属于按照工作要素进行量化比较的评价方法。从工作评价的比较标准看，工作排序法和因素比较法属于在不同的工作之间进行比较的工作评价方法；而工作分类法、点数法和海氏系统法属于将工作与既定标准进行比较的工作评价方法。上述五种工作评价方法的特点可以概括如表7-2所示。

表7-2 工作评价方法的比较

工作结构的依据	非量化比较：工作整体	量化比较：工作要素
工作与工作比较	工作排序法	因素比较法
工作与标准比较	工作分类法	点数法 海氏系统法

资料来源：Fisher 等（2005）。

二、工作排序法

工作排序法是指将工作根据相对价值或它们各自对组织的相对贡献由高到低地进行排序。工作评价中的排序法与员工绩效考核中的排序法在性质上非常相似，唯一的区别是员工绩效考核中的排序法关注的是员工的工作绩效，而工作评价的排序法的排列对象是工作本身。与员工绩效考核一样的是，工作排序法也可以使用交错排序，即先选出价值最高的工作，再选出价值最低的工作，然后再选出次高、次低的工作，以此类推。其理由也是人们比较容易认定极端的情形。工作评价中的工作排序法还可以使用成对比较，而且研究结果表明成对比较的可靠性高于简单排序和交错排序。

工作排序法是各种工作评价方法中最简单的一种，主要的优点是简单方便，容易理解和应用，比较适合缺乏时间和金钱做规划工作且结构稳定的小公司。但是，这种工作评价方法也有很多缺点。首先，在运用这种方法时，对工作进行排序时所使用的标准不太稳定，难以避免主观因素；其次，工作排序法要求评价委员会的成员对每一个需要评价的工作的细节都非常熟悉；最后，虽然工作排序法能够排列各种工作相对价值的相对次序，但是无法反映相邻两个工作之间的价值差距。例如，工作排序法可以告诉我们行政秘书的工作价值大于录入员，且小于系统分析师，但是它无法告诉我们行政秘书的工作价值比录入员大多少、比系统分析师小多少。要解决这一问题，就需要采用量化的工作评价方法。

三、工作分类法

工作分类法是将各种工作与事先设定的一个标准进行比较，它能够克服工作排序法的一些缺陷。这种方法很像在书架的各个格子上贴标签的过程。工作分类法的操作步骤是：第一，工作评价者应该确定工作类别的数目，一般为5—15种。第二，确定各种工作类别中的各个级别及标准，为薪酬体系的建立提供依据。第三，将各种工作与确定的标准进行比照，然后将它们定位在合适的工作类别中合适的级别上。

工作分类法的优点是简单明了，很容易被员工理解和接受。当需要对大量的工作进行评价，而且这些工作的任务内容、责任、工作环境和所需要的技能差别很大时，工作分类法是一种非常实用的评价技术。这种方法还具有很高的灵活性，当组织中的工作数量增加时，那些新增加的工作可以很容易被定位在合适的位置上；当一种工作的要求变化以后，它就可能需要被重新划分到另一种类别中。工作分类法强调的是工作类别的差异，而不是单个工作的差异，因此非常适合应用在公共部门和大公司的管理人员与专业技术人员的工作评价中。工作分类法的缺点是它实际上假定工作因素与工作价值存在稳定关系，因此有时工作岗位在分类体系中的定位有些牵强，会使员工产生不公平感。另外,划分工作类别也有一定的难度,如果工作类别太少,就难以准确地区分工作的价值;如果工作类别太多,对各种工作类别进行定义就是一项非常复杂的工作。

四、点数法

点数法又称要素计点法——先分解工作的构成因素,然后按照事先设计的结构化量表评估每种工作要素的价值。点数法是目前国外公司使用最普遍的一种工作评价方法,在开展工作评价的组织中有一半以上采用的都是点数法。应用点数法进行工作评价的步骤一般是:第一步,进行工作分析。第二步,准备工作描述。第三步,选择报酬因素。所谓的报酬因素是指能够为各种工作的相对价值的比较提供依据的工作特性。常见的报酬因素包括技能、责任、工作条件和努力程度等。一般地,工作评价委员会在确定报酬因素时,会参考其相对于工作的重要性。根据情况需要,所选择的报酬因素可能只有一个,也可能包含很多个。从美国企业的经验来看,报酬因素的数目一般为3—25种,典型的情况是10种左右。第四步,为各种报酬因素建立结构化量表,反映各个等级之间的程度差异。在这一过程中,评价委员会要把每种报酬因素在工作中的重要性分为若干等级,按照每种等级差异的大小分别赋予一个相应的点数。在各种等级中,应该给出工作岗位的若干例子,以此作为标尺性工作。

为了使设计出来的量表具有合理的结构,评价委员会首先要为各种报酬因素的重要性赋予一个权重,报酬因素的权重是与这种因素在工作中的重要性相一致的。假定工作评价委员会决定使用技能、努力程度、责任和工作条件四种报酬因素,并确定他们要使用的总点数,如1 000。然后根据各种报酬的相对重要性分配这些点数。假设技能的权重被定为20%,那么将有总共200点分配给技能。如果技能被划分为10个等级,每提高一个等级点数增加20点,那么一项要求掌握最低等级技能的工作在技能方面就应该得到20点,而一项要求掌握次低等级技能的工作在技能方面就应该得到40点……如果一个工作需要最高等级的技能,那么它在技能方面就应该得到200点。按照类似的方法,我们可以对努力程度、责任和工作条件进行同样的处理。在设计结构化量表的过程中,按每种报酬因素划分的各个相邻级别之间的差距最好相等。表7-3是一个典型的点数法报酬因素的结构化量表,四个报酬因素均被划分为5个等级。

表7-3 点数法报酬因素的结构化量表

报酬因素	第一级	第二级	第三级	第四级	第五级
技能					
•教育	14	28	42	56	70

（续表）

报酬因素	第一级	第二级	第三级	第四级	第五级
• 经验	22	44	66	88	110
• 知识	14	28	42	56	70
努力程度					
• 体力要求	10	20	30	40	50
• 心理要求	5	10	15	20	25
责任					
• 设备/程序	5	10	15	20	25
• 材料/产品	5	10	15	20	25
• 他人安全	5	10	15	20	25
• 他人工作	5	10	15	20	25
工作条件					
• 工作条件	10	20	30	40	50
• 危险	5	10	15	20	25

资料来源：Fisher 等（2005）。

我们针对各项工作把它的各种报酬因素的分数加总就是这项工作的点数总分。当公司中所有工作岗位的点数总分都被计算出来后，这个公司的薪酬结构也就建立起来了。虽然每种工作的点数可能不相同，但是组织为便于管理，经常会将某一个点数范围内的所有工作确定为一个薪酬等级。在一个组织中，如果不同工作系列的报酬因素有差别，或者各个工作系列之间相同的报酬因素的差别程度不同，那么就要为不同的工作系列设计出不同报酬因素的结构化量表。不难发现，点数法的设计比较复杂，但是一旦设计出来以后，其应用是十分方便的。

五、海氏系统法

海氏系统法（Hay System）是由美国薪酬设计专家爱德华·N. 海（Edward N. Hay）于1951年研究开发出来的，并通过著名管理咨询公司合益集团（Hay Group）[①] 应用于众多公司。海氏系统法的基础是确定不同工作对实现组织目标的相对重要性，并通过计算点数进行量化。它与普通点数法的主要区别在于海氏系统法所使用的报酬因素

---

① 2015年9月，合益集团被光辉国际收购，更名为光辉合益。

是固定的。该方法认为所有工作都包含三种应给予报酬的因素：知识和技能、解决问题的能力，以及承担的责任。每个因素包含2—3个更加具体的维度，并进行细致的量化。可以根据每个因素的具体维度进一步设计该因素的评价量表。依据这套量表，每个工作都可以计算出它在组织里的相对价值，并确定薪酬。海氏系统法有效解决了不同职能部门中不同工作之间的相对价值难以比较和量化的难题。

具体来说，各个因素包含的维度如下：

（1）知识和技能。包括使工作绩效达到标准所必需的各类专业知识和相应的实际运作技能的总和，具体来说有三个维度：第一，专业知识和技能，用来反映工作对任职者教育背景和工作经验的要求。第二，管理技能，指的是在经营、辅助管理和直接管理领域中涉及管理情境的各种职能，涉及组织、计划、执行、控制和评价技能的综合运用。第三，人际关系技能，指的是人际关系方面积极的、熟练的、面对面交往的技巧。对专业知识和技能的衡量包括广度和深度两个方面。一种工作可能涉及多个方面的知识，也可能涉及某方面的深度知识，因此知识和技能是广度与深度的结合。这一概念可以通过让任职者回答"涉及多少不同的知识领域、需要多少知识"这一问题来衡量不同工作的总体专业知识和技能要求。

（2）解决问题的能力。指工作中发现问题、分析问题、提出解决方案并能实施的能力。它包含两个维度：第一，思维环境，指在分析复杂问题时能否从政策、程序、行动纲领等获得指导和帮助，即环境对工作者的约束和限制。第二，思维难度，指问题的内在复杂程度。

（3）承担的责任。指该工作对组织成功发挥了多少的影响。它包含两个维度：第一，行动的自由，即该工作在行动、审批或制定决策方面被授予的权限。第二，影响，即该工作对组织实现其目标所发挥的影响的性质和程度。

接下来，对每个报酬因素包含的维度划分测量等级并制定相应的点数，最终通过对某一岗位的三个报酬因素分别确定报酬点数，计算出该岗位的总点数。下面以知识和技能维度为例，来说明海氏系统法的具体操作过程。知识和技能包括三个维度，其中专业知识和技能的测量等级从A到G划分为八个等级：A——基本业务水平；B——初级业务水平；C——中等业务水平；D——高级业务水平；E——基本专业技术水平；F——熟练专业技术；G——精通专业技术水平。

管理技能的测量等级从Ⅰ到Ⅴ：Ⅰ——最低的；Ⅱ——相关的；Ⅲ——多样的；Ⅳ——广泛的；Ⅴ——全面的。人际关系技能的测量等级从1到3：1——基本的；2——重要的；3——关键的。

例如，某工厂的电工岗位只需要最低的管理技能（Ⅰ）和基本的人际关系技能（1），同时需要高级业务水平的专业知识和技能，因此该电工岗位在"知识和技能"这一报酬因素上获得的平均点数是132。相应的，可以根据这一过程确定该岗位在"解决问题的能力"和"承担的责任"上获得的报酬点数，并通过三个报酬因素的点数加权计算出该电工岗位的报酬总点数。因素权重反映了每个因素对该岗位的相对重要性。根据不同因素的相对重要性，可以把企业里的岗位分为三类：上山型、平路型和下山型。上山型岗位中，承担的责任比知识和技能，以及解决问题的能力更重要，如公司总经理等，因此承担的责任这一因素会赋予更高的权重。平路型岗位中，各个报酬因素，对岗位的价值和重要性比较均衡，如人力资源经理等。下山型岗位中，知识和技能与解决问题的能力比承担的责任更为重要，如研发人员，因此在计算总报酬点数时，前两个因素的权重会高于承担的责任的权重。

通过上述系统的分析过程，企业中每个岗位的报酬点数都能够相对客观地测量出来，并刻画了不同岗位对实现企业目标的价值和重要性。企业只需要确定每一点对应的薪酬标准，就可以计算出所有岗位的基本薪酬水平，以知识和技能维度为例，表7-4展现了海氏系统法的点数分配表。

六、因素比较法

因素比较法是一种量化比较的工作评价方法，与工作排序法比较相似，因此可以将它看作改进的工作排序法。因素比较法与工作排序法的第一个重要区别是：工作排序法只从一个综合的角度比较各种工作，而因素比较法则选择多种报酬因素，然后按照每种因素分别排列一次。因素比较法与工作排序法的第二个区别是：因素比较法根据每种报酬因素得到的评估结果设置一个具体的报酬金额，然后计算出每种工作在各种报酬因素上的报酬总额并作为这种工作的薪酬水平。

因素比较法的基本实施步骤如下所示。

第一步，在每一类工作中选择标尺性工作作为比较的基础。所选择的标尺性工作应该是那些在很多组织中都普遍存在、工作内容相对稳定、市场工资率公开的工作。标尺性工作的基本工资是固定的，其他报酬根据基本工资的水平予以调整。

第二步，把一个工作类别中包括的各种工作的共同因素确定为报酬因素。这些报酬因素可能包括责任、工作条件、努力程度、精力消耗、体力消耗、教育水平、技能和工作经验等。

第三步，根据标尺性工作所包括的各种报酬因素的规模确定各种标尺性工作在各种报酬因素上应该得到的基本工资，其水平应该参照市场标准确定，以保证企业薪酬体系的外部公平性。各种标尺性工作在各种报酬因素上应该得到的报酬金额的总和就是这种标尺性工作的基本工资。

表 7-4　海氏系统法的点数分配表——知识和技能

人际关系技能			管理技能													
			I 最低的			II 相关的			III 多样的			IV 广泛的			V 全面的		
			1 基本的	2 重要的	3 关键的	1 基本的	2 重要的	3 关键的	1 基本的	2 重要的	3 关键的	1 基本的	2 重要的	3 关键的	1 基本的	2 重要的	3 关键的
专业知识和技能	A 基本业务水平		50	57	66	66	76	87	87	100	115	115	132	152	152	175	200
			57	66	76	76	87	100	100	115	132	132	152	175	175	200	230
			66	76	87	87	100	115	115	132	152	152	175	200	200	230	264
	B 初级业务水平		66	76	87	87	100	115	115	132	152	152	175	200	200	230	264
			76	84	100	100	115	132	132	152	175	175	200	230	230	264	304
			87	100	115	115	132	152	152	175	200	200	230	264	264	304	350
	C 中等业务水平		87	100	115	115	132	152	152	175	200	200	230	264	264	304	350
			100	115	132	132	152	175	175	200	230	230	264	304	304	350	400
			115	132	152	152	175	200	200	230	264	264	304	350	350	400	460
	D 高级业务水平		115	132	152	152	175	200	200	230	264	264	304	350	350	400	460
			132	152	175	175	200	230	230	264	304	304	350	400	400	460	528
			152	175	200	200	230	264	264	304	350	350	400	460	460	528	608
	E 基本专业技术水平		152	175	200	200	230	264	264	304	350	350	400	460	460	528	608
			175	200	230	230	264	304	304	350	400	400	460	528	528	608	700
			200	230	264	264	304	350	350	400	460	460	528	608	608	700	800

（续表）

专业知识和技能			管理技能														
		人际关系技能	I 最低的			II 相关的			III 多样的			IV 广泛的			V 全面的		
			1 基本的	2 重要的	3 关键的	1 基本的	2 重要的	3 关键的	1 基本的	2 重要的	3 关键的	1 基本的	2 重要的	3 关键的	1 基本的	2 重要的	3 关键的
	F 熟练专业技术水平	1	200	230	264	264	304	350	350	400	460	460	528	608	608	700	800
		2	230	264	304	304	350	400	400	460	528	528	608	700	700	800	920
		3	264	304	350	350	400	460	460	528	608	608	700	800	800	920	1 056
	G 精通专业技术水平	1	264	304	350	350	400	460	460	528	608	608	700	800	800	920	1 056
		2	304	350	400	400	460	528	528	608	700	700	800	920	920	1 056	1 216
		3	350	400	460	460	528	608	608	700	800	800	920	1 056	1 056	1 216	1 400

资料来源：Milkovick 和 Newman（1993）。

第四步,将非标尺性工作与标尺性工作的报酬因素逐个进行比较,确定各种非标尺性工作在各种报酬因素上应该得到的报酬金额。这一步骤确保了各种工作之间的内部公平性。

第五步,将非标尺性工作在各种报酬因素上应该得到的报酬数额加总就是这些非标尺性工作的基本工资。表7-5是一个因素比较法量表示例。

表7-5 因素比较法量表(示例)

小时工资率(元)	技能	努力程度	责任	工作条件
0.50			工作1	
1.00	工作1			工作2
1.50		工作2		
2.00		工作1	工作X	
2.50	工作2			工作3
3.00	工作X			
3.50		工作X	工作3	工作X
4.00	工作3			
4.50			工作2	
5.00		工作3		工作1

在本例中,工作的报酬因素包括技能、努力程度、责任和工作条件。工作1、工作2和工作3是标尺性工作。工作1的小时工资率为8.50(1.00+2.00+0.50+5.00)元,工作2的小时工资率为9.50元,工作3的小时工资率为15.00元。如果现在要评价工作X,它在各种报酬因素上的位置如表7-6所示,从中可以知道工作X的小时工资率应该为12.00元。需要指出的是,因素比较法在应用上非常复杂,而且还要不断地根据人力资源市场的变化更新,因此它是应用最不普遍的一种工作评价方法。

七、技能导向的薪酬结构

近年来,技能导向的薪酬结构越来越受到人们的重视。技能导向的薪酬结构是根据员工掌握的技能来确定薪酬,而不是像工作导向的薪酬结构那样,按照员工所承担的工作来确定薪酬。技能导向的薪酬结构确定方法在中小型企业中的应用非常普遍。一般而言,技能导向的薪酬结构有两种表现形式:一种是以知识为基础,另一种是以多重技能为基础。前者根据员工所掌握的完成工作所需要的知识的深度来确定薪酬,后者则根据员工能够胜任的工作的种类数目或者说员工技能的广度来确定薪酬。由此可见，技能导向的薪酬结构确定原则与工作导向的薪酬结构确定原则的一个重要区别在于：前者强调的是员工方面的特征，后者强调的是工作方面的特征。

以知识为基础的方法在确定薪酬结构中的作用方式可以用教师这一职业予以说明。两个教师可能正在承担相同的工作，比如为相同专业、相同年级的学生讲授相同的课程，但是他们中的一个只有硕士文凭，另一个有博士文凭。在接受教育过程中花费不同的时间意味着他们具有不同的知识深度。因此，拥有博士文凭的教师的薪酬应该高于只有硕士文凭的教师。其理论依据是有较高文凭的教师的工作效果更好，而且可以承担更高要求的教学工作，即具有更大的灵活性。用以多重技能为基础的方法确定薪酬结构时，员工掌握的技能的种类越多，得到的薪酬也就越多。换言之，员工要想提高自己的薪酬水平，必须学习新的知识，且这些知识是工作所需要的。假如公司的某一类别的工作包括七种任务，这些任务可以按照从简单到复杂的顺序排列为 A、B、C、D、E、F、G，能够完成 A、B 和 C 三种任务的技能是公司对员工的最低要求。我们可以将能够胜任 A 到 C 三种任务的技能合并为技能Ⅰ，将能够胜任 A 到 E 五种任务的技能合并为技能Ⅱ，将能够胜任 A 到 G 七种任务的技能合并为Ⅲ。于是，我们就可以按照已掌握技能的情况将员工划分为三个等级。已经掌握技能Ⅱ的员工可以胜任五种任务，而已经掌握技能Ⅲ的员工可以胜任所有的七种任务，同时还要承担员工的工作委派和团队监督的工作。由此可见，在以多重技能为基础的薪酬决定系统中，每个员工的薪酬标准都按照他已掌握的技能的最高水平来确定，这样员工就有积极性参加培训和自觉提高业务水平，从而在制度上鼓励员工学习承担多重任务的技能。因此，分配给各个员工的工作职责有可能在很短的时间内进行比较大的调整，从而使员工队伍的工作能力具有相当的灵活性，并促进组织绩效的不断提升。

以技能为基础的薪酬结构与以工作为基础的薪酬结构是两种平行的薪酬结构。就像工作导向的薪酬结构的确定从工作分析开始一样，技能导向的薪酬结构的确定将从技能分析开始。技能分析指的是采集完成组织工作所需要的各类知识和技能信息。在技能分析中，首先要确定技能块和技能水平。技能块指的是完成工作所需要的不同类型的技能的集合，它的作用与工作分析中的报酬因素相似。技能块应该具备以下三个特征：第一，技能块必须是从所要完成的工作中提炼出来的；第二，技能块有助于提高员工队伍的灵活性；第三，这些技能块必须能够被公司利益相关者理解和接受。在每一个技能块内部，又可划分为不同的等级，即技能水平。建立技能导向的薪酬结构的一种做法是：列举某一种岗位所需要的所有技能，并在此基础上设计三种技能块，包括基础技能块、限制性选择技能块和自由选择技能块。其中，基础技能块是公司该岗位员工的最低要求，不计算分数。限制性选择技能块中的每一种技能都对应一个分数，员工已掌握的限制性技能块中所有技能项分数的加总就是员工在限制性技能块上的水平。自由选择技能块的项目也不计算分数，而是直接按照种类计算。这样，公司就可以将这种岗位划分为若干级别，各个级别除了都要求掌握的全部基础技能块，还要确定相应的按照分数计算的限制性选择技能块的水平和按照种类计算的自由选择技能块的水平。我们得到的结果应该是：随着技能级别的提高，限制性选择技能块的最低要求分数不断上升，自由选择技能块的最低要求种类也不断上升。与不同的技能水平级别相对应的是不同的薪酬水平。

八、工作导向与技能导向的比较

工作导向的薪酬结构确定方法与技能导向的薪酬结构确定方法之间的区别可以用表 7-6 来说明。显然，技能导向的薪酬结构确定方法的主要优点有：第一，公司在员工调配方面有很大的灵活性；第二，公司可以保持一支比较精干的员工队伍，最大限度地避免人浮于事，这在公司业务发展不稳定的时期有重要意义；第三，国外已有的一些研究发现，技能导向的薪酬结构确定方法在提高生产效率、提高产品质量、提高员工出勤率、提高员工的满意度和增加公司营业收入等方面有重要作用。当然，技能导向的薪酬结构确定方法也存在明显的缺陷。由于员工的薪酬水平是由他所掌握的技能水平所决定的，因此员工将积极要求参加技术培训以尽快达到更高级别的薪酬水平。而如果所有员工的薪酬水平都处于上限，那么公司的人工成本势必过高。结果导致公司产品或服务的价格水平也会在市场上失去竞争力。要解决这种问题，可以将员工的起薪确定在略低于竞争对手的水平上，或者适当控制员工技能水平的提升速度。总之，一个技能导向的薪酬结构确定体系发挥作用的前提是：比较高的平均薪酬水平必须能够被规模比较小的人力资源数量或者比较高的劳动生产率消化和吸收。

表 7-6　薪酬结构确定中工作导向与技能导向的比较

	工作导向	技能导向
薪酬结构	以承担的工作为基础	以员工掌握的技能为基础
工作价值决定	以整个工作的价值为依据	以技能块的价值为依据
管理者关注的重点	工作对应工资，员工与工作匹配	员工对应工资，员工与技能相关联
员工关注的重点	追求工作晋升以获得更高薪酬	追求更多技能以获得更高薪酬
必要的步骤	评估工作内容	评估技能
绩效评估	绩效考核评定	能力测试

（续表）

	工作导向	技能导向
薪酬增长依据	以年资、绩效考核结果和实际产出为依据	以技能测试中表现出来的技能提高为依据
工作变动效果	工资随着工作变动	工资保持不变
培训的作用	出于工作需要而不是员工意愿	是增强工作适应性和增加薪酬的基础
员工晋升	需要工作空缺	不需要空缺，只要通过能力测试
优点	薪酬以完成的工作的价值为基础	调配弹性，减少员工数量
局限性	潜在的人事官僚主义，缺乏弹性	潜在的人事官僚主义，需要成本控制

资料来源：Milkovich 和 Boudreau（1994）；Schuler 和 Huber（1993）。

九、市场导向的薪酬结构

除了工作导向和技能导向的薪酬结构，还有一种市场导向的薪酬结构，反映了图 7-3 中薪酬决策的外部公平性。市场导向的薪酬结构确定方法指的是根据市场上竞争对手的薪酬水平来决定本公司的内部薪酬结构。具体做法是：首先对本公司内部的所有工作岗位根据其对实现公司目标所做贡献的大小进行排序，然后调查市场上与本公司有竞争关系的若干公司的薪酬情况。显然，在本公司的所有工作岗位中，有很大一部分与外部公司的工作岗位相同，但是也有一部分工作岗位不同。在确定本公司的薪酬结构时，首先需要确定本公司的薪酬策略，如高薪酬策略、低薪酬策略或与市场水平一致的策略；然后按照竞争对手与本公司相同的工作岗位的薪酬平均水平决定这些可比较的工作岗位的薪酬水平，再参照这些可比较岗位的薪酬水平决定那些不可比较的工作岗位相应的薪酬水平。市场导向的薪酬结构的确定方法实际上是以外部人力资源市场上的薪酬关系决定公司内部的薪酬结构，它强调的重点是公司人力成本的外部竞争力，而不是公司内部各种工作对公司整体目标贡献上的相对关系。换言之，市场导向的薪酬结构的确定方法是让竞争者来决定公司内部的薪酬结构，因此有可能使本公司的薪酬结构丧失内部公平性。

第三节 薪酬水平与薪酬等级结构

我们知道，企业的薪酬设计应同时实现内部公平和外部公平。工作评价能够保证在组织内部的各种工作之间保持合理的薪酬比例关系，从而实现薪酬体系的内部公平。实现薪酬政策外部公平的关键是为企业的各种工作确定一个与市场水平相一致的薪酬标准，要实现这一点，就必须进行市场薪酬调查，并在此基础上结合工作评价结果制定合理的薪酬结构。

一、市场薪酬调查

不难知道，要使企业的薪酬水平具有外部竞争力，需要解决以下两个问题：一是了解自己的竞争对手给员工的薪酬水平是多少，二是针对竞争对手的薪酬水平设定本企业的薪酬标准。付给员工的薪酬越高，企业的人力资源成本就越大。相应地，付给员工的薪酬高于竞争对手越多，自己企业的产出与竞争对手相比的成本比较优势就越小。通过市场薪酬调查，企业就可以了解同行业和相关人力资源市场的流行工资率，企业可以直接用同行业的薪酬标准作为给付标准，或者通过调查确定某些基本工作的给付标准，然后按照相对价值为其他工作确定薪酬。通过调查，企业还可以得到同行业采用的各种福利措施，如保险、病假和休假规定等。

在实施薪酬调查时，调查者可以使用与各个公司的员工面谈的方法，也可以使用电话或发放调查问卷的方法，显然，由企业自己进行这类调查的成本很高，难度也很大。此外，企业还可以利用社会调查资料来获取有关市场薪酬水平的信息。各种商业公司、专业协会和政府机构经常进行地区薪酬调查、产业薪酬调查和职业薪酬调查，并定期公布调查结果，公司可以参考这些资料决定本公司的薪酬标准。

通常情况下，每个公司都有很多种类的工作，薪酬调查要涵盖所有的工作不仅不现实，也没有必要。实践中，薪酬调查总是要对候选的工作进行筛选，挑选出关键的标尺性工作作为研究对象。能够充当标尺的工作应该具有以下特征：第一，工作内容比较稳定，不随时间的变化而变化；第二，承担这种工作的员工的规模很大；第三，这种工作在大量的企业中存在；第四，在人力资源市场上，从事这种工作的员工的供求形势至少在近期没有出现短缺或者过剩，因此对这种工作进行调查能够得到比较正常的结果，对公司的薪酬决策具有长期的指导意义。

二、薪酬水平策略

如何使用市场薪酬调查结果呢？假设公司的目标是使本公司的薪酬标准与市场薪酬水平保持一致。企业在年底可以得到市场薪酬调查结果，如果公司在下一年的年初按照调查结果数据制定公司的薪酬标准，是否已经保持了与市场的一致呢？回答是没有。其原因是市场的薪酬水平在不断上升，假定它正在以每年5%的速度增长。企业在年底得到的薪酬数据实际上是本年度的市场薪酬水平。按照公司的上述做法，公司在新的一年中的薪酬水平如果与市场上一年的薪酬水平持平，就会落后于当期市场的薪酬水平。因此，这种薪酬调整方案并没有实现盯住市场的目的。为了盯住市场的薪酬水平，正确的做法是针对调查得出的薪酬标准做相应的调整，在本例中，公司应该按照5%的增长速度调整调查结果并作为新的一年的薪酬标准。如果公司的目标是实行领先市场的策略，那么可以在薪酬调查中得到的薪酬市场线乘以一个大于1的系数作为下一年度公司薪酬水平的基础。如果公司的目标是实行滞后市场的策略，那么可以把按照薪酬调查得出的本年度的市场薪酬水平作为下一年度的薪酬标准，也可以把薪酬调查得到的薪酬市场水平乘以一个小于1的系数作为下一年度的薪酬水平依据。

我们已经指出，一个公司可以使本公司的员工薪酬水平高于、等于或低于自己竞争对手公司的薪酬水平。把薪酬标准设定在比较高的水平上是为了吸引和保持高质量的员工队伍，降低员工对补偿的不满足感和提高生产率。而把薪酬标准设定在比较低的水平上主要是为了控制劳动成本。这些结论在表面上看起来是成立的，但事实上并非完全如此。Milkovich 和 Newman（1993）的研究结果说明了这一点，如表7-7 所示。

表 7-7 薪酬政策的效果

薪酬政策	薪酬政策目标				
	吸引力	保持力	控制劳动成本	降低对补偿的不满足感	提高生产率
高于市场水平	好	好	不明确	好	不明确
等于市场水平	中	中	中	中	不明确
低于市场水平	差	不明确	好	差	不明确

由此可见，高于市场水平的薪酬确实能够使公司吸引到众多的应聘者，并在遴选过程中录用到最合适的员工。很多人认为高于市场水平的薪酬吸引到的高素质员工具有更高的生产率，从而可以抵消高薪酬使劳动成本上升的影响，但是这一观点并没有得到研究结果的支持。在支付低于市场水平的薪酬是否损害公司保持员工生产能力的问题上也没有明确的定论。其原因可能是：第一，按照这种方法支付薪酬的公司招聘到的员工不具备进入较好公司的竞争力，因此他们在这种公司就业的心态比较稳定；第二，由于在其他支付较高薪酬水平的公司任职的员工不愿意到这种公司求职，因此这类公司更有可能实行内部晋升机制，这对保持公司员工队伍的稳定性有重要作用。

三、薪酬曲线与薪酬等级结构

当我们把薪酬标准的各种水平与工作等级结构的各种水平结合在一起的时候，就得到公司的薪酬等级结构。换言之，薪酬等级结构指的是一个组织中各种工作之间的薪酬水平的比例关系。这种比例关系包含两个方面的含义：一是不同层次工作之间薪酬差异的相对比值；二是不同层次工作之间薪酬差异的绝对水平。一个公司的薪酬体系要实现内部公平的目标至少应该具备以下三个特征：第一，从事这一工作所需要的知识和技能越多，得到的薪酬也越多；第二，从事这种工作所处的环境越不好，得到的薪酬应该越多；第三，一种工作对实现组织整体目标的贡献越大，得到的薪酬应该越多。

公司的薪酬等级结构是一个非常重要的管理工具，对员工的工作行为和态度具有重要的影响。如果薪酬差异过小，那些承担责任重大、内容复杂和比较辛苦的工作的员工就可能感到自己的工作没有得到充分的补偿，从而可能产生不满甚至导致辞职。如果薪酬差异过大，那些处于低层级工作岗位上的员工又可能产生不满情绪。当薪酬等级结构不合理时，员工可能没有积极性在该企业长期服务，从而影响到他们参加技术培训的意愿，也可能使他们不太愿意服从组织新的工作安排。因此，不合理的薪酬等级结构会对组织整体竞争能力的提升造成严重的危害。

（一）薪酬曲线

公司以工作或者技能为基础，结合薪酬市场调查结果，就可以为从事不同工作或者不同技能水平的员工确定不同的薪酬水平。到目前为止，我们已经把企业中所有工作岗位的薪酬划分为若干级别，并且市场薪酬调查结果也为我们提供了与本企业相关的人力资源市场的流行工资率。我们将通过市场薪酬调查得到的薪酬水平作为纵轴，将工作评价结果作为横轴，两者之间的配合关系就形成了一条曲线。这条曲线的含义是按照市场当前的薪酬标准，本企业各种工作应该得到的薪酬。因此，我们可以把这条曲线称为薪酬曲线，如图7-7所示。

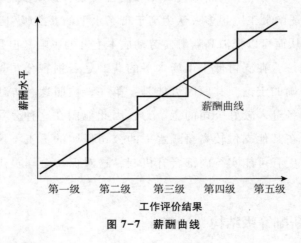

图 7-7 薪酬曲线

（二）薪酬等级结构

综合考虑了企业内外部条件后调整所得的薪酬曲线，就可以为相对价值不同的所有岗位确定一个对应的薪酬值。这样，经过工作评价得到的相对价值相近的一组岗位，便被编入同一等级。总的原则是，薪酬等级的数目不能少到相对价值相差甚大的岗位都处于同一等级而没有区别，也不能多到价值稍有不同便处于不同的等级的程度。此外，级数太少，难以晋升，不利于提升员工士气；级数太多，晋升过频则激励效果不强，徒增管理成本。

图 7-8 反映了一个完整的薪酬等级结构。在图 7-8 中，横坐标反映了薪酬等级（对应岗位的等级），纵坐标反映了薪酬水平，不同等级之间的薪酬水平有重叠和交叉。

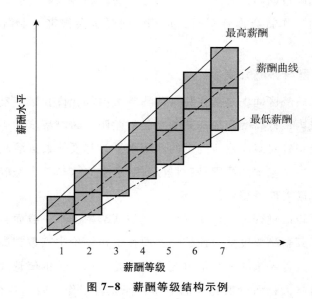

图 7-8　薪酬等级结构示例

四、薪酬等级结构的要素与设计

薪酬等级结构的构成要素包括：① 薪酬等级（Pay Grades）数；② 目标薪酬，即每个或每级岗位的目标薪酬（通常称为中点、基准点等）；③ 薪酬幅度（Pay Rate Ranges），即每级岗位薪酬的范围幅度（以目标薪酬为中点，薪酬最低点与最高点之间的差额）；④ 薪酬级差，即薪酬等级中相邻两个等级的目标薪酬之间的差额；⑤ 薪酬重叠情况（相邻两级别之间薪酬带的重叠程度）。需要注意的是，薪酬等级数、薪酬级差、薪酬幅度、薪酬重叠情况这四个要素是相互依赖、相互作用的，因为在最低等级的最小薪酬和最高等级的最高薪酬的界限之间，任何一个要素的决定都将影响其他三个要素。例如，假如组织要求等级间薪酬有很大的差额，薪酬等级数就很少；假如组织想拥有很多数目的等级，它就必须接受很小的薪酬级差。

(一)薪酬等级数

当企业中存在许多种工作时,通常需要划分薪酬等级,每一个等级包含价值相同的若干工作或者技能水平相同的若干员工。同一个薪酬等级内的各种工作都得到同一水平的薪酬,当然还要考虑员工个人之间在工作绩效和资历方面的差异。设置薪酬等级数时主要考虑薪酬管理上的便利和各种工作之间价值(如点数)差异的大小。在价值最大的工作和价值最小的工作之间的点数差异既定的情况下,如果划分的薪酬等级数太少,那些在工作任务、责任和工作环境上差别很大的员工被支付相同的基本薪酬,就会损害薪酬政策的内部公平性。如果划分的薪酬等级数太多,那些在本质上没有什么明显差别的工作就会得到不同的报酬,同样也会损害企业薪酬政策的内部公平性。

(二)目标薪酬与薪酬幅度

薪酬幅度也称薪酬区间,是指在某一薪酬等级内部允许薪酬变动的最大幅度,表明同一个薪酬等级内最低薪酬和最高薪酬之间的差距。薪酬幅度的中点根据目标薪酬水平设定,反映公司针对某岗位所确定的薪酬水平,其具体数据取决于公司的薪酬策略及其信息来源。一个基本的原则是:目标薪酬水平应该是一个经验丰富的员工在其工作达到规定的标准时应该得到的薪酬。

在确定薪酬等级的过程中,还要设计合理的薪酬幅度。一般而言,在工作评价中点数越低的工作,其薪酬幅度就应该越小;而在工作评价中点数越高的工作,其薪酬幅度就应该越大。这种做法的两个最重要的理由是:第一,价值越大的工作,任职者工作绩效的变化就越大;而价值越小的工作,任职者工作绩效的变化就越小。因此,只有薪酬的变化比较大,才能够激励那些承担对企业贡献较大工作的员工努力工作。第二,不管程度如何,企业组织结构总是呈现某种金字塔形式。因此,级别越高或者价值越大的工作岗位上的员工继续晋升的空间就越小,应当设置比较大的薪酬幅度来激励他们继续努力工作。

(三)薪酬级差

薪酬级差是指薪酬等级中相邻两个等级的目标薪酬之间的差额,它表明不同等级的工作因复杂和熟练程度不同,而应当支付不同的薪酬。薪酬级差可以用绝对额、级差百分比或薪酬等级系数表示。与薪酬级差相对应,还有一个薪酬差额"倍数"的概念。它是指整个薪酬结构中最高薪酬等级与最低薪酬等级的目标薪酬的比值关系。在薪酬总额既定的情况下,"倍数"的确定需要考虑以下因素:第一,最高与最低等级劳动复杂程度上的差别;第二,政府规定的最低薪酬;第三,市场可比的薪酬;第四,企业薪酬的支付能力和薪酬结构;第五,科技发展状况对劳动价值差距的影响。

(四) 薪酬重叠情况

需要指出的是，较高级别的薪酬水平并不总是高于较低级别的薪酬水平。通常情况下，一个薪酬等级的最高水平通常高于与它相邻的较高薪酬等级的最低水平。薪酬等级重叠的程度取决于以下几个因素：第一，相邻两个薪酬等级中的工作在工作评价中得到的点数差异。点数差异越大，重叠的程度就应该越小；而点数差异越小，重叠的程度就应该越大。第二，在每一个薪酬等级内部，员工从该级别的下限向上限的提升可以取决于年资，也可以取决于绩效。如果企业薪酬的增长主要以员工的年资为依据，那么每个薪酬等级的范围应当比较大，因此相邻两个薪酬等级之间的重叠程度也会比较大。这是为了使在某一薪酬等级中长期从事某一类工作的员工有机会不断获得加薪，否则这些员工将进入薪酬增长的死胡同，进而影响其工作动力。一般来说，根据年资决定加薪的方法应用起来比较简便，而且有助于稳定员工队伍，但是随着员工平均年龄的增长，企业单位产出的人工成本将上升。根据员工个人绩效决定加薪的方法可以促进生产效率的提高，有助于抑制单位产出人工成本的上升，但是公司必须建立有效的员工绩效考核系统。

五、薪酬差距策略

薪酬差距策略指的是企业在设计薪酬体系时，在薪酬的平等化和薪酬的阶层化（差异化）之间进行的权衡。在公司实际的薪酬政策中，可以采取平等化的薪酬结构，也可以采取阶层化的薪酬结构。当然，公司各个员工之间绝对平均的薪酬政策是不可取的。平等化的薪酬结构中公司的薪酬等级比较少，最高薪酬水平与最低薪酬水平之间的差距比较小，相邻薪酬等级之间的差距也很小。而阶层化的薪酬结构中公司的薪酬层次比较多，最高薪酬水平与最低薪酬水平之间的差距比较大，相邻薪酬档次之间的差距也比较大。应该看到，薪酬政策的平等化和阶层化是一组相对的概念，两者之间的区分并没有一个绝对的标准。美国劳工联合会—产业工会联合会（AFL-CIO）发布的 2022 年度《高管薪酬观察》（*Executive Paywatch*）指出，在过去的 50 年发展中，上市公司 CEO 与基层员工的薪酬差距急剧上升。1965 年，上市公司 CEO 与基层员工薪酬中值的比值是 20∶1，但是到 2022 年，标准普尔 500 指数（S&P 500）公司的 CEO 薪酬水平已到达基层员工的 272 倍。在我国国有企业工资制度改革的过程中，人力资源和社会保障部等六部门于 2009 年联合出台《关于进一步规范中央企业负责人薪酬管理的指导意见》，对中央企业发出高管"限薪令"。2014 年 8 月 29 日，中共中央政治局会议进一步指出，要对不合理的偏高、过高收入进行调整，形成中央管理企业负责人与企业职工之间的合理工资收入分配关系，合理调节不同行业企业负责人之间的薪酬差距，促进社会公平正义。

　　事实上，在薪酬政策平等化和阶层化的取向上，历来存在两种对立的观点。支持薪酬政策平等化的人认为，平等化的做法可以提高对员工的公平对待程度，增强员工的满意度和工作团队内部的团结，从而促进员工的工作绩效（Cowherd 和 Levine，1992）。如果实行阶层化的薪酬政策，员工的身份感就会很强，容易抹杀员工的活力和创造力。相反，支持阶层化的人认为，实行阶层化的薪酬政策更有助于提高对员工的公平对待程度，理由是员工所承担的工作内容不同，完成这些工作所要掌握的技能不同，所承担的责任也不同，因此对组织的贡献也不同，薪酬水平应该有相应的差异。他们认为，阶层化的薪酬政策将激励员工积极参加培训，勇于承担风险和责任。如果采用平等化的薪酬政策，不但会使公司难以招聘到合格的员工来填充重要岗位，而且那些对组织贡献大的员工的成绩无法得到承认和奖励，会导致这些有价值的员工离职，进而降低组织的整体绩效（Milkovich 和 Newman，1993）。

　　从理论上说，公司的薪酬政策是采取平等化还是阶层化，应该取决于公司中工作的组织方式。如果工作的完成是以工作团队和部门为核心的，平等化的薪酬政策就可能更合适一些；而如果工作的完成是以员工个人为核心的，则阶层化的薪酬政策可能更合适一些。

第四节　薪酬体系调整

　　理论上，员工的薪酬水平作为劳动力的价格应该取决于劳动力的边际产出水平。但实践中，薪酬水平是由多种因素相互作用决定的，其中包括劳动力市场条件、政府立法和企业的薪酬政策等。企业管理层的管理理念和态度以及企业的支付能力对员工的薪酬水平与企业的薪酬体系都有重要影响。管理层出于保持和提高员工士气、吸引高质量员工、降低离职率和改善员工生活标准的考虑，都会对企业的薪酬政策进行调整。员工的薪酬决策还受到劳资谈判的影响，即使那些没有设立工会的企业，为了使员工的工作态度和对企业的忠诚度能够与有工会的企业竞争，其薪酬水平也要参照有工会的企业的薪酬政策。劳资谈判的重点是工资率、加班补偿、收入安全、生活费用调整和医疗保健等福利。此外，工会还会配合为制定薪酬政策而进行的工作评价。企业为了增加产量，不断改进产品与服务的质量，增强企业的竞争能力，就需要不断调整员工的薪酬体系。影响企业薪酬政策的因素既有内部的，也有外部的。

一、影响企业薪酬政策的外部因素

在影响企业薪酬政策的外部因素中,经济形势与国家宏观经济政策是重要的解释变量。我们知道,产品市场与劳动力市场存在密切的联系,二者相互作用、相互影响。当经济形势好的时候,市场对产品和服务的需求增加,企业为了吸引和保持足够数量的合格员工,愿意且有能力对员工支付比较高的薪酬;反之,如果产品和劳动力市场受到经济危机的负面影响而呈现需求衰减,企业就有可能降低员工的工资和福利的增长率,甚至出现工资绝对水平下降的现象。劳动力市场本身对薪酬体系也有着重要的影响,如果企业所需要的员工在市场上存在供给小于需求的情况,企业就会面临工资上调的压力;反之,如果企业所需要的员工在市场上存在供给大于需求的情况,企业就没有积极性提高员工的收入,甚至会降低工资增长率。国家宏观经济政策对员工薪酬也有着重要的影响,不过这种影响具有间接的特征。当国家采用扩张性的货币政策和积极的财政政策刺激经济发展时,市场对产品和劳动力的需求增加,从而会加大企业对劳动力的需求,人才竞争变得更加激烈,企业就可能通过提高员工薪酬增加竞争力。此外,员工的薪酬会受到通货膨胀因素的影响。从政府立法的角度看,有关劳动与就业的法律规定了企业的最低工资、最长工作时间、加班津贴标准、福利计划要求、工作安全与卫生条款、平等给付原则以及童工雇用限制等。

二、影响企业薪酬政策的内部因素

在企业内部,企业的目标和战略、企业的文化、员工工作的性质以及所需要的技能对员工的薪酬都有重要的影响。理论上,企业的薪酬政策与组织及其外部环境之间存在一种依存关系,薪酬政策应该支持企业的发展战略,这种支持方式通过薪酬政策向员工发出企业期望的信息,并通过薪酬政策的执行对那些与企业期望相一致的行为给予奖励来实现。

企业的薪酬政策通常由人事部门按照最高管理层的方针拟定,它强调的是支付标准与规模相当的竞争性公司的相对高低和差异,包括薪资等级和薪资幅度、加薪基础、晋升、降级、调职、付薪的机密性、小时工资率、加班、休假、工作时长和工作时间等方面。企业的薪酬政策承担着多种职能。一般而言,企业薪酬政策的目标包括提高生产率、控制成本、公平对待员工和遵守国家法规。一个有效的薪酬体系应该具有以下几个方面的效果:第一,吸引和保持组织需要的优秀员工;第二,鼓励员工积极提高工作所需要的技能和能力;第三,激励员工高效率地工作;第四,创造组织所希望的文化氛围。不过需要指出的是,每个公司的薪酬政策有所不同,如果我们考察

100家公司，就可能有100种薪酬政策的表述。但是总体而言，各个公司都普遍强调激励员工提高生产效率、控制员工成本以保持企业竞争力，并实现对所有员工的公平对待。

设定企业薪酬政策目标的目的是指导薪酬政策的设计。如果企业的目标是对绩效突出的员工给予鼓励，那么企业应基于员工的绩效支付报酬。在这种情况下，企业应该调整薪酬支付政策，力求使薪酬更多地与刺激性奖励联系起来，而不是采取固定工资的形式。为此，企业应尽量避免给所有员工提升工资，而是对工作绩效优秀的员工给予奖励，目的是提高利润和生产率，使直接对生产做出贡献的员工能够得到更多的利益。这样，企业就能够建立一个真正由工作绩效决定薪酬的支付体系。

在实践中，企业经常参照其他竞争对手的做法来制订薪酬政策。但是，薪酬政策还应该与企业的总体战略目标相结合。换言之，实际薪酬水平不应该完全取决于市场价格，而应该综合考虑以下三个方面：第一，能够吸引和保持所需要的员工所必须支付的薪酬水平；第二，组织有能力支付的薪酬水平；第三，实现组织的战略目标所要求的薪酬水平。表7-8反映了组织特征与企业发展阶段之间的关系。

表7-8　组织特征与企业发展阶段的关系

组织特征	企业发展阶段			
	初创阶段	增长阶段	成熟阶段	衰退阶段
人力资源管理重点	创新、吸引关键人才、激发员工创业热情	招聘、培训	保持、一致性、奖励管理技巧	减员管理、强调成本控制
人力资源经营战略	以投资促发展	以投资促发展	保持利润与保护市场	保存利润并开展新领域投资
风险水平	高	中	低	中—高
薪酬政策	个人激励	个人—集体激励	个人—集体激励	奖励成本控制
短期激励	股票奖励	现金奖励	利润分享、现金奖励、	无
长期激励	股票期权（全面参与）	股票期权（有限参与）	股票购买	无
基本工资	低于市场水平	等于市场水平	高于/等于市场水平	低于/等于市场水平
福利	低于市场水平	低于市场水平	高于/等于市场水平	低于/等于市场水平

资料来源：Schuler和Huber（1993）；Casio（1995）。

此外，如果一个企业强调鼓励员工保持不断学习的能力，它就可能非常重视培训和建立工作小组的技术。这时，企业的薪酬政策可能会把薪酬水平设定在不低于竞争者的薪酬水平上，并且根据员工技能和知识的增长确定员工薪酬增加的标准。

三、员工的薪酬调整政策

薪酬的调整有加薪和减薪两种情况。加薪时可以把待遇调整到给付等级的上限，一般没有什么困难，而减薪的阻力则一般比较大。减薪有以下三种技巧：第一是等到全面加薪时再做调整；第二是员工调职或晋升；第三是继续保持目前的薪酬待遇半年，期间如果没有调职或晋升，就把其薪酬待遇调整到该给付等级的下限。

薪酬体系在决定员工薪酬水平时实际上包含了以下三种因素的共同作用：第一，员工个人绩效考核的结果；第二，反映员工工作绩效差异或者员工工作经验差异的工资幅度；第三，绩效工资增长指导线。绩效工资增长指导线指的是一种函数关系，被解释变量是员工工资增长幅度，解释变量是员工在绩效考核中得到的评定等级和员工原来的基础工资在其所处工资等级内的位置。在绩效工资制度中，员工绩效考核结果通过以下两种方式影响员工薪酬水平的增长：第一，员工在绩效考核中得到的评定等级越高，其薪酬提高的幅度越大；反之，员工在绩效考核中得到的评定等级越低，其薪酬提高的幅度越小。一般在实践中，企业将综合员工在一年中各次绩效考核的结果进行一次薪酬调整。第二，长期来看，对于两个处于相同工资等级的员工，在绩效考核中经常得到较高等级评定的员工要比不能经常得到较高等级评定的员工能够更快地达到该工资等级的上限。所以，员工绩效考核的结果不仅会影响员工工资增长的幅度，还会影响员工薪酬等级的增长速度。

承担相同工作的多个员工得到的薪酬并不总是相同的，采用级别工资的薪酬体系必须包括使员工能够从一个工资级别的最低水平上升到最高水平的机制，而且员工还能够根据年资、绩效或者二者的结合跃升到较高的工资等级。如果两个员工的绩效水平相同，年资比较高的员工就可能获得比较高的薪酬。在薪酬决策中考虑年资因素有以下两个主要原因：第一，对于工资等级比较低的工作，员工绩效方面的差异通常比较小，依靠年资作为薪酬增长的决定因素比较现实；第二，有些企业缺乏有效的员工绩效评估系统，采用年资决定薪酬的增长比较客观。

如果企业拥有一套完善的绩效评估体系，我们就可以以此作为调整绩效薪酬的依据。不过在实际工作中，薪酬计划的调整应该反映员工工作绩效的水平、年资和生活费用调整指数的变化三种因素的共同影响。表7-9是这种做法的一个示例。

表 7-9 薪酬调整计划的示例

工资级别内的位置	范围定义	优异	良好	合格	不合格
第四格	76%—100%	6%+X	3%+X	0	0
第三格	51%—75%	7%+X	4%+X	1%+X/4	0
第二格	26%—50%	8%+X	5%+X	2%+X/3	0
第一格	0—25%	9%+X	6%+X	3%+X/3	0

注：表中的 X 代表生活费用调整指数，实践中经常用通货膨胀率代替。

表 7-9 的含义是，如果一名员工的工资水平处于他所在工资级别范围最高的 25%，即处于第四格，本年度绩效考核被评为良好，而该年度通货膨胀率为 5%，那么他在本次薪酬调整中就应该增加 8%（3%+5%）的工资。表 7-9 显示的方法具有以下几个特点：第一，在绩效考核结果相同的情况下，在工资级别中所处位置比较高的员工工资增长幅度相对小一些，在工资级别中所处位置比较低的员工工资增长幅度相对大一些。这是因为位置比较高的员工的基本工资基数比较大，而位置比较低的员工的基本工资基数比较小，这种差别增长策略可以防止员工之间基本工资差距不合理地扩大。第二，生活费用指数的调整与绩效薪酬的调整是分开进行的。第三，绩效水平刚刚达到合格的员工的工资增长很少，甚至在物价上涨比较高的年份还可能出现实际收入下降的情况。

在结合年资和绩效作为薪酬调整依据时，企业可以采用以下两种策略：第一，从工资级别的最低水平上升到中点位置的过程主要依据年资因素，而从中点位置上升到最高水平则依据绩效表现；第二，当员工在工资级别内从比较低的位置向比较高的位置晋升的过程中，年资只作为一个必要条件而非充分条件。也就是说，只有员工绩效处于平均水平以上的状态持续一定的年限之后才能被提升到较高的位置。

企业薪酬调整包括薪酬水平的调整和薪酬结构的调整，目的是适应企业生产经营发展的需要，更好地提高员工的工作积极性。

四、薪酬水平的调整

（一）薪酬水平调整的类型

按照调整的性质，薪酬水平的调整可分为以下几种：①主动型薪酬水平的调整。这是组织为了达到一定的目标，主动采取加薪或减薪的行为。主动加薪的动机有：一是为了增强与竞争对手争夺人才和维系员工队伍的能力；二是组织的经营绩效有了大幅提高，以加薪回报和激励员工；三是组织薪酬政策发生变化。提出减薪通常是组织经营效益和财务支付能力处于严重恶化状态，不减薪就无法度过危机来维持组织的生存。②被动型薪酬水平的调整。这是组织在各种强制因素的作用下被动采取加薪或减薪的行为。这些强制因素主要有：国家法律和政府干预因素，如有关最低工资标准的法规、工资指数化的立法、冻结工资或规定最高工资标准的行政命令；严重通货膨胀因素迫使组织提高薪酬水平；工会或员工集体要求提高薪酬水平并采取各种行动形成强大压力，行业雇主协会对组织施加压力等。

按调整的内容，薪酬水平的调整可分为：①奖励性调整，指为奖励员工优异的工作绩效，强化激励机制而给员工加薪。奖励性调整的对象范围通常是部分表现优异的员工。②生活指数性调整，指为弥补通货膨胀导致实际薪酬下降的损失，给员工加薪以保持其实际生活水平不下降或少下降，属于薪酬的普调。③年资（工龄）性调整，指随着员工资历的增长而提高其年资薪酬。通常是结合经验曲线[①]和员工绩效考核来确定调整水平，属于常规性和全员性的调整。④效益型调整，指根据组织经济效益的变化情况，全体员工从中分享利益或共担风险的薪酬水平的调整。

（二）薪酬水平调整的操作技术

薪酬水平调整的操作技术有如下五种：

（1）等比调整法，指所有员工以原有薪酬为基数，按照同样的百分比调整。其优点是可以保持组织薪酬结构的相对级差，但不同薪酬等级的员工薪酬绝对量变化的差异较大。在加薪时容易引起低薪员工产生"不公平"的逆反心理，在减薪时又会使高层员工产生怨言。

（2）等额调整法，指所有员工按同样的数额调整薪酬。其优点是在薪酬级差较大的组织中有利于缩小过大的级差，缺点是平均主义色彩较浓。

（3）不规则调整法，指根据员工的岗位重要性、相对价值贡献大小、员工资历等不同情况，确定不同的调整比例。其优点是针对性、激励性较强，缺点是操作复杂、主观因素影响较大。

（4）经验曲线调整法。经验曲线表明，员工对其从事工作的熟练程度、经验积累会随着工作时间的延续而逐步增加，产生工作效率提高、成本下降的效应。这种经验随着时间推移和经验积累速度放缓会递减，而且经验曲线在不同性质工作之间的效应也不同。它与工作的技术含量、劳动的复杂程度有关，如机械工程师与打字员相比，其经验积累速度慢、持续时间长，但这种经验积累所能提供的效率和创造的价值远远大于打字员。

年资（工龄）是薪酬水平调整中的一个重要而又难以精确测评的因素，应用经验

[①] 经验曲线是波士顿咨询公司开发的、广泛用于现代管理的一种分析工具。

曲线有助于解决年资薪酬增长问题。组织可以依据各个岗位不同年资（工龄）员工的效益—成本分析数据，对每个岗位绘出相应的经验曲线，再参照经验曲线确定不同岗位员工年资薪酬水平调整的百分比。经验曲线效应较强的岗位，其年资薪酬增长率应该高于经验曲线效应较弱的岗位。在曲线上升的期间，应提高年资薪酬增长率；而当经验曲线下降或者效应消失时，应适当降低年资薪酬增长率。

（5）综合调整法。这是综合考虑通货膨胀、员工年资（工龄）、员工绩效等因素调整薪酬水平，前提是要有较可靠的生活费用调整指数、准确的经验曲线和较完整的绩效考核系统。

五、薪酬结构的调整

薪酬结构调整的目的是适应组织外部和内部环境因素的变化，以保持薪酬的内部公平性，体现组织的薪酬价值导向，更好地发挥薪酬的激励功能。薪酬结构的调整常常和薪酬水平的调整相结合。薪酬结构的调整主要包括纵向的薪酬等级结构调整与横向的薪酬构成调整。

（一）纵向的薪酬等级结构调整

纵向的薪酬等级结构调整必须考虑两点：第一，适应企业管理的需要，厘清各岗位和职务薪酬之间的关系；第二，在考虑外部竞争力影响的前提下，调整企业内部的薪酬等级结构。常用的纵向等级结构调整方法包括以下两种：

（1）增加薪酬等级。增加薪酬等级的主要目的是细化岗位之间的差别，从而更加明确地实行按岗位付薪的原则。

（2）减少薪酬等级。减少薪酬等级就是将等级结构"宽带化"，即合并和压缩等级结构，这是薪酬管理的一种流行趋势。

（二）横向的薪酬构成调整

横向的薪酬构成调整主要包括以下两种形式：

（1）调整固定薪酬和变动薪酬的比例。固定薪酬和变动薪酬的特点与功效不同，使两者保持适当的比例有助于提高薪酬绩效。目前的趋势是扩大变动薪酬的比例，以增大薪酬结构的弹性、增强薪酬激励功能。

（2）调整不同薪酬形式的组合模式。组织应该根据不同薪酬形式的优缺点，合理搭配、扬长避短，使薪酬组合模式与组织的薪酬政策和工作性质的特点相适应。在组织薪酬模式中增加利润分享型和股权激励型薪酬形式，符合现代薪酬理念和薪酬体系发展的潮流，有利于形成员工与组织相互合作、共同发展的格局。

复习思考题

1. 公平包括哪些类型？薪酬设计如何实现公平？
2. 各种工作评价方法有哪些特点？
3. 工作评价与员工绩效考核有什么区别和联系？
4. 点数法如何体现公司的薪酬政策和文化？
5. 工作导向的薪酬结构与技能导向的薪酬结构有什么区别？
6. 在薪酬等级的设计中应该注意哪些问题？
7. 企业的薪酬水平政策有哪些种类？其效果各有什么特点？
8. 什么是市场薪酬调查？它在企业的薪酬设计中具有什么样的作用？
9. 如何结合员工的工作绩效调整员工的薪酬？

第八章

员工激励计划

学习目标

1. 掌握员工个人激励计划的类型和发挥效力的条件
2. 了解员工集体激励计划的类型和实施方法
3. 掌握福利的主要内容
4. 了解福利的发展趋势

如何实现对员工的高效激励一直是薪酬设计中最重要的问题。薪酬体系需要实现两个目的，一方面，组织需要公平地补偿员工为工作和组织贡献出的智力、体力、时间、技能、经验等；另一方面，薪酬体系应具有较好的激励性，能够鼓励员工进一步提高工作绩效，并留在组织内。目前，组织实施的薪酬激励形式越来越多元化。近年来，各种以股权为基础的激励方式在我国已经变得较为常见。

第一节　员工个人激励

一、员工个人激励计划

研究表明，与工作条件相适应的个人奖励形式的激励对工作绩效的促进效果比较强，而集体奖励形式的激励对工作绩效的促进效果比较弱。但是，集体奖励有助于降低离职率，提高士气和增加员工对组织的忠诚度，从而提高生产率。员工个人激励计划要求绩效考核应针对员工个人的绩效而不是集体的绩效，同时员工薪酬的增加是一次性的，不计入基础工资。企业销售人员按照其销售额的一定比例提成作为薪酬的方式就是一种典型的员工个人激励计划。值得注意的是，绩效工资制度与员工个人激励计划的效果是相互补充的。一般而言，绩效工资制度下的员工薪酬增长幅度在短期内是有限的，相对于员工付出的工作努力，增加的这些薪酬对员工心理上的激励作用比较小。尽管从长期来看，员工的基础工资将随着绩效的增加而增长，但员工个人激励计划在员工绩效突出的情况下，支付给员工的薪酬要比在绩效工资制度下多得多。因此，这种薪酬体系对员工个人的激励效果更加明显。同时，由于员工薪酬的增加仅限于当期支付，而不是提高员工的基础工资，因而不会对企业的人工成本构成上升的压力。

既然如此，那么我们是否可以在企业中广泛地应用员工个人激励计划呢？答案是否定的，主要的原因是实行员工个人激励计划是有条件的。行为理论告诉我们，要使员工个人激励计划发挥效力必须同时具备以下三个条件：第一，员工个人有能力控制达到既定目标的行为和条件；第二，企业支付的薪酬与员工达成的目标之间必须有明确的联系；第三，薪酬的数额必须能够足以补偿员工达成既定目标所付出的努力。但是在现实生活中，我们经常会发现一些企业为销售人员制订的员工个人激励计划并没有达到预想的效果，其原因常常与不能同时满足以上三个条件有关。

根据员工个人贡献确定薪酬的第一种做法是在每个薪酬等级中设置薪档，并通过个人贡献大小调整薪档。第二种做法是实行绩效薪酬。这种做法在管理岗位员工和专业岗位员工的薪酬决策政策中应用得非常普遍。在设计绩效薪酬体系时需要注意两个标准：一是衡量绩效的层次，即薪酬的增长是取决于员工个人的绩效还是取决于员工所在集体的绩效。二是薪酬的增长是一次性的还是永久性的。如果是永久性的，那么以后的薪酬增长将以不断增加的薪酬作为基础来计算；如果是一次性的，那么员工在各个时期获得的薪酬增长是分别计算的，当期的薪酬增长不影响以后薪酬增长的基础。以上两种标准作用方式的相互结合，可以将员工激励政策中的常用手段进行如表 8-1 所示的分类。

表 8-1 员工激励的主要手段

	员工个人	集体
永久性	绩效加薪	无
一次性	激励薪酬、一次性奖金、佣金、红利	增益分享计划、利润分享计划、股票期权、红利

资料来源：Milkovich 和 Boudreau（1994）。

二、不同类别员工的差异化激励薪酬形式

一个企业中的员工可分为许多不同的类别，如生产操作人员、销售人员、专业人员和管理人员等。对这些不同类别的员工的激励策略也应该有所不同。

1. 生产操作人员

对于生产操作人员，计件制是一种最古老和最常用的激励薪酬形式。在设计计件制的薪酬标准时，首先由工业工程师决定某一工作每小时的标准产量，然后用根据工作评价确定的小时薪酬除以每小时的标准产量得到单位产量给付标准。计件制包括完全计件制和部分计件制两种形式。完全计件制是指完全按照员工的产量计算薪酬；部分计件制是指员工超过某一产量水平后的收入由员工和企业按照某一比例进行分配。计件工资具体实施时还有两种选择，一是普通计件制，即按照单一标准和产量计算薪酬；二是差额计件制，即在标准产量内按照基础计件薪酬计算，但超出标准产量的额外产量按照更高的计件薪酬来计算，以此来激励工人提高产量。

2. 销售人员

销售人员的工作通常难以监督，可采用佣金制和底薪制的激励方法。佣金制是指销售人员的收入完全按照绩效而定。佣金制的优点是最能激励销售人员，可以吸引业务能手，但缺点是容易使销售人员只重视近期的销售和数额大的销售，而忽视开发有潜力的客户和为小客户提供服务。另外，销售人员的收入波动比较大，不够稳定，市场不景气会导致其收入锐减，不利于销售队伍的稳定。底薪制是指销售人员领取固定

的基本工资，有时也有红利等奖励。这种方法比较适合从事任务性和服务性（如寻找潜在客户）工作的销售人员。底薪制的优点是：第一，销售人员预先知道自己的收入范围，企业的业务人事费用在一定程度上也是可预测的；第二，管理人员指派任务比较容易，也有助于提高销售人员对企业的忠诚度；第三，可以鼓励销售人员开发长期客户，而不是仅仅注重眼前的销售成绩。底薪制的缺点是薪酬水平取决于服务年资，而不是工作绩效，这不利于激励有潜力创造良好绩效的年轻销售人员。另外，底薪加佣金的混合制也很常见，固定的底薪可以保障销售人员的生活所需，佣金部分则可以激励销售人员创造良好的绩效。

3. 专业人员

专业人员是指那些受过正式训练或从事研究工作的人员，如律师、医生、工程师、研发人员等。企业对专业人员的激励方法是加薪，一般是按照年资每年自动增加薪酬，且建立在公平的绩效评估的基础上。由于专业人员比较重视工作成就，而相对不重视金钱，所以对他们也可以采用一些非金钱的激励方法，如提供更好的设备、实行支持性的管理风格、资助他们出席专业性会议和支持他们深造等。

4. 管理人员

在美国，高级管理人员的薪酬体系包括以下五个部分：基本薪酬、短期奖励或奖金计划、长期奖励计划、正常员工福利、特殊福利或津贴。高级管理人员的激励可以分为短期激励和长期激励。短期激励通常是指年度红利，其作用在于激励高级管理人员和主管提高短期绩效。一般地，岗位越高的主管得到的红利越多。红利应该分为两部分，一部分与个人绩效相联系，另一部分与集体绩效相联系。理论上，年度或短期奖励制度可以促进企业资产的有效利用。这种奖励的依据是企业的净收入总额或投资收益率等效益指标，一般以现金形式及时支付。长期激励的目的是促进企业的长期发展，包括建立新工厂、开辟新市场等，以促使管理人员重视公司的长期发展，而不仅仅是短期的盈利。长期激励的方法主要是派发股票，或给予购买股票的优惠，从而使主管的利益与公司的长期利益联系在一起。

三、长期激励计划

长期激励计划主要是指根据超过一年（通常是 3—5 年）的绩效周期评定员工绩效并据此对员工进行激励的计划。长期激励计划把员工收益与组织长期绩效联系在一起，激励员工为组织的长期绩效考虑，避免员工的短期行为。长期激励计划还能够培养员工的所有者意识，有助于企业招募和保留高绩效的员工，从而为企业长期资本的积累打下良好的基础。长期激励计划的最初目的是激励和引导企业高层管理人员的行为。随着长期激励计划的发展，越来越多的企业开始将这项计划运用到中层管理人员甚至普通员工的激励当中。

长期激励计划的主要形式是股票所有权计划，具体包括股票持有计划、股票期权计划和期股计划。其中，股票持有计划包括管理者持股计划和员工持股计划（Employee Stock Ownership Plan, ESOP），股票期权计划和期股计划主要针对高层管理人员。

（一）管理者持股计划

管理者持股计划是指管理者按照与资产所有者约定的价值出资购买一定数额的本企业股票，并享有股票的一切权利，股票收益可在当年足额兑现的一种激励方式。通过持有一定份额的企业股票，获得企业的部分剩余索取权，从而获取资本收益。这样就使管理者的个人利益与企业利益紧密地联系在一起，使企业管理者从关注自身利益的角度出发，关心企业的经营绩效。

（二）员工持股计划

员工持股计划是指企业内部员工出资认购本公司的部分股权，并委托员工持股委员会管理运作，员工持股委员会代表持股员工进入董事会参与表决和分红的一种新型的激励形式。

员工持股计划有两种形式，即杠杆型的员工持股计划和非杠杆型的员工持股计划。在这两种计划下，企业都将建立一个员工持股计划信托基金会，企业每年给予该计划一定的股权或现金，用于购买股票。基金会将为员工掌管这些股票，并经常通知员工其账户的价值。股权可以根据员工的薪酬和资历进行分配。当员工离开企业或退休时，他们可以将股票出售给企业。如果股票支持公开交易，他们也可以在公开市场上出售这些股票。

1. 杠杆型的员工持股计划

杠杆型的员工持股计划主要是利用信贷杠杆来实现的，即可以向银行和其他金融机构借款购买股票。这种做法涉及员工持股计划信托基金会、企业、企业股东和贷款银行四方。首先，成立一个员工持股计划信托基金会。然后，由企业担保，该基金会出面以执行员工持股计划为由向银行贷款购买企业股东手中的部分股票。购入的股票由基金会掌管，并利用由此分得的企业利润及由企业其他福利计划（如员工养老金计划等）转来的资金偿还银行贷款的利息和本金。随着贷款逐步还清，基金会按事先确定的比例将股票逐步转入员工账户。贷款全部还清后，股票全部归员工所有。这种类型计划的要点是：①银行贷款给企业，再由企业借款给员工持股计划信托基金会，或者由企业做担保，银行直接贷款给员工持股计划信托基金会；②基金会用借款从企业或现有的股票持有者手中购买股票；③企业每年向基金会提供一定的免税的贡献份额；④基金会每年用从企业取得的利润和其他资金，归还企业或银行的贷款；⑤当员工退休或离开企业时，按照一定条件取得股票或现金。

2. 非杠杆型的员工持股计划

非杠杆型的员工持股计划是指由企业每年向该计划贡献一定数额的企业股票或用于购买股票的现金。这个数额一般为参与者薪酬总额的15%，特定条件下最高可达25%。这种类型计划的要点是：①由企业每年向该计划提供股票或用于购买股票的现金，员工不需要任何支出；②由员工持股计划信托基金会持有员工的股票，并定期向员工通报股票数额及其价值；③当员工退休或因故离开企业时，根据一定的年限要求取得相应的股票或现金。

（三）股票期权计划

股票期权最初更多的是针对高层管理人员设计的，是授予高层管理人员在规定时期内、以事先确定的价格购买一定数量的本企业普通股的权利。购买股票的价格一般参照股票的当前市场价格确定。如果到期时企业股票价格上涨，高层管理人员可以行使期权，以确定的行权价格购买股票并以最优价格售出获利；如果企业股票下跌，高层管理人员则可以放弃行使这项权利。该计划对高层管理人员在购股之后出售股票的时间期限做出了规定。高层管理人员有权在一定时期后将所购入的股票在市场上出售，但期权本身不可转让。另外，股票期权通常只给予高层管理人员享受企业股票增值所带来的利益增长权，一般不向高层管理人员支付股息。

（四）期股计划

期股是指企业所有者预留一定数量的股票，将其锁定在高层管理人员的个人账户中，企业高层管理人员可以在达到预期绩效后或者在预定的时间后兑现。只要高层管理人员经营绩效达标，不用花钱或花很少的钱即可获得约定的股份。但在兑现之前，高层管理人员只有分红、转让、继承等部分权利，其股票收益将在中长期予以兑现。

期股计划的核心是股票，它具有强制性，一旦高层管理人员选择了期股，他就必须按约定的价格购买股票。如果企业经营不好致使股票价格下跌，高层管理人员就会遭受很大的损失。期股制度的显著作用就是使高层管理人员分享到一定的剩余索取权，并承担相应的风险，故其激励作用具有长期性，对高层管理人员的行为具有约束意义，有利于企业的资产增值和持续稳定地发展。

期股计划的构成要素有：①实施激励的主体，即期股计划的决策者，一般应是企业资产的所有者或其授权机构；②期股的受益人，即期股的购买者及拥有者，一般是具有经营决策权的高层管理人员；③期股的有效期，即选择权的有效时间，超过此期限则失去此项权利;④期股的协议购买价格,即行权价;⑤期股的购买数量,此数量因企业而异,具体确定时既要考虑发挥激励与约束作用,又不能损害所有者权益。

四、员工激励系统的管理

激励计划发生作用的心理学基础是:第一,强化工作动机可以改善工作绩效;第二,给予员工认可是一个重要的激励因素。这两点应该成为设计激励计划的基本依据。一个有效的激励计划应该具有以下特征:一是简明,即激励计划的规则简明扼要,容易理解;二是具体,可以衡量的目标是制订激励计划的基础;三是可以实现,每个员工都应该有一个合理的机会获得他们希望得到的东西。

企业要使员工激励系统发挥效力,应该使员工从绩效奖励计划开始执行的时候就对这个计划产生强烈的主人翁责任感。有效激励系统的建立一般分为五个步骤:第一步,制定较高的工作绩效标准,平庸的标准很难带来卓越的成就。第二步,建立准确的工作绩效评价系统。评价标准应该强调工作规范和工作成果,并同时使用多个评价人员,采用多种评价员工行为的方式。第三步,培训各级主管提高工作绩效评价技巧和向下属传达评价意见的艺术性,对较低工作绩效的员工必须给予善意的、建设性的批评。第四步,把奖励与工作绩效紧密联系起来,如用年度工作绩效奖金奖励员工突出的贡献,用提高薪酬的办法奖励受到晋升的员工。第五步,制定一个范围比较宽的提高工作绩效的指标。

经验表明,员工激励计划失败的原因有以下几个方面:第一,所支付报酬的奖励价值过低,因此激励计划无法唤起员工积极工作的动力;第二,员工的工作绩效与奖励之间的联系不明显;第三,激励不是采取一次性奖金而是采取永久性提升薪酬的方式,这可能会进一步降低工作绩效与奖励之间的联系;第四,主管往往因缺乏进行公正评价的能力而抵制工作绩效评价。一般而言,那些使工作绩效与奖励密切相关的绩效奖励计划很可能产生比较高的工作绩效,尤其在计划开始执行的一两年之后更是如此。

建立和管理激励计划的起点是预算,总体预算包括三个部分:计划的管理费、宣传资料和宣传劳务费、奖金。一般而言,奖金所占比例应该为全部预算的90%。奖金可以是固定成本,也可以是变动成本。如果激励计划是激励员工最大限度地改善工作绩效,就应该采用不封顶预算;否则,就应该采用封顶预算。企业最多可以把激励计划预期收益的50%作为激励计划本身的成本。

需要指出的是,企业激励员工的手段不仅可以采用货币奖励的方式,也可以采用实物奖励的方式,实物奖励与货币奖励各有优点。实物奖励的优点是:第一,实物与薪酬界限分明,可以成为对计划本身、计划目标和公司的永久性纪念;第二,实物明显可见,可以成为获奖者引以为豪的见证;第三,实物奖品的购买可以利用大量的折扣优惠,降低奖励所需的成本。但是,货币奖励可以使员工达到比实物奖励更高的满足程度。一种结合的方式是确定奖金的数量,然后让员工购买自己喜欢的等值商品。

但是需要注意的是,员工薪酬激励作用有一定限度。一般来说,随着员工努力程度的提高,其付出的边际成本是递增的,而同时货币收入的边际效用是递减的。当员工的努力处于较低的水平时,货币收入的效用大于努力的成本,因此员工的总效用将随着努力的增加而增大。但是,这种净效用增长的速度是递减的。货币收入效用曲线与努力成本曲线相交时的努力程度是员工愿意付出的最大的工作努力水平,也是组织采用货币收入手段激励员工的上限。

第二节 员工集体激励

在现代大机器生产和专业化分工条件下,产品是在很多人合作的条件下生产出来的,因此管理人员无法说清楚每位员工在企业整体目标实现过程中各自的贡献是多少,管理人员本身的绩效衡量也存在同样的问题。因此,集体激励计划就成为支持团队合作工作方式的激励方法。需要注意的是,所谓的集体激励是相对于个人激励而言的。因此,严格地说,只要不是在员工个人层面上实施的旨在影响员工薪酬的激励计划都可以被称为集体激励计划。在实践中,企业一般根据部门绩效或企业的整体绩效情况实施集体激励计划。

一、小组奖励计划

小组奖励计划(Team-based Incentives)是指人数较少的一个班组的成员在达到具体目标之后分享一笔奖金。在小组奖励计划中,企业是在小组达到事先设定的绩效标准(如客户满意度、安全记录、质量和生产记录)后,才给组内的每个员工发放奖金。

组内的奖金分配有如下三种方法:

(1)组员平均分配奖金。这种方法可以加强组员间的合作,但当组员认为个人贡献大小不同即每个组员的绩效不同时,此办法不适用。

(2)区别奖励,即组员根据其对小组绩效的贡献大小得到不同数额的奖金。这种方法在一定程度上根据个人绩效来分配奖金。但这种方法可能会导致一些组员为了增加收入会只重视自己的绩效而不考虑集体的绩效。因此，许多企业在分配奖金时会综合考虑集体绩效和个人绩效。

（3）根据每个组员的基本薪酬占小组所有成员基本薪酬总额的比例确定其奖金比例。这种方法假设基本薪酬高的组员对公司的贡献大，按这种方法分配给组员的奖金数额和他们的基本薪酬成正比。

小组奖励计划可以鼓励组员学习新的技术，并且承担更广泛的工作责任。在小组中工作的员工不再只是服从主管的命令，还必须为实现小组的业绩目标而制订工作计划。在小组奖励计划中，无论组员绩效完成情况怎样，每个组员只有在小组目标实现后才能得到奖金。这就要求强调团队内部和团队间的合作，奖励员工作为组员而承担的额外义务和他们必须获得的技术和知识，并鼓励组员达到小组事先设定的目标。

二、利润分享计划和增益分享计划

利润分享计划和增益分享计划是集体激励计划的两种基本形式。利润分享计划是指用盈利状况作为对部门或整个企业绩效的衡量标准，超过目标利润的部分在企业全体员工间分配，通常是把这一部分利益以现金形式发放，或者存入员工的某一信托账户让员工退休后领取。利润分享计划的理论依据是参加利润分享计划的员工对组织和组织的利润目标有更高的认同感，更加关心组织的发展，努力工作，减少浪费，因此能够促进劳动生产率的提高。此外，如果企业没有利润，就不会产生员工激励费用。利润分享计划的缺点是如果出于经济不景气等员工无法控制的因素，企业利润水平没有达到预定的目标，那么即使是最优秀的员工也无法得到奖励。在以延期支付的方式发放奖金时，员工获得这一奖金与员工付出努力之间的时间间隔比较长，易使工作绩效与激励之间的联系减弱。此外，在实行利润分享计划的情况下，绝大多数的做法是每个员工得到的利润份额都相同或者与每个员工的基础薪酬成比例，因此，员工所得到的奖励与个人的工作绩效之间可能缺少明确的联系。

增益分享计划是指将一个部门或整个企业在本期生产成本的节约或者人工成本的节约与上期的相同指标进行比较，然后把节约金额的一部分在这一部门或整个企业全体员工之间分配。增益分享计划的主要目的是以薪酬为纽带将员工个人目标和组织整体目标连接起来，同时强调组织绩效的提高是员工个人和团队共同努力的结果。班组层面的增益分享计划最适合工作需要组员密切合作的情况，其主要优点是：第一，那些从事间接服务的、个人绩效不容易观察的员工可以得到奖励；第二，避免员工之间的恶性竞争。增益分享计划的缺点是可能引起班组之间的恶性竞争，而且员工无法观察自己的贡献。

利润分享计划通常是在整个公司的范围内实施的，而增益分享计划通常是在部门范围内实施的。另外，利润分享计划的衡量指标一般是利润，而增益分享计划的衡量指标除了利润，也可以是生产率的提高状况。不论是增益分享计划还是利润分享计划，具体的实施方法一般是先计算用来分配的数额与相关员工的基本薪酬总额的比值，然后用这一比值与某一相关员工的基本薪酬相乘，所得的结果就是这个员工应该得到的奖金数额。尽管两种员工集体激励计划本质上非常相似，但是从最终的效果来看，增益分享计划中员工努力与个人收益之间的联系更容易被员工感受到，因此对员工的激励效果会更强一些。利润分享计划涉及目标利润的确定、管理阶层的决策质量，而后还涉及当期利润的核算方法，而且利润的最终形成还受到经济周期等企业外部各种因素的影响，因此员工难以观察和控制利润的增加或者减少。这导致在利润分享计划中，员工努力与个人收益之间的联系被削弱了，这也使得利润分享计划的激励效果减弱。

很多人认为增益分享计划不仅是一种集体激励计划，还是企业整个管理方式和管理理念的一个组成部分。这意味着只有组织中存在良好的员工关系，组织重视员工参与在决策中的作用，增益分享计划才具有真正的意义。美国一些企业在实行增益分享计划时，发现生产效率低的员工在工作团队中有搭便车的现象，这对生产效率高的员工产生了消极的影响。Milkovich 和 Boudreau（1994）认为，要使增益分享计划发挥预想的作用，组织本身应该具备以下条件：

- 企业的规模比较小，员工数量一般在500人以下。
- 员工年龄比较大，员工的学习曲线已经变得比较平坦，员工绩效标准可以根据过去的表现来确定。
- 企业在财务指标方面的衡量方法比较简单，而且过去的财务状况良好。
- 本企业所面临的产品市场需求旺盛，能够吸收企业增加的产出。
- 员工能够控制产品的生产成本。
- 在企业中有一种开放的和高度信任的气氛。
- 企业采取员工参与式管理。
- 企业没有工会，或者工会积极与企业合作。
- 企业在过去没有采用过加班的做法。
- 企业生产的季节性波动不明显。
- 工作任务底线存在中度到高度的相互依赖。
- 企业几乎没有资本投资计划。
- 企业的产品具有稳定性。
- 企业的财务主管值得信赖，并有能力解释财务指标的变化。

- 企业实行开放式的沟通政策，愿意公布财务结果。
- 生产部门管理人员值得信赖，积极投入增益分享计划，并有能力阐述这一计划的阶段性目标和最终目标。
- 企业管理层能力强，能够支持参与性管理方式，有良好的沟通技巧，能够处理各种建议和接受新思想。
- 如果实行增益分享计划的组织是一个大企业的一部分，那么要求企业总部积极支持这一计划。
- 企业的劳动力技术水平比较高，对工作参与、薪酬的增加以及企业的财务状况感兴趣，并有一定的财务知识。
- 生产的维修和工程等后勤部门有竞争力，愿意也有能力满足需求的提高。

三、斯坎隆计划

管理学中最著名的增益分享计划是斯坎隆计划。斯坎隆计划最早是 20 世纪 30 年代中期由美国俄亥俄州一家钢铁工厂的工会领袖约瑟夫·N. 斯坎隆（Joseph N. Scanlon）提出的一个劳资合作计划，其要点是如果老板们能够使大萧条期间倒闭的工厂重新开工，工会就同意与企业一起组成生产委员会，努力降低生产成本。1944 年，斯坎隆进一步完善了这一计划，提出用薪酬总额与销售总额的比例衡量工作绩效。现在的斯坎隆计划的要点包括薪酬总额与销售总额的比例、与降低成本相联系的奖金、生产委员会和审查委员会四个方面。斯坎隆计划的目的是使组织目标和员工目标实现同步化。经验表明，斯坎隆计划的成败并不取决于公司的规模或者技术类型，而取决于计划实施中员工的参与程度和公司管理层的态度。

斯坎隆计划具有三个重要特征：第一，强调参与性管理哲学，即管理层和员工应该不分彼此，给员工一种企业属于自己的感觉，让每个人都明白个人薪酬增加是建立在彼此坦诚合作的基础上，并将企业的薪酬激励和员工建议系统结合在一起。企业的每个部门都有一个由管理人员和员工代表组成的员工委员会，并为员工提供提出改进建议的机会，鼓励员工提出提高生产率的建议。第二，员工委员会负责执行激励计划，包括评估改进建议的价值、应用奖金计算公式和重新设计奖金计算公式等。一般而言，当一项改进计划被接受以后，不但提出这一改进建议的员工会受到奖励，而且该员工所在部门的全体员工都会受到奖励。第三，应用斯坎隆计划的企业都采用适合本企业的奖励分配计算公式。计算奖金的一般程序为：

① 确定收益增加的来源，通常包括用劳动成本的节约来表示的生产率的提高，用次品率降低来表示的产品质量的提高，以及生产材料等成本的节约。不难发现，员工

的改进建议对实现上述各个方面的收益增加有重要作用。

② 将上述各种来源的收益增加额加总就可以得到增益总额。

③ 提留和弥补上期亏空。为了防止下期增益的减少给员工收益增长的稳定性带来不利的影响,通常将现期增益的一定比例(如 1/3)作为提留。如果到年终还有剩余提留的累积,则全部参加分配。此外,也可能由于上期增益水平过低,企业为了保持员工收入增长的稳定性而进行了透支,这样就应该用当期增益弥补上期透支所产生的亏空。在提留和弥补上期亏空之后的余额就是当期可以在员工中进行分配的增益总额。

④ 确定员工分享增益的比例(如 60%),并根据这一比例计算出员工可以分配的总额。

⑤ 计算员工可以分配的增益总额与参加这一计划的员工当期薪酬总额的比值。用这一比值乘以某位员工的薪酬所得结果就是该员工分享的增益额。

四、合伙制

从法律意义上说,合伙制是相对于公司制的一种组织形式。合伙企业是指由两个或两个以上合伙人拥有公司并分享公司利润,合伙人为公司主人或股东的组织形式。其主要特点是:合伙人共享企业经营所得,并对经营亏损共同承担无限责任;它可以由所有合伙人共同参与经营,也可以由部分合伙人经营,其他合伙人仅出资并自负盈亏;合伙人的组成规模可大可小。

我们可以把这种传统意义上的合伙制称为"股份合伙制"。当前企业管理中涌现的合伙制则不完全是股份合伙制,而是相对雇佣制的合伙制,是从企业管理角度来说的,表现为事业合伙制、业务合伙制。这种合伙制的本质在于建立一套企业分配机制,转变员工之前被雇用者的身份,实现利益共享、风险共担的管理机制。其目的是:一方面体现为对人才贡献和价值的认可,并建立给予人才合理回报的机制;另一方面对于企业来说,通过合伙制更大地激发人才的创造力,并将企业经营行为下放给合伙人团队,从而吸引和保留优秀人才。这是因为互联网技术的发展使得企业呈现出"去中心化"的特点,也凸显了人才的价值,而传统的雇佣制固化了企业的管理机制,束缚了人才的发展。因此,升级和替换雇佣制这种劳资关系,将企业和员工之间雇佣与被雇佣的劳资关系变革为共同创业的合伙关系,打造人才追利逐梦的事业平台,成为在新时代背景下管理学的新课题。但是这种合伙制和股权计划还是有很多相似之处的。

事业合伙即常见的虚拟股份或项目跟投,员工出资认购企业虚拟股份,共同经营、共享利润、共担风险，但不涉及法人主体或工商注册信息变更。事业合伙可以分为两类：一类是企业拿出一项业务、产品、项目、区域（单店）等可独立核算的经营体与参与该经营体运营的员工共同投资、共享利润、共担投资风险，如万科集团的项目跟投、很多连锁企业的单店员工入股；另一类是企业不区分不同业务/产品/项目/区域，其虚拟股份对应整体经营盈利状况，全体合伙人出资认购企业整体的虚拟股份，并根据企业整体盈利分红、承担风险，如华为公司的内部员工持股计划。

业务合伙不涉及法人主体及股东身份事宜，业务合伙人通过自己的开拓与努力实现业绩与利润，并享受分成。常见的有两类形式：一类是经营团队独立自主进行业务开拓与执行，享受团队经营所得的利润。这是合伙制最早的形态，常见于服务机构，如管理咨询公司、会计师事务、律师事务所、投资银行等轻资产运作的机构。人力资本是企业经营的主要因素，对于新业务板块的增加不需要额外的资源与资本投入。另一类类似于承包制的演化，即在确定的业绩、利润基础之上，对于经营团队努力实现的增值部分进行利润共享，不足部分影响员工收益。这种形式适用于非轻资产运作但员工对业绩/利润起到较大作用、员工经济实力不足以跟投资金的企业，更多地应用于基层员工的合伙制改造，如永辉超市推行的面向各个群体的合伙制。永辉超市的合伙制并不是大多数公司针对极少数核心人员采用的合伙制，而是一种员工普惠的利润分享机制。永辉超市合伙人并不享有公司的股权和股票，而只有分红权，相当于总部与小团队的利益再分配，其核心是超额利润的分享。公司与员工合伙人根据历史数据和销售预测确定一个业绩标准，如果实际经营业绩超过所设立的标准，超过部分的利润按照比例在公司和合伙人之间进行分配。也就是说，永辉超市的合伙制建立在业绩指标和利润指标双达标的基础上。这种创新模式重在激励，培养员工"人人都是经营者"的思维，共同为公司谋划发展，也是一种总部与小团队的业绩对赌模式。永辉超市合伙人还可以扩展到生鲜农产品的专业买手和当地农民等群体。图8-1是永辉超市合伙制的示意图。

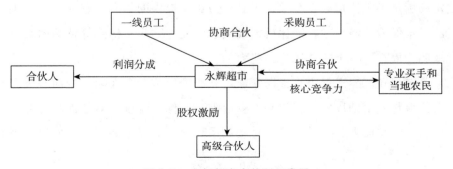

图 8-1　永辉超市合伙制示意图

第三节　员工福利计划

员工福利是组织为满足劳动者的生活需要，在薪酬收入之外，向员工本人及其家属提供的货币、实物及一些服务。也就是说，福利的形式可以是货币或实物，也可以是服务与特殊权利。员工福利作为薪酬体系的一部分，在薪酬体系中所占的比例日益增大。与此同时，员工福利在企业管理中发挥着越来越重要的作用。福利涉及组织中每一个员工的切身利益，不仅能满足其当前需要，还对其今后的工作生活起到保障作用。对于企业来说，福利水平的高低，不仅对预算产生影响，还对企业文化的形成、员工队伍的稳定和企业的总体绩效有很大的影响。企业提供员工福利不仅受到法律法规的要求，也受到工会和社会的影响。此外，企业为员工提供什么样的福利、提供多少福利也反映了企业管理者的管理理念；当然，企业需要考虑到自身承受能力，以及吸引人才的竞争力要求。2023年，美国对《财富》（*Fortune*）杂志100名最佳雇主的调查也发现，为员工提供优越福利的企业，其人均收益增长7%，69%的员工愿意为工作付出额外的努力，也有51%的员工愿意留在组织中。[①]

一、福利的内容

福利项目从性质上分为法定福利和企业补充福利两种类型：一部分是国家法律法规明确规定的各种福利，要求企业必须按政府规定的标准执行，比如各类社会保险、住房公积金、法定节假日等，被称为法定福利；另一部分是由企业自主提供给员工全体或个人的各类福利项目，主要包括补充养老保险、补充医疗保险、各类员工服务计划及其他补充福利等，被称为企业补充福利。

（一）法定福利

法定福利是组织依据国家有关法规必须为员工提供的福利，它为员工提供了工作和生活的基本保障。当员工在退休后，或遭遇失业、疾病、伤残等特殊困难时可以得到及时救助，提高了员工防范风险的能力。

（1）养老保险。养老保险是指国家通过立法，使劳动者在因年老而丧失劳动能力时，可以获得物质帮助以保障晚年基本生活需要的保险制度。养老保险是社会保险体系的核心，它影响面大、社会性强，直接关系到社会的稳定和经济的发展，因此各国

---

① 资料来源：https://www.greatplacetowork.com/best-companies-to-work-for（访问时间：2024年3月18日）。

政府都特别重视。目前我国养老保险的缴纳由企业和员工共同承担。

（2）失业保险。失业保险是指国家和企业对因非主观意愿、暂时丧失有薪酬或有收益的工作的员工，支付一定的经济补偿，以保障其在失业期间的基本生活，维持企业劳动力来源的社会保障的总称。失业保险的根本目的在于保障非自愿失业者的基本生活，促使其重新就业。我国失业保险的缴纳由企业和员工共同承担。

（3）医疗保险。医疗保险也称疾病保险，是指国家、企业对员工在因病暂时丧失劳动能力时，给予其假期、收入补偿和提供医疗服务的一种社会保险制度。我国医疗保险的缴纳由企业和员工共同承担。

（4）生育保险。生育保险是指妇女劳动者在因生育子女而暂时丧失劳动能力时，由社会保险机构给予必要的物质保证，以保证母亲和孩子的基本生活及孕产期的医疗保健需要的一种社会保险，由企业缴纳。

（5）工伤保险。工伤保险又称职业伤害保险，是指由国家或者社会向因工伤、接触职业性有毒物质等而造成伤残、死亡等暂时或永久丧失劳动能力的劳动者及其家属提供物质帮助的一种社会保险制度，由企业缴纳。

除了以上社会保险，还有公休假日、法定节假日和带薪年休假（如孕产假、婚丧假、探亲假等）等在内的法定休假，住房公积金也是法定福利的主要内容，由企业和员工共同缴纳。

（二）企业补充福利

如果说法定福利是为了保障员工的基本生存，企业补充福利则是企业为满足员工更高层次的需求，提高员工生活水平和生活质量而提供给员工的附加福利。企业补充福利的形式是多样的，提供的服务也是多方面的，其目的是使员工对组织产生一种依赖感和忠诚感，提高组织的凝聚力。同时，补充福利也为组织树立了良好的社会形象，使其在人才市场上更具竞争力。

企业补充福利主要包括补充养老保险、补充医疗保险、住房或购房支持计划、员工服务福利和其他补充福利等。为了更好地吸引和保留人才，很多企业为员工提供的服务还包括学费资助、免费食品和饮料供应、班车、工作服、法律服务、子女入托、节日礼物赠送、股票购买计划、体育锻炼设施、搬家和工作调转补贴、交通和停车费补贴、购物补贴等。

二、福利的新发展：弹性福利

随着时代的发展，传统的统一福利形式已不能满足员工的不同需求。大部分员工愿意自己多掏点钱，换取在福利方案的制订中更大的选择权。以人性化管理为指导思想，在企业总体分配框架内向员工提供多种福利组合，充分体现全新福利发放形式的弹性福利计划（Flexible Benefit Plan）能够较好地解决这一问题。弹性福利计划又称柔性福利计划或自助餐式福利计划，是根据员工的特点和具体需求，列出一些福利项目，在一定的数额限制内，员工按照自己的需求和偏好自由选择和组合。这种方式区别于传统的、统一的福利计划，具有很强的灵活性，很受员工的欢迎。

弹性福利计划出现于20世纪70年代，经过五十年左右的发展，已经演变出多种不同的类型。

1. 附加型

附加型弹性福利计划是最普遍的弹性福利制度。它是在现有的福利计划之外，再提供其他不同的福利项目或扩大原有福利项目的范围，让员工自主选择。例如，某家公司原先的福利计划包括房租津贴、交通补贴、意外伤害保险、带薪休假等。该公司在实施这种类型的弹性福利计划时，可以将现有的福利项目及其给付标准全部保留下来当作核心福利，然后根据员工的需求，额外提供不同的福利项目，如国外休假补助、人寿保险等，每个福利项目通常会标上一个"数额"作为"售价"。公司根据每一个员工的薪资水平、工作年限、职务高低等因素，确定分给员工数目不等的福利限额，员工基于分配到的限额认购所需的额外福利。有些公司甚至还规定，员工如未用完自己的限额，余额可折发现金。此外，如果员工购买的额外福利超过限额，也可以从自己的税前薪酬中扣除。

2. 弹性支用账户

弹性支用账户是一种比较特殊的弹性福利制度。员工每一年可从其税前总收入中拨出一定数额的款项作为自己的"支用账户"，并以此账户去选择购买雇主提供的各种福利项目。拨入支用账户的金额无须扣缴个人所得税，不过账户中的金额如未能于本年度内用完，余额就归企业所有，即不能在下一个年度内使用，也不能折发现金。各种福利项目的认购款项一经确定就不能挪用。

3. 福利套餐

福利套餐是由企业同时推出的不同福利组合，每一个组合所包含的福利项目或优惠力度都不一样，员工只能选择其中一个。就像西餐厅推出的A套餐、B套餐一样，食客选定一个套餐后，不能要求更换套餐里的内容。在规划此种弹性福利时，企业可根据员工群体的背景（如婚姻状况、年龄、有无眷属、住宅需求等）来设计。

4. 选高择低型

此种福利计划提供几种项目数量不等、优惠力度不一的福利组合让员工选择，以组织现有的固定福利计划为基础，再据此规划数种不同的福利组合。这些组合的价值和原有的固定福利项目相比，有的高，有的低。如果员工看中了一个价值较原有福利组合更高的福利组合，那就要从薪酬中扣除一定的数额来支付差价。如果他挑选的是一个价值更低的福利组合，就可以要求雇主补发差额。

近年来，不少企业倾向于增加员工福利，其原因是：第一，在实践中，员工面临日益增长的生活压力，因此所有员工都有增加福利的愿望。第二，税收规避效应，很多福利对员工来说是免税的，对企业来说是减税的，还有一些福利可以使税收递延。为了鼓励企业支持养老金计划，养老金本身以及利用养老金而获得的收入实行税收递延政策，即退休者只在真正拿到养老金时才需要纳税。第三，重视员工福利可以使企业得到较好的社会评价。

复习思考题

1. 员工的薪酬水平受到哪些企业外部因素的影响？
2. 薪酬政策的目标可能对企业的薪酬政策产生怎样的影响？
3. 员工的个人激励计划包括哪些途径？
4. 员工的集体激励计划包括哪些方法？
5. 如何利用企业福利计划实现激励员工的目的？

第九章 员工职业规划与管理

学习目标

1. 了解职业生涯的基本理论
2. 学会根据员工所处的不同职业生涯阶段实施不同的管理策略
3. 了解员工组织社会化的基本策略
4. 掌握组织职业通道设计的基本技术
5. 了解管理人员选拔和开发的方法

大部分年轻人步入社会后，就开始了可能长达三十年的职业生涯，这是年轻人在学生阶段后要经历的一个新阶段。在整个职业生涯中，人们会面临各种新的挑战，也需要对自己的职业发展进行思考和规划，实现自己的职业目标。因此，职业发展是员工关注的一个重要问题，在选择为某个组织工作时，员工也会思考该组织的工作能够如何促进自身的职业发展。对于企业来说，如何促进员工的职业发展，留住并激励员工，进而促进企业发展，是企业非常关心的问题。此外，部分员工在组织中不断发展的重要表现就是管理职位的不断上升，这为组织提出了遴选和训练管理人员的特殊问题。

第一节　职业生涯理论

一、职业生涯的内涵

从传统意义来说，职业生涯是指个体在整个生命周期中经历的全部职务所构成的轨迹，如一个人在大学中可以担任助教、讲师、副教授、教授等几种职务。职业生涯只是表示一个人一生中在各种职务上度过的整个经历，并不包含成功与失败的含义，也没有进步快慢的含义，且不局限在同一个组织中，例如一个人可以在不同的学校里担任助教、讲师、副教授、教授等职务，那么他的职业生涯就涵盖了不同的组织中经历的这些职务。Greenhaus（1987）认为，职业生涯既包括客观部分，如工作岗位、工作职责、工作活动以及与工作相关的决策，也包括对工作相关事件的主观知觉，如个人的态度、需要、价值观和期望等。一个人的职业生涯通常包括一系列客观事件的变化及主观知觉的变化。个人可以改变客观环境（如转换工作）或改变对工作的主观评价（如调整期望），据此管理自己的职业生涯。

从上述定义可以看出，传统的职业生涯定义暗含着稳定、长期、可预测的特征，这是与当时的时代背景相关的。20世纪90年代之前，技术和经济发展相对比较缓慢，人们面对的环境也相对稳定。在那个时期，员工和组织之间是一种长期的雇佣关系。组织向员工提供长期和稳定的岗位，换取他们对组织的忠诚；而员工则努力工作，沿着组织设计的职业生涯阶梯向上行进。由于组织结构大多数是层级制的，因此可以依靠管理岗位不断的空缺和填补来实现一种沿着管理层级向上移动的职业生涯路径。在这个时期，人们认为职业生涯的发展是相对比较稳定和可预测的，是不断进步的，而且大多是在特定的专业领域内进行的。

随着科技迅猛发展、全球经济一体化、劳动力市场竞争加剧，20世纪90年代以后，稳定和可预测的环境已经不复存在。外部环境的剧烈变化引发了组织结构的一系列深刻变革。为了适应竞争，传统层级制的组织结构逐渐被扁平化的组织结构取代，员工晋升的机会大大减少，技能培训和知识更新对职业发展的影响变得十分重要。与此同时，为了节约成本，许多组织大大降低了员工的加薪幅度。越来越多的员工开始非自愿地失去工作、进行横向的工作变动（包括组织内外的变动）以及不断的职业变更。新的经济发展背景引发了研究者对职业生涯新模式——无边界职业生涯（Boundaryless Career）的关注。无边界职业生涯强调职业生涯不再局限于单一的模式，而是可以采用"一系列的模式"，这对传统的雇佣观点提出了挑战。在这个时期，职业生涯的多变性和灵活性变得越来越突出，越来越多的人开始从自己的个性和兴趣出发设计职业生涯。人们不再单纯地将职业视作一种谋生手段，也不仅仅关注职业的动态性和发展性，而是将它放在人生的长河中，与生活其他方面的发展统一起来。

二、职业锚理论

职业锚（Career Anchors）最初是由美国著名职业心理学家埃德加·H. 施恩（Edgar H. Schein）教授根据对美国麻省理工学院斯隆管理学院毕业生的职业生涯所进行的长期研究提出的。Schein（1990）认为，职业生涯开发实际上是一个不断持续的探索过程，在这一过程中，每个人都根据自己的天资、能力、动机、价值观等逐渐形成较为清晰的职业自我概念。随着个人对自身了解的深入，他也将形成一个明晰的自我职业定位。

1. 职业锚的特征

职业锚是个人在工作过程中逐渐形成的能力、动机和价值观的总和。它实际上是人们在选择和发展自己的职业时所围绕的中心，即当个人不得不做出职业选择时，不会放弃的至关重要的价值观。职业锚的特征如下：

（1）职业锚是能力、动机、价值观的总和。职业锚不仅重视能力、动机、价值观等诸多因素中的某一方面，还强调这些因素的相互作用和逐步整合。在实际工作中，个人会重新审视自我，逐渐明确自身的需要、价值观、优势和未来发展方向，从而寻找到长期稳定的职业锚。

（2）职业锚是以个人多年的工作经验为基础的。个人职业锚的形成要经历一种搜索过程，可能要经过更换多次职业，个人才能开发出自己的职业锚，找到适合自己的职业轨道，并锁定自己稳定的、长期的贡献区和发展区。

（3）职业锚是不能被预测出来的。职业锚不是根据各种能力、动机、价值观等测试工具提前预测出来的，而是个人与工作环境相互作用的产物。个人只有在工作实践中，依据自身已被证明的能力、动机和价值观，经过多次确认和强化之后，才能找到自己的职业定位。

（4）职业锚不是固定不变的。随着个人职业的进一步发展，以及个人生命周期和家庭生命周期的变化，职业锚也可能发生改变，职业锚的稳定性只是相对的。比如，个人在职业生涯后期的工作和任务发生了变化，就很有可能根据变化了的情况重新选择和确定新的职业锚，并重新规划自己的职业生涯。因此，个人的职业锚是在一个不断探索的过程中所产生的动态结果。

2. 职业锚的类型

由于个人的能力、动机、价值观等的不同，因此所寻求的职业锚也有所不同。职业锚有以下几种类型：

（1）技术/职能能力型职业锚（Technical/Functional Competence Anchor）。持有技术/职能能力型职业锚的个体主要关心的是工作的实际内容，倾向于选择那些能够保证自己在既定的技术/职能领域不断发展的职业，如财务管理、人力资源管理、市场营销等。比如，某商业银行中一个技术/职能能力型职业锚的财务分析员会希望成为银行的高级会计或审计，他的最高理想是成为银行的财务副总裁，他只接受与自己领域有关的管理任务，对全面管理则抱有强烈的抵触情绪。

（2）管理能力型职业锚（Managerial Competence Anchor）。持有管理能力型职业锚的个体的主要目标不是在某一特定职能领域发展，而是表现出成为管理者的强烈动机。他们具有三种能力的强强组合：一是分析能力，即能在信息不完全或不确定的情况下识别、分析和解决问题；二是人际交往能力，即能够影响、监督、领导和控制组织各级人员更有效地实现组织目标；三是感情能力，即能够妥善处理人际危机。

（3）安全/稳定型职业锚（Security/Stability Anchor）。追求长期的职业生涯稳定性是安全/稳定型职业锚的个体的驱动力。持有安全/稳定型职业锚的个体通常表现为很愿意留在某一固定的组织、某一固定的行业或某一固定的居住地。这类员工通常没有太大的抱负，偏好稳定的、可以预测的、风险比较小的工作。

（4）自主/独立型职业锚（Autonomy/Independence Anchor）。持有自主/独立型职业锚的个体希望最大限度地摆脱组织规章制度的束缚，自主决定何时工作、如何工作以及工作内容。他们可能是自主性较强的教授、自由职业者等。这类个体很有可能会拒绝晋升以换取最大限度的自由。

（5）服务/奉献型职业锚（Service/Dedication Anchor）。对于服务/奉献型职业锚的个体来说，服务是他们的核心价值目标。他们喜欢从事帮助别人的服务型工作并乐此不疲，如从事社区工作、物业管理工作或传统的第三产业等。

（6）纯挑战型职业锚（Pure Challenge Anchor）。持有纯挑战型职业锚的个体厌倦日常事务性工作，喜欢各种富有挑战性的工作，如解决看似不能解决的问题，或者克服看似不能克服的困难等。此类个体注重寻求工作中的新鲜感、多样化及挑战性。

（7）生活方式平衡型职业锚（Lifestyle Integration Anchor）。持有生活方式平衡型职业锚的个体追求生活中各个部分的平衡，特别是追求家庭生活和职业生涯活动的和谐。他们把享受生活看得非常重要，职业对他们来说只不过是生活的一部分而已，工作只是为了更好地提高生活质量。

（8）创业型职业锚（Entrepreneurship Anchor）。持有创业型职业锚的个体追求建立、创造完全属于自己的事业。他们希望能够自由地以自己的方式创建自己的组织。此类个体意志坚定，喜欢冒险、求新、求异。

三、职业性向理论

职业性向理论是由美国著名职业指导专家约翰·L. 霍兰德（John L. Holland）于1959年提出的。该理论认为个性（包括价值观、动机和需要等）是决定一个人选择何种职业的一个重要因素，而不同职业也对从业者的个性提出了不同的要求。它实际上反映了劳动者的个性与职业类型的适应程度，霍兰德设计了一个平面六边形（见图9-1），直观地表示了两者之间的关系。图9-1中的六个角分别代表六种个性类型和六种职业类型；图中的连线距离则表示了劳动者的个性类型与职业类型的适应程度。图中的连线距离越短，表明个体的个性类型与职业类型相关系数越大，适应程度越高。当连线距离为0时，即个体的个性类型与职业类型统一在一个点上，表明个体做出的是最适合的职业选择。

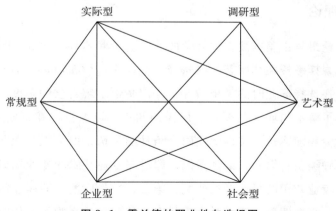

图 9-1 霍兰德的职业性向选择图

资料来源：Holland（1985）。

（1）实际型。实际型个体通常表现为喜欢与物打交道，不善言辞、不善交际、动手能力较强。他们愿意从事需要一定技巧、力量和协调性才能承担的实际操作型职业，如工程师、维修工、技术员等。

（2）调研型。调研型个体通常抽象思维能力强，知识渊博、求知欲强，喜欢从事需要较多思考的智力活动，善于思考而不善于动手，喜欢独立的和富有创造力的工作。他们常常在科学领域做出贡献，如研究人员、大学教授等。

（3）艺术型。艺术型个体善于运用感情、直觉、想象力创造艺术作品，具有较强的表现欲，喜欢从事包含大量自我表现、艺术创造、情感表达以及个性化活动的职业，如广告策划者、空间设计师等。

（4）社会型。社会型个体乐于助人，社会交往能力强，渴望在工作中发挥自己的社会价值。这类职业包括教师、服务人员等。

（5）企业型。企业型个体追求权力、权威和物质财富，喜欢竞争，敢于冒险。他们一般精力充沛、自信、善于交际并具有领导才能。这类职业包括企业家、律师等。

（6）常规型。常规型个体尊重权威，喜欢按部就班，不喜欢冒险和竞争，做事循规蹈矩。他们通常从事那些结构性较强且规律较固定的职业，如会计、银行职员、文秘等。

另外，从图 9-1 中还可以看出，当个人无法在所偏好的领域找到最合适的工作时，可以在六角形相邻的领域找到比较合适的工作。举例来说，某人的个性类型是实际型的，如果他找到的工作恰恰也属于实际型的，那就表明该个体与职业最匹配；如果此人在实际型领域找不到合适的工作，那么他可以在与实际型相邻的常规型或调研型领域找到相对比较合适的工作；但是如果此人最后找到的工作属于与实际型连线距离最长的艺术型或社会型领域，那么说明该个体与所找到的工作是最不匹配的。

四、人职匹配理论

人职匹配理论最早由美国波士顿大学的弗兰克·帕森斯（Frank Parsons）教授提出。1909 年，帕森斯教授在其所著的《选择一个职业》（*Choosing a Vocation*）一书中，明确阐明了个人在选择职业时的三个条件：①清楚地了解自己的态度、能力、兴趣等特征；②清楚地了解不同职业的要求、所需的知识，以及自己在不同职业中的优势、劣势、报酬、机会和前途；③实现上述两个条件的平衡，即个人与职业的匹配。人职匹配一般分为两种类型：第一，条件匹配，即所需专业技术和专业知识的职业与掌握该种专业技术和专业知识的择业者相匹配；第二，兴趣匹配，即职业的内容是择业者感兴趣、喜欢的。兴趣匹配的假设是个人只有在从事自己喜欢的工作时才会更加努力去做。

帕森斯的理论建议个人应当在清楚认识、了解自己的主客观条件和岗位需求的基础上，将主客观条件与岗位需求相对照，最后选择一种二者相匹配的职业。

五、罗伊职业选择理论

不管是职业锚理论、职业性向理论，还是人职匹配理论，都强调了个体的能力、知识、个性、爱好和价值观等对职业选择的影响。但是实际上，我们发现很多人在选择职业时，可能是受当时的形势所迫或受家庭父母的影响等。因此，临床心理学家安妮·罗伊（Anne Roe）从遗传因素和儿童时期的经历等角度分析个体的职业选择（Roe，1956）。罗伊提出的职业选择公式如下：

职业选择 = $S[(eE + bB + cC) + (fF + mM) + (lL + aA) + (pP \times gG \times tT \times iI)]$

其中，S 表示性别；E 表示总体经济状况，B 表示家庭背景，C 表示机遇；F 表示朋友，M 表示婚姻状况；L 表示一般的学习和教育，A 表示掌握的能力、技能；P 表示生理特征，G 表示一般认知能力或特殊天赋，T 表示性格特征，I 表示兴趣、价值观；小写字母表示各变量的校正系数。

该公式将影响职业选择的因素分为四类，这些因素又都受到性别的影响。在每个因素中，它们各自还有一个校正系数。第一类因素是环境因素，不受个体的影响和控制，但是对个体职业选择的影响却是巨大且无法消除的。第二类因素是人际因素，个体的职业选择不可避免地会受到周围朋友、同龄群体以及配偶的价值观、工作行为和态度的影响。第三类因素是教育和培训因素，个体通过教育和培训，获得知识、能力和技能，这将影响个体的职业选择。第四类是个体因素，包括个体在生理特征、智力、个性、价值观、兴趣等方面的差异。尽管某些生理特征无法改变，如年龄，但是有一些是可以通过训练得到提升的，如耐力、爆发力等。可以看出，第四类因素总体上是由个体遗传和成长经历共同造就的，其受个体影响的程度较为有限。总体上，罗伊职业选择理论中强调了个体无法控制的那部分因素的影响，而且这部分影响也是巨大的。

六、职业生涯发展阶段理论

对个体职业发展阶段的划分方法有很多种。Milkovich 和 Boudreau（1994）将个体的职业生涯划分为开拓阶段、成长阶段、保持阶段和下降阶段，如图 9-2 所示。可以看出，个体在进入职业生涯之初，生产率相对不高，但是拥有巨大潜力，随着职业的发展，生产率逐渐提高，但是到了职业生涯末期，员工的潜力和生产率都会下降，这也使得个体在不同职业阶段时，核心工作内容、工作关系、工作角色和年龄区间方面都具有一些不同的特征，如表 9-1 所示。

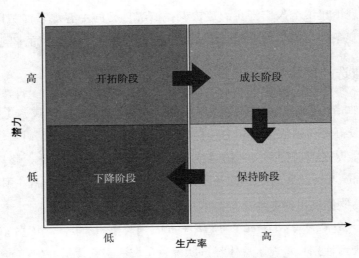

图 9-2 个体职业生涯发展阶段的潜力和生产率

表 9-1 个体职业生涯发展阶段的划分

	开拓阶段	成长阶段	保持阶段	下降阶段
核心工作内容	辅助、学习、追随	自主、独立地为组织做贡献	培训和发展他人、调配资源、影响组织的发展方向	退出组织
工作关系	学徒	同事	师傅	业务顾问
工作角色	依赖他人	独立	为别人承担责任	重要性下降
年龄区间	16—25 岁	20—35 岁	35—55 岁	50—75 岁

在职业生涯的开拓阶段，个体要确定自己的兴趣和技能水平，并通过教育和培训来提高自己的技能水平。在这一阶段，个体技能的种类和水平、自己以前的工作经历，甚至父母的职业都有可能对个体的职业选择产生重要的影响。

在职业生涯的成长阶段，个体应当提高自己的能力，增强自己对同事和组织的适应性，以奠定自己的事业基础。过去，这一过程往往是在一个组织中完成的；当前出现的一个重要变化是个体通过不断地跳槽，在几个组织中完成这一过程。

在职业生涯的保持阶段，个体由于拥有组织所需要的专业知识和经验的积累，已经成为组织的骨干，要承担更多的责任，对新员工施加更多的影响，因此会承担更多的管理工作；有时，由于组织内部或外部市场环境的变化，许多个体也可能会放弃自己原有的专业，重新开始新职业的探索。有人将这一时期称为事业上的"中年躁动期"。

在职业生涯的下降阶段，个体的工作责任减少，在组织中的地位和作用下降，开始为退休做心理准备。但是需要指出的是，随着人口平均寿命的延长，个体在接近传统的退休年龄时仍然可以在组织中发挥重要作用。这就是为什么许多员工退休后会在原来或其他组织中发挥余热的重要原因。而如果将员工在组织中的服务时间延长，那么其对组织的投入感和忠诚感都将增强。因此，组织在员工进入职业的下降阶段时，应该尽可能采取各种方式为他们安排继续工作的机会，并将这一安排提前告诉他们。

第二节　员工的职业规划与管理

职业的一种含义是指职业生涯，即一个人在一生中所从事的各种工作的总称，是客观上的职业。职业的另一种含义是指人的生涯，即一个人一生中的价值观、为人处世的态度和动机的变化过程，是主观上的职业。关于职业管理的一个重要假定是人们在某种程度上能够掌握自己的命运，能够谋求职业上的成功并从中获得满足。由于在一生中，人的价值观、工作动机和处世态度会发生变化，因此组织在人力资源管理过程中，应该认清员工职业生涯的发展阶段，帮助他们在各个阶段获得发展。也因为一个人在职业道路上的成败对其价值观、认同感和对职业与生活的满足程度有重要影响，所以职业发展和职业计划已经成为组织中的一项重要活动。

一、员工职业发展的阶段性

为了实现组织对员工前程的有效管理，必须认清员工在职业周期各个阶段的不同特征。工作的挑战性是影响员工职业发展的一个因素。员工在进入组织的初期就承担具有挑战性的工作，对其以后不断在事业上取得成功有着重要意义。这种最初的挑战性工作可以使员工在以后的职业生涯中保持自己的竞争能力和工作热情。影响员工职业发展的另一个因素是初期抱负，一般而言，远大的抱负会使员工得到激励。

在中年时期，管理者都在为较少的高层级工作岗位竞争，因此其素质提高较快。有些员工没有等待晋升的耐心，会选择离开组织自己开办公司。也有些员工调整自己的生活和职业目标，安于现状。在中年时期，员工会遇到很多问题，例如：意识到年龄增大引起的身体变化；已经知道自己职业目标的实现程度；希望寻找新的生活目标；家庭关系发生大的变化；工作上已经从新手变为教练；在工作中落伍的感知不断增强；不想再颠沛流离，渴望工作保障。在中年时期，员工有时会被迫发生一些转变。组织应该利用生活计划和职业计划来鼓励员工正视自己的不稳定性与不安全感，重新考虑自己的价值准则和生活目标。

帮助员工顺利度过这一时期的方法有：第一，培训中年员工去帮助青年员工，这可以使中年员工保持旺盛的精力，同时也可以使青年员工学习中年员工的工作和生活经验；第二，通过培训和学习，解决或防止中年员工的知识老化问题。此外，还可以给员工安排具有挑战性的工作任务，周期性地改变员工的工作内容，为员工提供有利于相互之间经常交流信息的工作环境，奖励与工作成绩相联系，提倡参与式的领导管理方式。研究表明，智力活动能力强、具有很强的自我激励意识和非常灵活善变的员工，其知识老化速度比较慢。

随着医疗保健技术的进步，人们的平均寿命延长，出现了一支身体健康的退休劳动力大军。人们对老年人的偏见阻碍着老年员工的职业发展，这些偏见包括：老年员工的生产效率低于年轻员工；教授老年员工工作方法的成本更高；由于年老体弱，老年员工的缺勤率高于年轻员工；老年员工在工作中发生的事故率超过合格标准；老年员工很难相处；等等。为了适应老年劳动力供给不断增长的趋势，应鼓励各个组织雇佣老年员工从事他们力所能及的工作，并根据他们的特点调整人力资源管理政策。当然，组织也需要正视和应对雇用老年员工可能带来的问题，如在职员工可能对这种政策产生不满情绪，特别是当失业率比较高的时候；老年员工可能会妨碍年轻员工的职业发展。

二、员工的自我职业管理

虽然每个员工都有自己的职业意愿和职业渴望，但从总体上看，员工的职业方向大致有以下几种类型：第一种，专业技术取向。这类员工不愿意把与人打交道作为自己的职业，而愿意应用并不断提高自己已有的专业技术，想通过技术水平的发展来提高自己的价值，而不愿意转变为纯粹的管理人员。第二种，管理取向。这类员工愿意与人打交道，期望提高自己在人际沟通、分析问题等方面的管理能力，以及适应上司的期望来提高自己在组织中的政治地位。第三种，组织/地域取向。这类员工只愿意在某一个自己喜欢的特定的组织中服务，或者只愿意在某一个城市或地区工作。例如，现在很多大学毕业生愿意到大城市去工作，而不论自己找到的工作是哪一种类型的，这一现象就属于这种情况。第四种，独立取向。这类员工不愿意接受他人的领导和组织的制约，喜欢自己创业开办公司或者做咨询师等自由职业者。

在个体选择职业和工作单位时，首先应该确定自己的目标，然后根据自己的长远目标考虑可能的企业和可供选择的工作。在无法立即实现自己职业目标的情况下，可以采取"积累"的策略，即接受那些工资待遇不高，但是却可以提供重要的学习机会，或与有价值的职业有接触机会的工作岗位。此外，要谨慎地接受高度专业化和"与世隔绝"的工作，因为一旦接受此类工作将可能严重限制自己今后的职业发展。任职期间，个体需要密切关注可能的发展机会，特别是那些有利于自己职业发展的培训学习机会。平时应该认真评估自己的工作情况，包括自己对工作的看法和上司对自己工作的看法，这有助于准确地预测职业的临界点。临界点指的是自己不再需要组织的时间和组织不再需要自己的时间。如果决定离开正在服务的组织，那么应该选择离开组织的最佳时间，以便不放过有利于实现自己长期职业目标的机会。

员工职业的有效管理需要员工和组织的共同努力与相互协作。员工需要在职业前程的规划过程中承担以下责任：第一，要对自己的工作能力、职业兴趣和价值观进行自我评价；第二，分析可供自己选择的职业资源；第三，确定自己的发展目标和需要；第四，向管理者说明自己的职业倾向；第五，与管理者共同商定双方都可以接受的达成目标的实施方案；第六，执行双方设定的实施方案。

三、组织的员工职业管理

组织在发展和实施有效的员工职业规划方面负有重要的责任，员工的职业规划方案必须能够适应组织发展的需要。实施员工职业规划中要确定的内容有：第一，实施员工职业规划的目的；第二，实施职业规划的员工范围；第三，职业规划的强制性与自愿性；第四，职业规划方案的通用性与差异性；第五，组织与员工在实施职业规划中的分工；第六，职业规划方案的内容，如职业咨询等；第七，组织实施员工职业规划的负责人（人事经理还是直线经理）；第八，将职业规划与人事政策联系起来的方法；第九，衡量职业规划实施情况的方法和促进措施。

在向员工提供职业指导和咨询以前，组织应该首先确定员工可能选择的职业道路以及组织能够提供的发展平台。员工的职业道路可以通过分析员工在组织中目前的工作情况来判断。对员工职业道路的要求是：第一，应该代表员工职业发展的真实可能性，包括横向发展或纵向升迁；第二，应该具有灵活性，能够根据工作的内容、任职的顺序、组织的形式和管理的需要进行相应的调整，同时也不要过分集中于一个领域；第三，说明每个岗位要求员工具备的技能、知识和其他品质，以及具备这些条件的方法。在为员工确定职业道路时，首先应该进行工作分析，找出各个工作对员工要求的相同点和不同点，然后将对员工的行为要求类似的工作组合在一起，形成一个工作族，并在工作族中或工作族之间找出一条职业道路，最后将确定的所有职业道路连接起来，构成一个职业道路系统。

组织的管理人员在员工的职业前程规划中应该承担的工作包括以下几个方面：第一，充当催化剂的角色，鼓励员工为自己建立职业规划；第二，对员工表达出来的发展目标的现实性和需求的合理性进行评估；第三，辅导员工制订出双方都愿意接受的行动方案；第四，跟踪员工的职业发展并对其职业规划进行适当的调整。此外，组织还应为员工提供必要的信息和指导，为员工和管理人员提供建立职业规划所需要的培训，以及提供技能培训。组织进行有效的员工职业规划管理的重要前提是员工需要向组织提供其所具备的技能、工作经验和职业意愿等方面的准确信息。美国惠普公司帮助员工进行职业规划的方法如表 9-2 所示。在收集具体材料的基础上，惠普公司通过讲座等形式帮助员工认识自己的基本形象，制定自己的职业发展目标。然后，各个部门的主管与下属面谈，了解其职业目标，并根据他们目前的工作情况和职务进行全面的人力资源规划。

表 9-2 惠普公司员工职业规划方法

职业规划方法	含义
撰写自传	了解员工的个人背景，包括接触过的人、居住的地方和生活中发生的事情、进行过的工作转换以及未来的计划等
斯特朗—坎贝尔（Strong-Campbell）志趣考察	了解员工愿意从事的职业、喜欢的课程和喜欢的人的类型，并比较员工的志趣与成功者的志趣，得出员工的志趣形象
奥尔波特—弗农—林赛（Allport-Vernon-Lindzey）价值观研究	根据员工选择出的自认为最有价值的事物，了解员工在理论、经济、审美、社会、政治和宗教信仰等方面的价值观
24 小时日记	要求员工记录一个工作日和一个非工作日的活动，从侧面了解员工
与两个"重要人物"面谈	员工与自己的朋友、配偶、同事或亲戚谈自己的想法，并将谈话录音
生活方式描写	员工用语言、照片等方式向他人描述自己的生活方式

资料来源：卡肖（2007）。

四、组织的职业管理模式

员工通过外部招聘进入一个组织以后，就开始了他在组织内部的发展过程。从员工个人的角度看，员工在组织内部的发展不仅会影响到员工个人的岗位升迁、地位变化和收入水平，还会影响到员工个人的人生态度和价值理念，以及其成就感和满足程度。从组织的角度看，针对员工的职业管理体系能否使员工在合适的时间改变其在组织中的相对地位，也将对组织的生产效率和经济效益产生非常重要的影响。

员工在组织中的发展情况不仅受到员工个人才能、个人努力程度以及机遇的影响，还受到员工所在组织的员工职业管理模式的制约，而一个组织的员工职业管理模式是组织管理层的管理理念、组织所处的行业以及组织所面临的市场竞争环境共同作用的结果。Sonnenfeld and Peiperl（1988）从两个角度对组织员工职业管理模式进行划分，一个角度是组织的员工队伍对外部劳动力市场的开放性，另一个是组织内部员工晋升竞争的激烈程度。员工在一个组织内部职业发展的成败取决于他与内部竞争者和外部潜在竞争者竞争的结果。组织对外部劳动力市场的开放性越高,员工在组织中参加正式培训的机会越小,被辞退的可能性就越大,员工在组织中不断晋升的难度也会越大;反之,组织对外部劳动力市场的开放性越低,员工在组织中停留的时间越长,员工晋升机会越多,员工晋升的速度也会越快,同时员工被辞退的可能性越小,而且企业组织的技术培训活动越多。组织内部员工晋升竞争的激烈程度越高,员工在组织之间的流动性将越高,正式的和非正式的技术培训的重要性都将越高;反之,组织内部员工晋升竞争的激烈程度越低,员工越容易发展全面的技能,资历观念可能越重。

Sonnenfeld 和 Peiperl(1988)按照组织对外部劳动力市场的开放程度和员工在组织中晋升决策主要考虑因素,将组织在员工职业管理模式上的特征划分为四种类型(见图9-3)。第一种,城堡型组织。这种组织的员工队伍对外部劳动力市场的开放程度高,同时组织内部员工晋升决策更看重对组织的贡献。因此,组织内部员工就业安全的主要威胁来自组织外部。第二种,棒球队型组织。这种组织的员工队伍对外部劳动力市场的开放程度高,同时组织内部员工晋升决策更看重个体绩效。因此,组织中员工的就业安全和职业前程要同时受到来自内部与外部的严重威胁。第三种,俱乐部型组织。这种组织的员工队伍对外部劳动力市场的开放程度低,同时组织内部员工晋升决策主要考虑对组织的贡献。因此,员工的就业安全和职业前程受到双重保护。第四种,学术机构型组织。这种组织的员工队伍对外部劳动力市场的开放程度低,但组织内部员工晋升决策取决于其个体绩效。因此,员工的就业安全和职业前程的发展情况取决于员工在组织中的绩效表现。上述四种职业管理模式在员工进入组织、内部发展以及在退出组织的环节上具有各自不同的特点(见表9-3)。

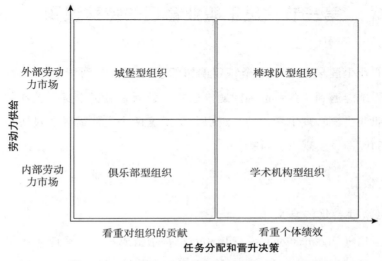

图9-3 关于员工职业管理模式的不同组织类型

表 9-3　四种职业管理模式的异同

分类	进入组织	内部发展	退出组织	实例
城堡型	• 被动招聘 • 应聘者自我选择	• 积极保留业务骨干	• 经常辞退 • 重视资历	零售业
棒球队型	• 招聘活跃 • 不确保工作的稳定性 • 强调个人能力 • 挑选各个层次的员工	• 非正式的培训 • 几乎没有职业管理 • 员工对组织不够忠诚	• 高离职率 • 员工会在职业生涯中经历多个组织	唱片公司
俱乐部型	• 雇用处于职业早期的员工 • 强调终身雇佣关系	• 发展全面技能 • 按部就班晋升 • 升职缓慢 • 强调员工的忠诚度	• 低离职率 • 退出途径主要是退休	银行
学术机构型	• 雇用处于职业早期的员工 • 强调员工的发展潜力	• 高度重视发展活动 • 广泛的工作培训 • 追踪和资助潜力大的员工 • 严格的晋升路径 • 横向发展或双职业通道	• 低离职率 • 退出途径主要是退休和解聘	大学

第三节　员工职业管理的特殊议题

员工在职业生涯早期进入某个特定的组织参加工作，到职业生涯的晚期退出组织，整个过程中会遇到一些普遍的问题。这些问题既是员工本身所关注的，也是组织需要在员工职业生涯管理中考虑的。组织和员工这两个主体需要通过协调、合作来管理这些特定的问题，实现双方目标。

一、组织社会化

（一）组织社会化的含义

组织社会化（Organizational Socialization）是指新成员为了适应所在组织的价值体系、组织目标和行为规范而调整自己的态度与行为的过程。该概念由 Schein（1968

首先引入组织管理领域，用以解释员工从组织外部人转变为组织内部人的过程。组织社会化的实质是新员工融入组织内部的过程，或者说是新员工适应工作环境和组织角色的调试过程。此过程也是一个新员工学习的过程，通过了解组织的战略目标、文化价值观、行为准则等，新员工相应地调整自己的期望、价值观和行为，逐渐适应组织文化和氛围，内化组织的价值取向和目标，最终成为组织文化的传递者和组织秩序的维护者。这个过程对组织和个人都是至关重要的：组织通过经历了组织社会化的员工传承组织的发展目标和组织文化，而个人则通过组织社会化适应新环境、形成新的工作技能和态度，成为组织内部人。因此，组织社会化是员工和组织在最初的相互吸引与选择之后的调适过程。国外的诸多实证研究表明，总体上，组织社会化程度对新员工的绩效水平、适应能力、组织认同度、工作满意度、职业生涯投入度、组织承诺等均有显著正向影响。

（二）组织社会化的内容

新员工进入组织后的社会化活动是多维度的，这些不同的维度相对独立，因此新员工在不同维度上社会化的程度可能有所差异。关于员工组织社会化的内容，探讨最详细、引起最多关注的是 Chao 等（1994）的研究。他们通过对现有文献的回顾，总结出组织社会化的六个维度，并通过实证分析验证了这些维度。六个维度分别是工作熟练程度、人、政治、组织内语言、组织目标和价值观、组织历史。具体阐述如下：①工作熟练程度是指新员工通过社会化过程掌握完成工作任务所必需的知识、技能和能力，并学会如何达到工作要求的程度。②人是指新员工如何与组织内其他员工建立工作关系。找到合适的人学习关于组织、群体和工作任务的相关知识并与之建立良好关系，是组织社会化过程的重要方面。③政治是指新员工通过社会化过程获得，组织内正式或非正式的工作信息以及组织内权力结构的信息，以及识别哪些是有权力和权威的人。④组织内语言是指新员工通过社会化过程了解组织内专业技术的术语以及约定俗成的简称、俚语等。⑤组织目标和价值观是指新员工通过社会化过程学习组织的目标和价值观，其中包括实权人士要传达的非正式的目标和价值观。这对于新员工的工作和组织适应是非常有益的，因为他们必须了解一些通常无法用语言直接表达的规则和规范，以便更快地适应工作环境。⑥组织历史是指新员工通过社会化过程对组织的传统、故事、发展历程等信息的了解程度，这有助于其在特定环境中辨别哪些行为是合适的。

（三）组织社会化的策略

在组织社会化过程中，由于涉及个人与组织，双方都可以采用一些措施来提高组织社会化的有效性，因此可以分为组织主导型和个人主导型组织社会化策略。

1. 组织主导型组织社会化策略

Van Maanen 和 Schein（1979）最早提出组织主导型组织社会化策略，他们将组织主导型组织社会化策略划分为以下几类：

（1）集体策略或个人策略。集体策略指组织将新员工集中起来，通常以集体学习与经验分享的方式传递组织信息并进行组织社会化过程。通过集体学习相同的经验和价值观，新员工可以产生标准化的行为反应。个人策略通常以分散或单独的方式学习组织经验与传统，会导致新员工产生差异化的行为反应。

（2）正式策略或非正式策略。正式策略指在规定时间内实施有计划和有针对性的培训，使新员工专心学习相关技能和工作角色，如为期三天的新员工培训，结束后新员工才开始正式工作。非正式策略指直接安排新员工从事正式工作，边做边学。正式策略通常在相对隔离的非工作环境中进行，而非正式策略场所通常选择正常工作环境。

（3）连续策略或随机策略。连续策略指组织采用明确、连续、固定的程序和内容对新员工进行组织社会化培训，引导新员工分阶段逐步适应新角色。随机策略中的组织社会化工作则没有固定的模式和顺序可循，员工的角色认知是模糊和随机的。

（4）固定策略或可变策略。固定策略指组织采用固定且明确的时间表来进行组织社会化。变动策略则没有固定的时间表，员工无法明确知道每个阶段的学习程序。

（5）伴随策略或分离策略。伴随策略是在新员工组织社会化的过程中，组织安排有经验的员工全程陪伴，有经验的员工实际上起到角色榜样的作用。分离策略则是让新员工自行摸索和发展，没有固定的学习或模仿榜样，也不提供任何帮助和支持。

（6）赋予策略或剥夺策略。赋予策略指组织肯定、尊重个人特征和进入组织前的某些观念和经验。剥夺策略旨在重建组织需要的个人特征、观念或经验，否定其原有的认知和人格特征。

2. 个人主导型组织社会化策略

根据 Griffin 等（2000）的研究结果，个人主导型组织社会化策略主要表现为八个方面：

（1）反馈与信息收集。新员工可以通过主动收集与寻求反馈来获得想要的信息，以加快组织社会化进程。

（2）建立关系。新员工通过与各方面人员建立良好的关系，有利于获得组织社会化所需的各种资源。这些关系包括同事关系、上下级关系和师徒关系等。新员工建立各种关系的情况会直接影响其组织社会化的成效。

（3）非正式的师徒关系。新员工的正式师徒关系由组织确定，但是新成员也会和其他内部人形成一种非正式的师徒关系，通过这种非正式的师徒关系，新成员可获得一些额外资源。在某些时候，这种非正式的师徒关系会对组织社会化成效产生显著的影响。

（4）工作变动协商（Job Change Negotiation）。工作变动协商也是个人常用的组织社会化策略。新员工分析评估自身的情况，与上级协商，重新定义工作或改变工作职责和内容，使自己能够更加胜任工作或有更多的发展机会。

（5）积极进取。积极进取是一种自我认知管理，可以增强个人的自信心与自我效能感，提高个人行为的效率，加快组织社会化的进程。

（6）参加与工作有关的活动。与工作有关的活动主要包括非正式或非强迫参与的讨论、咨询、研讨及重要的社会活动。新员工参加这些活动，可以从侧面了解与组织、部门、工作及相关人员有关的信息，有利于提高组织社会化程度。

（7）自我行为管理。自我行为管理包括自我观察、目标设定、自我奖励、自我惩罚及演练等内容。通过这些活动，个人的学习成效与工作绩效都会有显著的提高。

（8）观察与模仿。许多研究者认为，观察与模仿是个人在组织社会化期间最重要的学习方法。

二、员工晋升

晋升是组织在员工职业管理中一项非常重要的工作，晋升反映了组织对晋升员工的认可。晋升后，员工通常负有更大的责任，拥有更大的权力，同时也往往得到更高的工资报酬、更好的福利及其他特权。因此，晋升员工的安全需要、归属需要都得到增强，同时获得事业的发展，更有机会实现自我价值。同时，组织也对晋升员工寄予厚望，希望他在新的岗位上继续做出优秀的业绩。由于晋升决策对员工个体、其他员工以及组织具有重要影响，组织应该确保晋升决策的制定是公平公正、合理可信的。这一过程中，应注意以下问题：第一，广泛征集符合条件的晋升候选人；第二，对所有的候选人都要收集标准化的、可信的信息资料；第三，让所有的相关人员参与最后的晋升决策，这有助于确保晋升决策的公正性，使那些没有得到晋升的员工对结果更加信服，愿意继续努力工作。

一般来说，决定员工是否应该晋升的主要依据是员工的资历和工作能力是否达到要求。在美国企业中，员工过去的工作绩效、工作经验和资历是影响员工晋升的重要因素。在选择次序上，应该首先把晋升机会给那些工作能力明显突出的员工，如果两位候选人的能力和工作经验基本相同，则可以依据资历给予提拔。在员工晋升的决策依据上，需要注意的是不能过分依赖员工过去的工作绩效。著名的彼得原理（The Peter Principle）认为过分强调过去的绩效是一种危险的倾向，如果企业的员工晋升决策完全依赖于员工过去的绩效，那么很可能出现这样的结果：员工晋升到某一个岗位后缺少这一工作岗位所要求的技能和能力，导致其无法胜任该工作。彼得原理强调的是不适当的晋升依据会使员工一直晋升到自己无法胜任的工作为止。为了帮助员工在晋升后能够更迅速地适应新的岗位要求，一方面需要组织在晋升决策时考虑到候选人在新岗位上的潜力；另一方面也需要给晋升的员工提供相应的培训，协助其掌握新岗位要求的新技能等。

在许多组织中，专业技术人员往往面临一种事业困境。这里，我们所说的专业技术人员指的是工程师、程序设计员和研究开发人员等。事业困境指的是这些专业技术人员在自己所在的专业领域内是非常出色的员工，而且也愿意在自己的专业领域内继续发展，但是组织为他们设计的晋升路径很短，超过某一层次后就必须纳入管理序列向上晋升。结果，优秀的专业技术人员可能不愿意也可能没有足够的能力充当一个优秀的管理者，因此这对员工个人和组织都是一种损失。这种现象在中国的国有企业和公共部门中表现得尤其明显。不管这个人所从事的是什么样的职业，如果他绩效突出，最后都可能成为某一级别的行政干部。结果，人们习惯于用行政级别衡量自己的事业成败，哪怕是大学里承担一定行政工作的教授也很在意自己是正处级还是副处级。

双梯晋升路径为解决专业技术人员的事业困境提供了一个有效的方法（见图9-4）。双梯晋升路径指的是为管理人员和专业技术人员设计一个平行的晋升体系，管理人员使用管理人员的晋升路线，专业技术人员使用专业技术人员的晋升路线。在管理人员晋升路线上的提升意味着员工拥有更多的制定决策的权力，同时要承担更多的责任。在专业技术人员晋升路线上的提升意味着员工具有更强的独立性，在专业领域具有更高的权威，同时拥有更多的从事专业活动的资源。此外，双梯晋升的管理人员路径和专业技术人员路径在各层级可以互通，为员工提供了更多的职业发展选择。

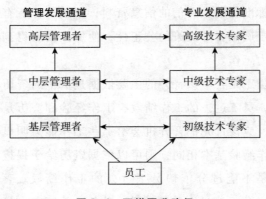

图9-4 双梯晋升路径

与晋升相反的是降职。对于员工来说，降职意味着工资减少、地位降低、失去特权和发展机会，同时会使员工情绪低落、工作效率下降，影响员工所在工作小组的士气。导致员工降职的原因有纪律处分、公司裁员、组织架构调整、工作失职、员工本人的健康问题和员工志向的改变等。一些企业的经验做法是管理人员年过50岁就不再晋升，而且到60岁以后就把他们调换到层级比较低的岗位上，工作重点也可以从业务转向辅导、顾问等角色。这样，管理人员可以工作更长时间，直至退休，但又不会面临较大的工作压力。

三、员工流失

当组织不能完全满足员工的需求，或员工不能提供组织期望的绩效表现，双方会通过某种方式终止劳动关系。对组织而言，这是员工的流失，如果不能妥善应对，将对组织发展和绩效的实现造成重要影响。由于员工个人的原因，如配偶工作变动、子女上学、个人工作兴趣或发展瓶颈等，员工会主动提出离职或表现出缺勤行为。

（一）缺勤

缺勤指的是因员工个人意愿主动不来工作而损失工作时间的频率或持续的时间，而不包括病假、事假等因素引起的被动缺勤。缺勤率的计算方法如下：

$$缺勤率 = \frac{本月因缺勤而损失的工作日}{本月员工的平均数量 \times 本月的工作日天数} \times 100\%$$

其中，本月员工的平均数量等于该月各个工作日的员工数量总和除以该月的工作日天数。不难发现，缺勤率不仅要反映缺勤的员工数量，还要反映他们缺勤的时间。员工缺勤干扰了正常的工作流程、降低了组织效率，对组织的工作会造成一定的影响。由于缺勤是员工主观意愿上不愿意工作，因此组织对这类缺勤行为需要认真对待，如果缺勤率过高，需要调查导致员工工作动机下降的原因是什么，如与组织相关，则需要及时做出调整。

（二）离职

离职是指员工主动离开现有组织。月度离职率的计算公式是：

$$月度离职率 = \frac{本月员工离职总量}{本月员工的平均数量} \times 100\%$$

一些企业还将员工的离职区分为对组织有利的离职和对组织不利的离职。如果离职的员工对组织来说价值比较低，同时又很容易被替代，那么这类员工的离职对组织就是有利的；而当离职的员工对组织而言价值比较高，且留下的岗位空缺不容易被填充，那么他们的离职对组织就是不利的。此外，还可以将离职分为可避免的离职和不可避免的离职。可避免的离职指的是组织可以通过人力资源管理政策避免的情况，如员工对现有工作内容或对薪酬福利等不满,产生离职意愿;而不可避免的离职指的是组织外部的、组织无力影响的因素引起员工离职的情况,如配偶工作变动、子女上学等因素。特别是在对组织不利的离职中,区分组织可避免的离职和不可避免的离职对于组织改进人力资源管理政策、改善组织文化、吸引和保留人才具有重要的指导意义。

(三)裁员与提前退休

裁员通常是指经济性裁员,一般是指企业集中辞退由于生产经营状况发生变化而产生的富余人员,因企业的原因解除劳动合同的情形。因此,裁员与员工绩效本身没有直接关系。但现实中,很多企业在裁员时,如果是对一些部门进行人员缩减,通常会根据绩效决定被裁员的员工。对企业而言,裁员通常是降低劳动力成本的一个有效手段,但是需要注意裁员本身也会引发很多费用,包括直接费用和间接费用。直接费用包括裁员补偿金,假期工资和病假补贴,员工失业救济金,帮助员工重新寻找工作而支付的费用,退休金和退休福利补贴的一次性支付,解聘事务的管理费等。间接费用包括新员工的招聘和录用费用,新员工的培训费用,留任员工士气低落引起的损失等。

除了裁员,企业也有一些其他方案可以考虑:第一,实行工作分担,即由留任员工分担被解雇员工的工作,可以降低公司的劳动力成本;第二,缩短现有员工工作时间,并按照缩短后的工作时间支付工作报酬;第三,用物质刺激鼓励员工提前退休,这样员工在退休后的若干年里仍然可以领取部分工资和享受公司的福利待遇。其他方案还包括人员自然缩减、招聘冻结(Hiring Freeze)、不与合同员工(Contract Worker)续约,以及鼓励员工自愿休假等。这些不同方案见效的时间和对员工与企业的影响各不相同。表9-4给出了裁员的替代方案,包括雇佣政策、工作设计的变化、薪酬和福利政策及培训四大类别。

表9-4 裁员的替代方案

雇佣政策	工作设计的变化	薪酬和福利政策	培训
• 人员自然缩减	• 调职	• 薪酬冻结	• 再培训
• 招聘冻结	• 迁居	• 减少加班费	
• 不与合同员工续约	• 工作分享	• 用足休假日	
• 减少实习生和兼职员工	• 降职	• 减薪	
• 把外包工作交给公司内部人员		• 利润分享或可变薪酬	
• 鼓励员工自愿休假			
• 辞退缺勤员工			
• 缩短工作时间			

资料来源:Gómez-Mejía 等(2020)。

一旦做出裁员的决策，管理者就得谨慎地执行。裁员可能对数以千计的人造成极大的伤害。管理者必须做的关键工作是通知员工、确定裁员的标准、与被裁员工沟通、协调媒体关系、维持安全，以及安抚留任员工。

20世纪末，我国的国有企业改革经历了"减员增效"的过程，其含义是通过减少劳动力的数量来降低国有企业成本，提高企业的盈利能力和生存能力。本书编者在对国有企业的调查中，最经常被问到的一个问题就是："国有企业如何决定哪些人应该下岗？"其实，这个问题也等价于另一个问题："国有企业如何决定应该保留哪些人？"形式上，这只是语义学上的技巧，实际上却改变了观察下岗这一棘手问题的角度，有很强的心理学效应，有助于减小推行"减员增效"的阻力。在这个问题上，存在两种基本原则：一种是资历原则，另一种是绩效原则。资历原则指的是将员工按照年龄大小排序，解聘那些最年轻的员工，这是因为年轻的员工相对于年长的员工在外部劳动力市场上具有更强的竞争力，直到把员工规模降到目标水平。资历原则可以理解为一种强调公平的原则。绩效原则指的是将员工按绩效高低排序，解聘那些绩效水平比较低的员工，直到把员工规模降到目标水平。绩效原则可以理解为一种强调效率的原则。

在实践中，有的国有企业采取的做法是将员工按年龄排序，"去两头，留中间"，即让年龄在50岁以上的接近正常退休年龄的员工和30岁以下的还有能力学习新工作技能的员工下岗，而保留30—50岁的员工。如果我们认为接近退休年龄的员工的工作绩效已经开始下降，那么我们可以把这种"去两头，留中间"的下岗决定机制理解为一种资历原则和绩效原则的结合，也是公平原则和效率原则的一种兼顾。在国有企业"减员增效"的过程中，还应该注意到一个不利于企业未来发展的倾向，即在鼓励员工下岗的过程中，很多对企业很有价值的员工主动离开了企业。要避免这种问题，应该对国有企业的整体人力资源管理政策进行市场化改革。从根本上说，"减员增效"不仅要重视数量方面的效果，更要重视质量方面的效果。

美国的一些企业为员工制订了提前退休计划，包括利润分享计划、医疗保健待遇、人寿保险待遇等。需要明确的是，提前退休计划成功的关键是在提供物质刺激之前，首先明确提前退休员工的需要。为了降低成本，美国企业鼓励员工提前退休的主要做法一般是以下四种方案的某种组合：第一，增加企业支付的员工养老金计算的时间，一般是增加5年；第二，在员工离开企业时向员工支付一笔钱；第三，企业每年给予向员工额外的支付，直到社会保障计划开始生效；第四，企业继续向提前退休的员工提供健康保险，直到65岁甚至以后。由此可见，鼓励员工提前退休的费用也是很高的。

我国的企业在使用继续支付养老金的方法引导员工"自愿"退休时，需要注意这种方式隐含着一种风险，即它很可能导致那些对企业最有价值的员工要求提前退休。

这是因为当养老金是按照员工工资的某一比例提取的情况下，员工的养老金福利水平与员工的工资水平正相关。而在正常的情况下，工资水平最高的是那些工资增长速度最快的员工，因此也应该是那些绩效最突出的员工。

（四）退休

退休是指根据国家相关规定，劳动者因年老或因工、因病致残，完全丧失劳动能力（或部分丧失劳动能力）而退出工作岗位。通常情况下，员工在退休后，根据其工作期间缴纳的养老保险，在符合条件的情况下可以按月领取养老金。各个国家的退休和养老保险的规定不尽相同，但核心思想都是确保劳动者在退出工作岗位或劳动力市场后，仍可以有稳定可靠的经济来源，满足基本生活需求。

退休的制度和实践由来已久，早在夏、商时期就已经存在。退休在古代被称为"致仕"，又称"致事""致政""休致"等。古代致仕的年龄通常为70岁，《礼记·曲礼》记载，"大夫七十而致事"。由于早期的官员选拔是世卿世禄制（或称贵族世袭制），官员通常都有丰厚的家产，因此在退休之后不再给官俸，但会根据情况给予赏赐。对一些德高望重的公卿大臣，还会派地方官员定期前往慰问，并允许他们参加大朝会，享受朝廷的最高礼遇。从东汉开始，选拔制度替代了贵族世袭制，为解决没有家产的退休官员的生活问题，对退休后的俸禄有了明确的规定。如在东汉、魏晋南北朝时期，一般官员在五品以上，退休以后基本上可以享受半禄，一般还会在原品级的基础上进秩一等（即按上一级享受退休奉禄）。对于功臣和个别大臣，可以加"恩赐"。退休官员回到原籍后，还有优免赋税的待遇。到了隋唐和宋朝，官员退休后保留散官阶①或加一级，享受半禄。明清时期，对官员退休的规定和待遇更为明确和全面。当然，除了年龄，身体健康状况也是退休的重要因素之一。"年虽少，形容衰老者，亦听致仕"（《通典》卷三十三《职官十五·致仕官》）。也有一些朝廷重臣，就算超过70岁，也可以"特旨"或"特例"继续留用。

随着我国经济和医疗水平的提高，人们生活质量的巨大改善，很多劳动者在达到退休年龄时仍具有较好的劳动能力和劳动产出，他们拥有的经验对企业仍有重要价值。因此在一些经验积累非常重要的岗位上，国家鼓励企业对退休员工进行返聘（即退休后继续聘用一段时间），一方面可以继续发挥年长员工的经验优势，另一方面也有利于年轻员工学习这些优秀的经验，快速提升自身的能力和绩效。

由于劳动力市场的流动性，员工流失是企业需要关注的一项重要人力资源管理问题，涉及企业经营的稳定性。从人力资源规划工作开始，企业就需要了解组织内员工

---

① 即保留官衔，但没有实权。

流失的可能性，并为之做好各项准备，如人才梯队的建设、培训、激励、招聘计划的安排等，确保企业的经营活动尽可能少的受到员工队伍变动的影响。

四、工作压力与员工帮助计划

工作节奏加快使员工体验到更大的工作压力。工作压力一直是心理学、生物医学、管理学和社会学等学科的一个重要研究范畴。工作压力的定义基本上可分为三类：①刺激说。该假说认为工作压力就是作用于人的力量或刺激，从而导致人的紧张反应。它把压力看成人对外界的刺激所引起的生理紧张、恐惧等，强调的是人的一种生理反应，这是早期对工作压力进行分析的观点。这一学派的研究主要关注压力的实质，以及压力的来源。刺激说主要强调了工作压力的外部因素，而没有考虑到个人对压力程度的感知和评价，也没有注意到对压力的处理策略。②反应说。该假说认为工作压力是由于环境刺激物的影响，人们呈现的一种心理反应。反应说把压力看成人的主观感受，着眼于人们对待压力的体验和认知，并且认为工作压力是以反应为基础的模式，强调人的心理和精神方面。面对压力，每个个体反应的基本模式是相同的，只是表现程度及对个人的影响因人而异、差别很大。③交互作用说。该假说认为工作压力是个人特征和环境刺激物之间相互作用的后果，是形成个人生理、心理及行为反应的过程。它不仅包括紧张和行为反应，还包括不同个人特征导致的对待压力的不同反应。交互作用说全方位、多视角地考察了个人特征与外界刺激物之间的相互影响和相互作用。

著名的耶克斯—多德森（Yerkes-Dodson）法则出自对老鼠进行的试验，试验结果显示在刺激力与绩效（学习逃避的速度）之间存在一种倒 U 形关系。研究者认为，存在能够使绩效达到顶峰状态的某种最佳的刺激力水平，而过小或过大的刺激力都会降低工作效率。当压力较小时，工作缺乏挑战性，人们处于松懈状态之中，效率自然不高。当压力逐渐增大时，压力会成为一种动力，激励人们努力工作，效率将逐步提高。当压力达到人的最大承受力时，人的效率达到最大值。但当压力超过了人的最大承受力之后，压力就会成为阻力，效率也就随之降低。现代社会，人们普遍承受较大的工作压力，因此有"慢性疲劳综合征"和"过劳死"的说法。各国的调查资料显示，员工工作压力已经严重影响到员工的身心健康，进而影响到工作绩效。

越来越多的企业开始关注这一重要问题，员工帮助计划（Employee Assistance Program，EAP）应运而生。EAP 是企业组织为员工提供的系统的、长期的援助与福利项目：专业人员对组织及员工进行诊断，提供专业指导、培训和咨询，帮助员工及其家庭成员解决心理和行为问题，提高绩效及改善组织气氛和管理。EAP 帮助员工缓解工作压力、改善工作情绪、提高工作积极性、增强自信心、有效处理同事/客户关系、迅速适应新的环境、克服不良嗜好等，使企业在节省招聘费用、节省培训开支、减少错误解聘、美化组织的公众形象、改善组织气氛、提高员工士气、改进生产管理等方面获得很大收益。

完整的 EAP 包括压力评估、组织改变、宣传推广、教育培训、压力咨询等内容，具体可以分成三个部分：第一是处理造成问题的外部压力源，即减少或消除不适当的管理和环境因素；第二是处理压力所造成的反应，即缓解和疏导情绪、行为及生理等方面的症状；第三，处理个体自身的弱点，即改变不合理的信念、行为模式和生活方式等。

五、共享经济下的灵活雇佣关系

随着物质生活条件的提升，生活与工作的平衡是中国很多职场人员的职业规划的首要目标。"80后""90后"独生子女员工对工作的自由度、工作与生活的平衡有着更高的要求，对于工作与生活的矛盾冲突，他们往往不会像他们的长辈那样采取妥协的态度，而会选择抵制。西方国家针对才能出众、承担养育子女任务的女性员工采用的弹性工作制越来越流行。女性员工大多愿意以部分业绩和薪金为代价留出更多的时间给家庭和子女，非全职工作制使她们不必为此放弃工作的机会。

以 Uber、Airbnb 为代表的共享经济模式在带来巨大经济和社会价值的同时，也对传统的雇佣关系造成巨大冲击。在共享经济时代，每个人获取信息的渠道变得越来越多，整合资源的速度也越来越快。过去需依赖组织才能完成的商业行为，现在个人完全有可能独立完成。在技能、人脉、服务上拥有优势的人都可以通过互联网平台，寻找到与自己匹配的工作。人们可以根据自己所擅长的技能，自由支配要在什么时间、什么场所做什么样的事情，根据自己的兴趣制定目标，决定要成就一番什么样的事业。互联网时代下的共享经济与按需经济给自由职业者或者兼职者带来更多选择，也让企业招人变得更灵活便利，而且性价比更高。

在共享经济下，组织与个人不再是纯粹的雇佣关系，而只是合作者。个人可以在世界的任意角落，在多个平台上，为不同的人提供服务。"斜杠青年"[①] 就是这样的雏形。共享经济也可以让企业游刃有余，因为社会上的人才在某种规则下都可以为企业所用。

原有"企业+雇员"的雇佣形式转变为"平台+个人"模式。"互联网技术平台+海量价值个人"正在成为一种全新的、趋势显著的组织景观。随着"平台+个人"这

---

① 斜杠青年来自英文"Slash"，出自《纽约时报》专栏作家麦瑞克·阿尔伯撰写的书籍《双重职业》，指的是一群不再满足"专一职业"的生活方式，而选择拥有多重职业和身份的多元生活的人群。这些人在自我介绍中会用斜杠来区分，例如，张三，记者/演员/摄影师。

一社会化的经济结构持续地扩张和发展，越来越多的人追求这种更加自由自主的合作关系，同时慢慢颠覆原有的雇佣形式。零工经济在这一背景下得以快速发展。国家统计局数据显示，截至 2021 年年底，我国灵活就业人员已达到 2 亿人左右。①

未来组织与员工的关系还在演变中，呈现的趋势是组织的职能不再是分派任务和监工，而是让员工的专长、兴趣和客户的问题有更好的匹配，这往往要求更高的员工自主性、更高的流动性和更灵活的组织。企业面临如何"用最佳方式实现各种工作要素的创造性组合以实现企业目标"的问题。人力资源管理需要更具前瞻性的思维，配合企业做更多的转型和改变。企业需要在保证企业核心业务高质量完成的前提下，考虑如何拆解工作，即把之前的全职工作分解成小项目或小任务，然后用自动化、外包或承包的方式完成。人力资源部门也要选择合适的用工模式。

复习思考题

1. 员工在组织中的职业生涯可以划分为哪几个阶段？各个阶段有哪些特征？
2. 员工和组织在员工的职业生涯规划中各有哪些责任？
3. 互联网时代，企业雇佣关系发生了哪些变化？对个人的职业生涯有哪些影响？
4. 什么原因激励组织去帮助员工管理自己的职业生涯？组织怎样才能从这种新的尝试中获益？组织这样做会不会有风险？

---

① 资料来源：https://www.stats.gov.cn/sj/sjjd/202302/t20230202_1896579.html（访问时间：2024 年 3 月 20 日）。

跨国公司的人力资源管理

学习目标

1. 了解国际人力资源管理与一般人力资源管理的区别
2. 了解战略性国际人力资源管理的基本模型
3. 掌握跨国公司人力资源管理的基本模式和选择
4. 掌握跨国公司人力资源管理各项职能的基本特点

随着我国经济的发展和对外开放程度的不断提高，越来越多的公司走出国门，也有越来越多的外国公司进入中国，以独资或合资的形式设立分公司或工厂、办事处。不管是中国公司出海还是外国公司进入中国，其目的都是希望拓展海外市场以保持竞争力，海外业务也成为很多公司经营业绩的重要组成部分。据华为公司年报，2022年，华为公司销售收入达到了6 423亿元，华为在海外市场的营收占据了公司总营收的近40%。企业在全球化的过程中雇用的员工更加多元化，除了本国员工，还涉及其他国家的员工，给人力资源管理工作带来了新的挑战。以华为为例，截至2022年年底，华为业务遍及多个国家和地区，全球员工总数约20.7万人，员工来自全球162个国家和地区，海外员工本地化率达到63.8%。如何管理不同地域的员工成为摆在华为面前的重要问题。国际化公司的人力资源管理面临外国员工以及外派员工的招聘、培训、薪酬和工作—生活平衡等方面的特殊问题。

第一节　国际人力资源管理的发展概述

跨国公司指的是在多个国家设立子公司，并在整个世界范围内获取和配置资金、原材料、技术和管理资源以实现企业整体目标的公司。人力资源管理对于跨国公司经营的成败具有关键性的作用。美国学者在探讨美国跨国公司近年来的领先优势的形成时说，如果没有有效的人力资源管理，总部的资本、技术和诀窍就无法传输到世界各地。事实上，我们很难为国际企业的人力资源管理下一个精确的定义，因为各个跨国公司的人力资源经理的工作内容存在很大的差别。当一个公司进入国际舞台时，尽管所有人力资源管理的基本活动仍然保留，但却以更复杂、更多变的形式出现，传统意义上的人力资源管理就变成了国际人力资源管理（International HRM，IHRM）。

一、跨国公司人力资源管理的重要性

跨国公司的国际人力资源管理与国内企业人力资源管理有很大的差别。第一，对于很多人力资源管理活动而言，国际人力资源管理需要考虑比国内企业人力资源管理更多的因素。例如，外派员工的薪酬是以东道国的货币作为计价单位的，而本国与东道国的汇率变化将影响这些外派员工的实际收入，这是国际人力资源管理必须予以考虑与协调的。第二，国际人力资源管理包括的内容比国内企业人力资源管理更复杂。这是因为跨国公司中的员工来自两个甚至更多的国家，会涉及员工文化差异的问题。比如，一些跨国公司来中国投资之后，发现需要为基层操作员工提供

住宿,被派到中国工作的外国员工发现自己的收入面临本国政府和中国政府的双重征税要求等。

随着世界经济一体化时代的到来,跨国公司已成为一种十分重要的经济组织,这就对人力资源管理提出了新的要求。跨国公司需要招聘、选择、培训和补偿员工,以使他们能够在国外的分支机构中为本组织工作;同时,还可能需要从国外招聘员工来本国工作。于是,跨国公司就必须重视不同地域间的差异对各种人力资源管理活动的影响。

二、国际人力资源管理的内涵

国际人力资源管理是指在一个国际企业内获取、配置和有效使用人力资源,以实现国际企业总体经营战略目标的过程。Morgan(1986)提出了一个国际人力资源管理模型,如图10-1所示。该模型包含三个要素:一是人力资源管理活动,包括员工的获取、配置、使用等。二是与国际人力资源管理相关的三种国家类型。东道国是指在海外建立子公司或分公司的国家,母国是指公司总部所在的国家,其他国是指除母国和东道国外,劳动力或者资金的来源国。三是跨国公司的三种员工类型,即东道国员工(Host-country Nationals,HCNs)、母国员工(Parent-country Nationals,PCNs)、其他国员工(Third-country Nationals,TCNs)。例如,微软公司设在日本的机构招募的当地员工,即东道国员工;并且经常安排美国人到日本任职,即母国员工;还派遣英国籍员工到日本任职,即其他国员工。因此,Morgan(1986)将国际人力资源管理定义为处在人力资源管理活动、员工类型和国家类型这三个维度之中的动态组合。

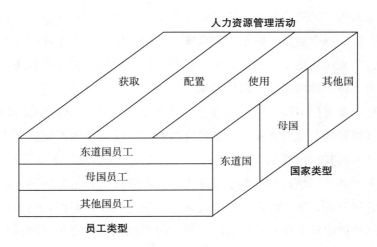

图10-1 国际人力资源管理模型

三、国际人力资源管理与国内企业人力资源管理的区别

区分国内企业人力资源管理与国际人力资源管理的关键在于后者的复杂性——要在若干国家招聘不同国籍的员工，并进行培训、考核和管理等各项工作，而不是在熟悉的母国环境中进行。Dowling 等（1999）指出由于环境的复杂性，国际人力资源管理表现出与国内企业人力资源管理的许多不同之处：

（1）国际人力资源管理具有更多的职能。国内企业的人力资源管理工作不外乎人力资源规划、工资及薪酬、员工福利、培训及发展、劳工关系、工作安全、人事系统及政策等。国际人力资源管理还需要考虑不同国家和地区的税收政策差异、驻外人员的派遣（Relocation）问题，以及当地员工的雇佣和管理问题等。处理好税收问题可以确保公司在不同的国家和地区保持公平和合规性，同时减轻外派员工的税收负担，并确保外派员工的收入水平不低于在本国的收入；外派员工的派遣问题包括驻外事前培训、移民、配偶子女、薪资报酬、回任等；当地员工的管理包括对当地员工的招聘和选用、培训、考核和激励、薪酬和福利，以及工作安全等问题，对当地员工的管理需要确保符合当地的法律法规。

（2）国际人力资源管理具有更多的异质性功能（Heterogeneous Functions）。国内企业人力资源管理讨论的是母国员工在同一地区、统一薪酬政策及政治经济环境的管理问题。然而国际人力资源管理牵涉母国员工、东道国员工和其他国员工，这些员工可能在相同的地区工作，却可能面临不同的薪酬体系、税赋计算和福利津贴等。因此，在单一组织内如何使来自不同地区的员工的薪酬、福利计算实现公平，是国际人力资源管理的重要议题之一。

（3）国际人力资源管理涉及员工的个人生活。外派员工从选派、培训到派任、探亲、回任等过程，都牵涉员工的个人和家庭，因此国际人力资源部门必须和员工有较深层的互动，甚至包括员工的家庭说服，让员工能了解所有的驻外相关信息，包括当地情形、公司支援、薪酬计算、回任期限等。

（4）目标对象有所不同。国内企业人力资源管理的实行重点均针对国内的员工，而国际人力资源管理会随着企业国际化程度的提高，所考虑的对象逐渐由母国员工扩展到东道国员工及其他国员工等。

（5）更多的外界环境压力。由于国际人力资源管理牵涉多国环境，因此相较于国内企业人力资源管理，需要处理更多来自外界的压力以及不同国家的不同议题。如除了不同东道国的政治经济环境有所不同，发达国家较重视劳资关系与福利和发展中国家较强调就业率、劳动力管理等方面的考虑也有所不同。

Daniel 等（2022）也指出，国际人力资源管理必须注意以下问题：①不同的劳动

力市场,即每一个国家,有不同的劳动力及劳动成本组合;②国际移动问题,即当国际企业将员工派到国外时,将面对法律、经济、社会及文化适应等问题;③管理风格及实务,即国家不同导致员工对管理风格的认知和偏好不同,因此国际企业在管理规范及劳资关系处理上要针对此差异采取适当的应对方法;④国家取向(National Orientations),即虽然企业目标是提高全球效率及竞争优势,但员工可能会对个别国家较有兴趣,这会影响到公司的外派人选;⑤控制,即距离及多元化因素造成国际企业难以控制国际分支机构,而其政策却希望对国际分支机构取得较多的控制权。

四、战略性国际人力资源管理

战略性国际人力资源管理(Strategic International HRM,SIHRM)实际上就是在考虑了企业多国战略活动及企业国际经营目标以后,有关企业人力资源管理职能、政策、实践等相关问题的企业人力资源管理理论。Schuler 等(1993)综合其他学者的研究成果,提出了如图 10-2 所示的战略性国际人力资源管理的整体框架模型。

(1)跨国公司的内部联系。由于跨国公司同时在几个国家开展经营,必然面临怎样管理遍布全球的经营单位的问题。特别是,跨国公司的经营者们通常关注怎样使各种各样的经营单位差异化,以及使它们实现控制和协调。一般而言,跨国公司 SIHRM 政策和实践应满足三个原则:确定和保持来自母国、其他国和东道国员工的适当比例;开发既能整合各子公司,又能适应当地环境的人力资源管理政策和实践;运用管理开发来加强各子公司之间的联系。

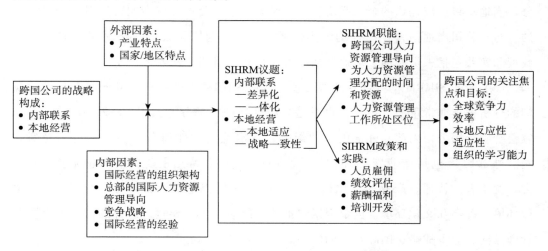

图 10-2 战略性国际人力资源管理的整体框架模型

(2)跨国公司的本地经营。每个本地的子公司都是跨国公司的一个单位,虽然与总部的紧密程度有差别,但是它们必须适应东道国当地的环境,必须遵守当地的劳动法和习惯、传统，它们的人力资源管理实践必须反映当地的环境，所以子公司必须拥有一定的自主权以适应当地的环境。同时，由于必须与公司的其余单位保持协调，它们还要遵守一些共同的人力资源管理政策。除与当地环境及总部保持一致外，子公司还必须与自己的竞争战略保持一致。这样一来，与SIHRM相关的跨国公司本地经营的主要目标是在本地环境中保持有效的反应性，同时与各自的竞争战略及总部其他单位保持协调一致。

（3）SIHRM职能。SIHRM职能一般包括三个方面的内容：跨国公司人力资源管理导向；为人力资源管理分配的时间和资源；人力资源管理所处区位。跨国公司人力资源管理的导向是指跨国公司选择以什么样的方式管理全球的人力资源，这种方式可能在让子公司完全独立与对子公司施加完全控制之间变动。为了管理人力资源，跨国公司必须付出一定的时间和资源。总部可以成立一个职权广泛的人力资源部门，专门负责SIHRM决策（比如选拔、外派和遣返雇员），也可以雇用专门的人员负责人力资源的培训和开发。同时，这些活动及其耗费的资源和SIHRM的区位也会随着跨国公司人力资源管理导向的不同，在公司总部和子公司所在地之间变动。

（4）SIHRM政策和实践。SIHRM政策和实践是指涉及的跨国公司人员管理的一些总体方针和特定的实践。假如跨国公司总部有一个"奖励绩优者"的人力资源管理政策，在这一总的政策下，每一个子公司都会开发既与总部政策相一致、又与子公司当地环境相一致的特定政策和实践。例如，某一个子公司会制订针对总经理的、与子公司当地销售业绩挂钩的个人激励计划，而另一个子公司也许会制订针对整个经理层的、与子公司当地销售业绩挂钩的集体激励计划。与跨国公司战略最相关的SIHRM政策和实践包括人员雇佣、绩效评估、薪酬福利和培训开发等。

（5）影响SIHRM的内部和外部因素。尽管SIHRM职能、SIHRM政策和实践对我们的分析框架非常重要，但它们也只是分析框架的一部分。如图10-2所示，这些内容会受到跨国公司内部和外部因素的影响，其本地反应性和全球一致性也会受到影响。外部因素包括产业特点和国家/地区特点。产业特点主要包括产业和业务的种类、竞争者的特征、产业的变化程度，国家/地区特点包括政治环境、经济环境、法律环境、社会和文化环境。内部因素包括国际经营的组织架构、总部的国际人力资源管理导向、竞争战略、国际经营的经验。

（6）跨国公司的关注焦点和目标。跨国公司有五个关注焦点和目标：全球竞争力、效率、本地反应性、适应性、组织的学习能力。虽然这些焦点和目标对跨国公司而言都是很重要的，但是它们的重要程度对不同公司并不完全相同。

第二节　国际人力资源管理的模式

一、国际人力资源管理的基本模式

跨国公司实施国际人力资源管理的模式很多，其中最有代表性的是以下四种：

第一，民族中心模式。在这种管理模式下，跨国公司将总部的政策与操作方法直接移植到子公司，这些子公司由总部派出的本国员工管理，同时总部对子公司的政策实行严密的控制。在这种情况下，子公司的人力资源经理必须在公司总部的规定与东道国当地员工可以接受的政策之间进行协调，工作的难度比较大。

第二，多中心模式。在这种管理模式下，总部与子公司基本上是相互独立的，各个子公司实行适合当地特定环境的人力资源管理政策，人力资源管理人员也由当地员工担任。在这种情况下，子公司的人力资源经理有很大的自主权，工作起来比较简单。

第三，地区中心模式。在这种管理模式下，子公司按照地区进行分类，如欧洲区、大中华区和北美区等。各个地区内部的人力资源管理政策尽可能地协调，子公司的管理人员由本地区任何国家的员工担任。在这种情况下，地区内部的协调与沟通程度很高，而在各个地区与公司总部之间的沟通与协调则非常有限。

第四，全球中心模式。在这种管理模式下，公司总部与各子公司构成一个全球性的网络，该网络被看作一个经济实体而不是总部与各子公司的一个简单集合。全球中心模式下的人力资源管理政策服务于整体最优化的目标，因此既可以有在整个网络中普遍适用的政策，也可以有局部适用的政策。人力资源管理和其他管理工作可以由最适合的任何国家的员工承担。在地区中心模式和全球中心模式的情况下，子公司的人力资源经理都必须在整体的人力资源战略要求与当地具体的人力资源管理政策之间进行平衡。

上述四种管理模式的特征可以归纳为表 10-1。

表 10-1　国际人力资源管理的四种模式

企业的特征	民族中心模式	多中心模式	地区中心模式	全球中心模式
整体战略	全球整合	反映东道国市场	反映东道国市场与区域市场	反映东道国市场与全球整合
组织结构	产品型	地区型	产品型/地区型/矩阵型	网络型

（续表）

企业的特征	民族中心模式	多中心模式	地区中心模式	全球中心模式
标准设定、评估与控制	由公司总部负责	由子公司当地的管理者负责	在地区内部的各个国家之间协调	全球和当地的标准和控制并行
企业文化	母国文化	东道国文化	区域文化	全球文化
人力资源决策者	总部	东道国子公司	区域总公司	总部与子公司合作
沟通与协调	从公司总部到各地子公司	在各子公司之间和子公司与总部之间都很少	在子公司与总部之间很少，在地区的各子公司之间一般较多	在子公司之间和子公司与总部之间结成完全联系的网络
人员任用	本国员工担任管理人员	东道国员工担任管理人员	本地区各国员工担任管理人员	用人唯才，不分国籍
员工管理	母国经理	东道国经理	经理可能来自地区内的某个国家	最佳的人选分配到能发挥最佳效果的地方

资料来源：Fisher 等（2005）；Heenan 和 Perlmutter（1979）。

二、国际人力资源管理模式的决定因素

国际人力资源管理模式的选择取决于多种因素。

第一，东道国政策的影响。许多发展中国家的管理人才和专业技术人才严重缺乏，它们鼓励跨国公司到本国投资的一个重要目的就是发挥跨国公司培训本国人才的作用，因此在政策上引导跨国公司大量招聘、培训和发展本国人力资源。在这种情况下，跨国公司就应当采取民族中心模式，实施相对更加先进的母国政策和操作方法，并派出本国员工管理子公司和担当子公司中的重要职务。

第二，除了政策因素，东道国的管理、教育和技术发展水平对人力资源管理模式的选择也有重要的影响。跨国公司可以在经济发达的国家和地区开展业务，也可以在经济比较落后的国家和地区开展业务。在经济发达的国家和地区，存在大量素质良好的管理和技术人才，因此跨国公司可以采取多中心的、地区中心甚至全球中心的人力资源管理模式；而在经济落后的国家和地区，大多数员工缺乏运作现代化生产流程和从事服务活动所需要的基本技能，因此跨国公司就必须采取比较集中化的人力资源管理策略，并派出本国员工进行现场监控。

第三，产品的性质和生产技术特征。如果跨国公司提供的产品和服务需要复杂的技术，为了确保达到特定的生产标准和进行质量控制，就应当采取集中化的策略，派出本国的管理人员和技术人员监督与管理生产过程，尤其是在子公司的东道国缺乏必要的管理人才和技术人才时。如果产品的生产技术并不复杂，例如食品，而且还可能

要根据当地市场的需求调整生产技术，跨国公司需要当地的人才，才能在东道国市场取得成功，这种情况下就需要采用多中心模式适应东道国的市场需求。

第四，组织与产品的生命周期。跨国公司的人力资源管理模式也受到组织的生命周期和企业所提供的产品在各个国际市场上的产品生命周期的影响。在初创阶段，企业只在本国和有限的海外市场开展业务，海外业务主要是出口和非常有限的海外销售。在这一阶段，公司在人力资源管理方面主要采取民族中心模式。在功能扩张阶段，海外业务开始成为企业的重要组成部分，企业开始在海外建立自己的生产部门，但是这时跨国公司并没有将海外业务作为自己整体发展战略的一部分，而只是作为组织扩张的一个附属。在这一阶段，跨国公司可能采取多中心的人力资源管理模式，由当地员工组织海外工厂的生产。在控制增长阶段，跨国公司强调生产率的提高和成本的降低，并尽力在主要的海外业务部门和国内的各个部门范围内谋求规模经济与功能整合。在这一阶段，跨国公司可能在人力资源管理方面采取地区中心模式，并开始向全球中心方向发展。在战略发展阶段，国内和海外的竞争迫使跨国公司将自己在世界各地的业务看作一个全球性的整体，开始建立全球性的业务网络、成立合作与合资企业，整合公司在国内外的业务以最大化竞争优势。在这一阶段，跨国公司就应当采取全球中心模式的人力资源管理，实现研究开发、市场营销、生产活动的全球一体化。

第五，文化差异。国际人力资源管理需要克服在海外环境下人力资源管理存在的困难，在国际文化、宗教、政治等多元环境下，国际人力资源管理者要求对东道国文化、政治和法律与本国之间的差异有所了解和感受，应当制定不同的人力资源管理政策来适应不同文化的需求，总部应当采取更加开放包容的态度和更加灵活的手段来加强不同人力资源需具备的功能。跨国公司总部的国别差异引起的文化差异对跨国公司的人力资源管理模式也有重要的影响。首先，有些文化更加支持民族中心模式的人力资源管理策略。例如，与欧美跨国公司相比，日本的跨国公司更倾向于用本国员工填充海外子公司的管理岗位空缺。其次，跨国公司各子公司的文化的融合以及子公司之间文化差异的程度也会对人力资源管理模式的选择起到限制性作用。随着跨国公司子公司数量的增加以及由此引起的文化差异的扩大，跨国公司越来越难以在所有的业务部门中采取整齐划一的人力资源管理政策。

第六，劳动力成本的差异。各个国家劳动力成本的不同也会引起国际人力资源管理政策上的差别。不同国家的劳动力成本可能存在很大的差别，表10-2反映了2022年最低月工资标准的国际比较。当东道国的劳动力成本比较高，跨国公司就应当采取更加强调生产效率的人力资源管理政策，以不断提高员工的工作绩效水平；而当东道国的劳动力成本较低，跨国公司可以通过本地化运营降低生产成本。

表 10-2 2022 年最低月工资标准国际比较

国家	美元	国家	美元
瑞士（2022）	3415.18	印度尼西亚（2021）	494.01
土耳其（2022）	2680.46	秘鲁（2021）	491.80
冰岛（2022）	2341.95	哥伦比亚（2022）	476.60
卢森堡（2022）	2305.09	毛里求斯（2022）	458.45
加拿大（2022）	2280.86	巴基斯坦（2021）	452.43
德国（2022）	2253.09	尼泊尔（2021）	452.40
新西兰（2021）	2090.85	摩尔多瓦（2021）	431.45
法国（2022）	2068.92	蒙古（2021）	417.57
比利时（2022）	2045.28	科威特（2021）	412.14
荷兰（2022）	2019.82	牙买加（2021）	396.74
爱尔兰（2022）	1928.03	亚美尼亚（2022）	394.87
英国（2022）	1859.72	中国（2022）	390.36
韩国（2021）	1830.92	圭亚那（2021）	385.29
爱沙尼亚（2022）	1725.14	卡塔尔（2021）	384.86
阿曼（2021）	1670.33	突尼斯（2022）	367.52
斯洛文尼亚（2022）	1633.86	菲律宾（2021）	364.25
波兰（2022）	1515.43	老挝（2021）	337.49
斯洛伐克（2022）	1513.54	越南（2022）	314.92
西班牙（2022）	1506.62	肯尼亚（2021）	308.46
日本（2021）	1440.52	佛得角（2021）	287.69
希腊（2022）	1388.52	莱索托（2021）	278.40
塞浦路斯（2022）	1353.20	刚果（2022）	273.06
葡萄牙（2022）	1337.55	乍得（2021）	260.74
塞尔维亚（2022）	1299.02	巴布亚新几内亚（2021）	250.78
罗马尼亚（2022）	1268.32	埃及（2022）	243.62
以色列（2021）	1259.47	科特迪瓦（2022）	242.82
美国（2022）	1256.67	海地（2021）	241.19
立陶宛（2022）	1240.44	印度（2021）	217.43
马耳他（2022）	1196.68	不丹（2020）	215.36
匈牙利（2022）	1194.34	马里（2022）	192.40
克罗地亚（2022）	1163.23	博茨瓦纳（2022）	191.01

（续表）

国家	美元	国家	美元
北马其顿（2022）	1144.19	贝宁（2022）	188.30
捷克（2022）	1001.01	尼日利亚（2021）	178.88
马来西亚（2022）	976.46	布基纳法索（2022）	163.94
保加利亚（2022）	919.47	喀麦隆（2022）	155.98
多米尼克（2021）	898.56	加纳（2021）	147.35
巴哈马（2022）	809.72	斯里兰卡（2022）	130.49
拉脱维亚（2022）	780.50	尼日尔（2021）	126.29
斐济（2021）	740.23	乌兹别克斯坦（2022）	120.93
哥斯达黎加（2022）	718.21	马达加斯加（2022）	116.23
摩洛哥（2021）	698.89	马拉维（2020）	114.37
乌克兰（2022）	690.88	中非（2021）	113.98
波黑（2022）	675.84	几内亚（2021）	101.08
阿尔及利亚（2022）	671.88	安哥拉（2022）	91.66
玻利维亚（2022）	666.80	吉尔吉斯斯坦（2021）	86.58
伊拉克（2021）	652.11	黎巴嫩（2022）	79.08
危地马拉（2021）	612.58	冈比亚（2021）	73.27
阿塞拜疆（2022）	566.84	孟加拉国（2022）	67.39
格林纳达（2021）	548.69	塞拉利昂（2022）	51.09
阿尔巴尼亚（2022）	524.81	格鲁吉亚（2021）	19.28
马尔代夫（2022）	499.49	乌干达（2022）	3.00

注：表中数据均为以美元表示的购买力平价。受数据限制，部分国家只有2021年最低月工资标准。

资料来源：国际劳工组织，www.ilo.org。

三、海外子公司的文化与人力资源管理

跨国公司的海外子公司的人力资源管理政策必须能够同时被当地环境（包括文化、政府、法律法规和社会等方面的环境）和公司总部的最高管理层接受。各地文化的差异对人力资源管理政策具有重要的影响。1980年，吉尔特·霍夫斯泰德（Geert Hofstede）提出国家文化的四个维度，并于2001年增加了第五个维度"长期导向/短期导向"。2010年，霍夫斯泰德等人提出了第六个维度"放纵/约束"。这些文化维度对了解文化对组织的影响有重要帮助，如表10-3所示。表10-4则列举了一些国家和地区在六个方面的得分情况。

表 10-3　霍夫斯泰德定义的文化维度

维度	定义
权力距离（Power Distance）	在一个社会或组织中，人们可以接受和期望的权力不平等分配的程度
不确定性规避（Uncertainty Avoidance）	一个社会认为自身被不确定性和不明确的形势威胁，并试图避免这种形势或力争通过正式手段控制不确定性的程度
个人主义/集体主义（Individualism/Collectivism）	关注个人的利益还是关注集体的利益
阳刚之气/阴柔之美（Masculinity/Femininity）	社会对积极进取、果敢和不顾及他人的阳刚之气的认同程度，以及男性和女性的角色被清楚区分的程度
长期导向/短期导向（Long-term/Short-term Orientation）	社会成员对延迟其物质、情感、社会需求的满足所能接受的程度。长期导向的社会中，人们具有一种追求长远利益的价值观念
放纵/约束（Indulgence/Constraint）	社会成员对人的基本需求与享受生活、享乐欲望的允许程度

资料来源：Hofstede（2001）；Hofstede 等（2010）。

表 10-4　不同国家和地区在六个维度的得分①

国家和地区	权力距离	不确定性规避	个人主义/集体主义	阳刚之气/阴柔之美	长期导向/短期导向	放纵/约束
英国	35	35	89	66	51	69
美国	40	46	91	62	26	68
中国大陆	80	30	20	66	87	24
中国香港	68	29	25	57	61	17
中国台湾	58	69	17	45	93	49
泰国	64	64	20	34	32	45
加拿大	39	48	80	52	36	68
新加坡	74	8	20	48	72	46
墨西哥	81	82	30	69	24	97
葡萄牙	63	104	27	31	28	33
芬兰	33	59	63	26	38	57
法国	68	86	71	43	63	48

① "个人主义/集体主义""阳刚之气/阴柔之美""长期导向/短期导向""放纵/约束"维度得分越高，分别表明该国家（地区）的组织文化越倾向于个人主义、阳刚之气、长期导向、放纵。

(续表)

国家和地区	权力距离	不确定性规避	个人主义/ 集体主义	阳刚之气/ 阴柔之美	长期导向/ 短期导向	放纵/约束
德国	35	65	67	66	83	40
瑞典	31	29	71	5	53	78
瑞士	34	58	68	70	74	66
西班牙	57	86	51	42	48	44
俄罗斯	93	95	39	36	81	20
澳大利亚	38	51	90	61	21	71
日本	54	92	46	95	88	42
韩国	60	85	18	39	100	29
挪威	31	50	69	8	35	55

数据来源：https://geerthofstede.com（访问时间：2024年3月20日）。

除了文化差异，各国的劳动政策差异也很大，这对跨国公司的人力资源管理提出了更高的要求。因此，跨国公司的人力资源管理在协调总部政策与各国特定环境要求之间将面临许多困难。此外，各国的语言、时间观念、宗教信仰、社交礼仪等都存在着很多差异，对跨国公司的人力资源政策和员工管理带来挑战。

第三节 国际人力资源管理的内容和特点

Acuff（1984）针对国际人力资源管理提出了更深入的看法，认为国际人力资源管理除了需要完成一般人力资源管理的工作，还应包括更多的功能——进入东道国劳动力市场进行当地员工的选用育留；执行外派人员的遴选、培训、任用、发展、激励，对外派人员家庭的安置，以及外派人员回国安置等工作；针对母国、东道国和其他国进行薪资设计。一旦海外业务进入成熟阶段，国际人力资源管理功能就会发生调整，将会更加倾向于降低使用外派人员的频率，减少外派人员的薪酬，将主要工作投入招聘、甄选本地员工，并对本地员工进行一系列的培训。

一、人力资源规划

对于那些建立了全球性战略目标的跨国公司，制订关于如何有效利用人力资源的计划是至关重要的。但是在一些子公司中，人力资源规划的制定和实施可能会面临较大的困难。在一些文化背景中，人们长期以来顺其自然，无法对未来事件做出有效的估计。因此，人们认为不需要规划。在这种情况下，制定和实施全面的人力资源规划会遭到人们的漠视甚至抵制。在另一些文化背景中，人们强调当下的情况，不重视长期规划的价值。还有一些文化非常重视过去，倾向于单纯地依赖历史数据预测未来的人力资源需求，这在稳定的经营环境中是适用的，但是在不稳定的环境中就是无效的。日本在过去很长的一个时期中，由于受终身雇佣制度的影响，人力资源规划的灵活性很有限。

此外，由于国际环境的复杂程度远远超过母国单一环境，即使在子公司进行人力资源规划工作也会面临一些挑战。例如，对当地子公司的人力资源规划首先需要确定子公司的发展目标，并由此确定子公司的人力资源需求；同时还需要了解当地劳动力市场的供需情况，当地经济发展和政治、社会环境、行业工资水平等诸多因素。当跨国公司拥有多个海外子公司时，还需要协调跨国公司的整体发展目标以及在各个区域市场的战略目标，并需要在各个子公司根据当地市场和环境进行相应的人力资源规划工作。

二、人员任用

一个跨国公司的人力资源经理应该使用适合当地劳动力市场的雇佣程序，并遵守东道国的劳动法律。跨国公司可能需要利用当地的职业中介机构来发现潜在员工，为了吸引高素质的员工离开当地的企业必须支付足够的报酬。比如，日本人长期生活在集体主义文化中，他们不愿意为外资企业服务，即使日本经济在20世纪90年代初出现衰退，这种状况也没有发生明显改变。在等级文化盛行的国家里，权力距离比较大，跨国公司在这些国家中招聘员工必须借助东道国政府管理的就业机构。例如在越南，政府劳动部门介入跨国公司招聘程序的程度很深，重要的雇佣决策要经过劳动部门的核准。甚至在越南的劳动部门提供给外资企业的员工的技能水平不符合公司需要时，外资企业也很难拒绝。

欧美国家的跨国公司在本国通常已经根据本地人样本开发出有效的员工测评工具，但是当它们来到亚太地区投资时，这些员工测评工具因文化差异而变得不适用。例如，按照西方人的价值体系，积极主动、善于自荐的应聘者可能得到比较高的评价，但是在一个高度集体主义的文化中，这种"卓尔不群"的行为是很难与其他员工融合的。当然，近年来随着社会开放性和融合性的发展，这一情况已经有了很大改善，但文化差异仍是跨国公司进入东道国招聘员工和开展业务的一个重要挑战。在遴选工具的选择上，不同的语言还可能使得一些原本非常适用的概念因无法用当地语言准确表达而无法应用。此外，跨国公司管理者可能会发现有些招聘实践符合当地法律和文化，但违反本国法律和本公司文化，这可能使他们陷入严重的道德困境。例如，在日本，跨国公司的人力资源经理发现当地的文化不支持招聘年轻的管理人员来监督和管理年长的员工；在中国社会，管理者在分配奖金时，不但会考虑员工的个人绩效，也会考虑他们的工作资历，有时还会刻意避免造成较大的差距，这也是西方人很不习惯的。

随着跨国公司在东道国的发展，对当地人才的需求日益增加。对于跨国公司而言，大胆任用东道国当地的管理人才有很多好处：第一，跨国公司使用本国派出管理人员的成本很高；第二，如果跨国公司使用本国外派员工担任管理职务，他们会认为自己过一段时间就可能要回国，因此在工作中可能会片面强调短期效果，而缺少应该有的长期计划；第三，愿意使用当地员工担任管理职务的跨国公司在东道国可以享有很好的口碑；第四，雇用当地管理人才有利于东道国子公司的管理和运营，能够更好地洞察当地市场和消费者的偏好，也有利于理解当地员工的需求。当然跨国公司也有使用本国外派员工的理由：第一，东道国员工的技术和管理水平没有达到跨国公司本身的要求，需要派出本国的员工承担重要的工作任务；第二，许多跨国公司越来越强调将海外工作成绩作为提拔高层管理人员的一个重要考核指标；第三，跨国公司派出的管理人员长期在本公司的文化氛围和政策框架下工作，与东道国当地的员工相比，他们更能够准确理解并执行跨国公司总部的指令，因此使用外派员工有助于加强总部对子公司的控制。

如果使用外派员工，跨国公司就要慎重地选择适合的人员。除了那些在母国选拔员工时根据岗位要求需要考虑的各项能力因素外，在选择外派员工时还要额外关注候选人的国际经验（如是否有海外工作、生活经历，特别是在目标东道国的经历）、语言能力、沟通能力，以及家庭支持等。外派员工应该有能力与那些和自己的文化背景有很大差别的同事和员工一起工作，能够承受生活与工作在异国他乡的孤独感，还需要处理自己的家庭在陌生环境中所面临的各种困境和压力。

三、员工培训

当跨国公司在发展中国家招聘员工时，经常存在员工的技能水平无法达到工作岗位要求的问题，因此需要花费时间和精力对新员工进行培训。但是，欧美国家的跨国公司根据本国情况设计出来的行之有效的培训方法在很多文化环境中可能是不适用的，将培训资料精准地翻译成当地语言也可能是非常困难的，特别是不同文化环境中的员工所适应的学习方法有可能不同。例如在外国人看来，中国是一个等级化程度比较高的国家，学生从小就被教导要尊重和顺从教师，因此中国员工在培训中习惯将自己当作知识的被动接受者，而将培训教师看作知识的授予者。中国员工在培训中也很少向教师提问或者对教师的陈述提出异议。因此，在中国开展业务的跨国公司发现，西方经常采用的那种活跃的、学员高度参与的培训方式在中国不适用。在这种情况下，跨国公司的人力资源部门就必须开发适合当地文化特征和当地员工特点的培训技术。

国际人力资源管理的培训工作还包括对外派候选人进行培训。一项重要任务是进行文化培训，让培训对象了解东道国和母国的文化差异，并强调文化差异可能给个人和工作带来的影响。研究发现外派人员进入东道国后，对新环境的适应呈现出如图10-3所示的文化震荡和适应过程，先是经历蜜月期，对新环境充满好奇和兴奋；但随着时间的推移，外派人员会经历文化震荡，发现当地与母国环境的差异，并感到孤寂；随后，外派人员开始通过学习了解当地的语言和文化，逐步建立自己的社交圈并慢慢习惯；最后，实现与新环境的融合适应。因此，跨国公司需要提供相关培训帮助外派人员了解东道国文化和语言，以及在东道国文化中人们态度的形成模式，并知晓态度是如何影响员工行为的；此外，还需要向他们提供调整心态和适应环境的技巧。培训中的另一项重要任务涉及外派人员的家人，对于许多西方跨国公司来说，外派任务需要外派候选人家庭的全力支持和陪伴。通常，跨国公司会让其配偶和子女一起跟随外派人员到东道国，因此，还需要给外派人员的配偶和子女提供上述培训。

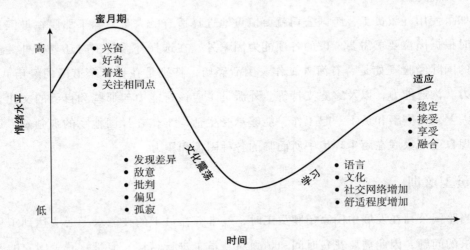

图10-3　外派人员文化震荡和适应曲线

资料来源：Ivancevich 和 Konopaske（2011）。

四、绩效考核

不同的文化对员工绩效考核的衡量对象和考核方法有着重要的影响。前面章节提到，目标管理评价法是一种常用的员工绩效考核方法，在实施这种方法时，主管及员工首先要协商决定员工必须达到的工作目标。在权力距离比较大的社会中，设定目标存在困难，因为主管拥有比较高的地位和比较大的权力，下属认为应该等待上司向自己布置工作任务，如果自己参与目标的制定过程则无异于越俎代庖。例如在印度，基层员工就希望上司为自己确定工作目标，而且那些试图与员工一起制定员工工作目标的主管在他人看来是失职的。另外，在不确定性规避程度比较高的社会中，员工规避风险的程度高，不愿意承担有挑战性的工作，这也为目标的设定带来了困难。

许多员工绩效考核方法都强调对员工个体的工作绩效进行评价，这在美国这样的个人主义倾向比较严重的社会中非常适合，但是在中国或日本这种集体主义倾向较高的文化中就可能不大适合。在东方文化中，员工的身份感来自自己是集体中的一员，而强调个体的绩效考核方法则试图将员工与集体分离开，无论是对员工个人进行奖励还是批评，都隐藏着深层次的危险。在这种文化中，员工集体的绩效评价比员工个人的绩效评价更为重要。新加坡政府曾在20世纪80年代开始鼓励当地企业推行员工绩效考核系统，并希望将员工个人的工作绩效与个人薪酬相联系，以提高新加坡的经济效率水平。但是由于新加坡社会主要由华人构成，儒家的等级观念和长幼尊卑的思想盛行，历史上薪酬与晋升制度都以员工的年龄和工龄为基础。由于绩效考核系统可能使年轻的员工比年长的同事获得更高的报酬，因此这一政策在推行的初始阶段就遇到了很大的阻力。同样，在东方社会中，对管理人员的评价也与欧美国家不同。一般来说，那些能够与员工维系良好人际关系的管理人员要比那些单纯具有较高工作绩效水平的管理人员更容易被员工看作好的管理者。

跨国公司在考核派出管理人员的绩效时也会遇到一些特殊的困难。突出的问题是缺少一个能够客观公正地评价外派员工的考核者。如果由东道国当地的管理层负责评价，那么他们可能会因文化差异而做出不恰当的评价。例如，一名美国员工在中国工作，他的中方上司可能不满意美国下属自认为很好的员工参与式决策方式。如果由跨国公司总部的管理者对外派员工进行考核，那么很显然这些管理者将因为距离遥远引起的信息不充分而难以做出正确的评价。如果总部采用利润或市场占有率等客观的数量指标评价外派员工，也可能由于对外派员工面临的工作环境的不稳定性缺乏了解而导致评价失误。要正确地评价外派员工，跨国公司考核员工绩效的政策要考虑以下几个方面：第一，客观估计外派员工工作环境的困难程度。例如对于美国的跨国公司，它派到中国的员工的工作难度就显然比派到英国的员工的工作难度要大。因此，在绩效考核中对这两个国家的外派员工的评价尺度就应该有所差别。第二，以东道国当地的评价意见为主，以公司总部的评价意见为辅。第三，如果公司总部负责确定最终的正式评价结果，最好征求曾经在被评价对象正在工作的国家和地区工作过的员工的意见，这样会减少评价偏差。第四，根据外派员工工作地点的文化特征，对公司的考核标准进行适当的修改，以增强考核系统的适应性。

五、薪酬体系

跨国公司在各国子公司的薪酬政策必须考虑到当地劳动力市场的工资行情、有关劳动薪酬方面的法规和当地的文化倾向，同时还要与总部的整体经营战略保持足够的一致。各子公司的人力资源经理要为东道国员工、母国外派员工和其他国员工分别制定不同的薪酬体系。关于这个问题，一个常见的现象是即使东道国当地的员工与总部派来的员工承担责任、复杂程度和重要性相同的工作，总部派来的员工也会经常得到比较高的报酬，这就会使东道国当地的员工产生一种不公平感。

跨国公司在各国子公司的人力资源经理在工作中面临许多困难，在不同的国家，对于员工的养老金、社会保障、医疗保险和其他各种福利的管理规定存在很大的差异。在有些国家，公司传统上要为员工提供住房、上下班交通条件和年终奖金，而在另一些国家却不是这样。与员工绩效考核遇到的问题一样，不同的文化对于薪酬体系的选择也有不同的偏好。林肯电气公司在美国成功地实行了以生产率为基础的激励性薪酬体系，包括计件工资和年终奖金等措施，而且林肯公司还把这些制度全部或部分地成功应用于在澳大利亚和墨西哥的子公司。但是当林肯公司将这种制度移植到欧洲时却因文化差异而遇到了很大的阻力。在文化特征与薪酬体系的配合关系上，如果是在权力距离比较大的社会中，薪酬体系应该与公司中的等级观念相一致，最高收入与最低收入员工的薪酬差异可以稍大一些，能够反映员工在公司地位上的差距。而在权力距离比较小的社会中，应该采取比较平等化的薪酬体系，最高收入与最低收入的薪酬差距应该相对小一些。在个人主义倾向比较明显的社会中，薪酬体系应该强调奖励个人的工作成就；而在集体主义倾向比较明显的社会中，薪酬体系的建立就应该考虑以员工集体或者员工的资历为基础。

对于在海外投资的跨国公司中的员工，薪酬的外部公平性和薪酬激励面临一些新的问题。由于员工在不同的国家工作，不同国家的物价水平有差别，因此跨国公司派到海外工作的员工为了维持在本国的生活标准所要支付的生活费用也就不同。跨国公司解决这种难题的主要方法是在整个公司范围内执行统一的与工作性质相适应的基本工资，然后根据员工所在国家和地区的具体情况，用各种专项补贴来实现薪酬的公平性。与在本国国内的公司相比，跨国公司派到海外的员工的薪酬公平性会涉及特殊的国别差异问题。解决这一问题可采用国际经济中的购买力平等化方法，即外派员工的薪酬水平至少应该能够使他们在东道国保持与在本国时相同的住房条件、商品和服务消费水平以及储蓄水平，如果出现缺口则由公司弥补。大多数跨国公司对外派员工还实行海外服务奖金或津贴制度。

Milkovich 和 Newman（1993）将跨国公司员工分为三类：母国外派员工、东道国员工和其他国员工。那些生活水平比较高的发达国家为了鼓励本国员工来中国工作，为他们提供很高的薪酬,并为他们的家庭生活和子女上学提供多种补助。以美国公司的员工为例,当他们被外派到中国工作时,公司为他们确定薪酬时既要考虑激励因素,又要考虑确保实现公平的调整性因素。这一模型如图10-4所示。

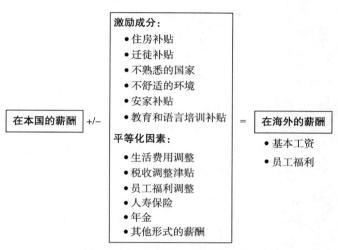

图 10-4　海外员工的薪酬决策

资料来源:Crino 和 Leap(1989)。

在中国,那些在跨国公司工作的员工通常被分为三种类别:跨国公司的母公司派来的外籍员工、中国本地员工和回国者(Returnees)。回国者指的是那些曾在海外留学或工作,然后回到中国工作的中国员工。这三种员工即使承担相同的工作,其薪酬水平也有一定的差异。

复习思考题

1. 国内企业人力资源管理的构成要素与国际人力资源管理有什么差别?
2. 跨国公司的人力资源管理有哪几种主要模式?各种模式有什么特点?
3. 跨国公司的人力资源管理模式受到哪些因素的影响?
4. 跨国公司的员工培训有哪些特点?
5. 跨国公司的薪酬管理有哪些特点?
6. 跨国公司的绩效考核有哪些特殊的问题?

技术进步对人力资源管理的影响

学习目标

1. 了解先进技术的发展状况
2. 分析先进技术为各项人力资源管理工作带来的增益
3. 了解先进技术的使用给人力资源管理工作带来的潜在风险

至今为止，人类社会经历了四次工业革命。18世纪末，随着英国机械师瓦特改良蒸汽机并将其应用于生产领域，人类社会经历了第一次工业革命，实现了大规模生产和机械化作业，开启了工业化时代。19世纪下半叶至20世纪初，电力和内燃机的广泛应用开启了电气化的第二次工业革命。20世纪下半叶至21世纪初，以信息技术和数字化为代表，开启了信息化新时代，极大地推动了科技的发展和生产率的提高，即第三次工业革命。21世纪初，随着AI、物联网、云计算、大数据、区块链等新兴技术的蓬勃发展，数字化和智能化成为主导的第四次工业革命正在发生。

这四次工业革命相继推动了人类社会的不断发展，在此过程中，人力资源管理也随之不断发生变化。例如，在第一次工业革命中，随着大规模生产和机械化作业，科学管理应运而生，推动了人力资源管理的科学化和规范化。20世纪初，霍桑实验发现了人的心理和情感因素对个体生产效率的显著影响，"社会人"的概念被提出，人们开始关注人本管理。20世纪70年代末以后，越来越多的企业认识到人力资源对企业发展和竞争优势的重要性，开始建立专门的人力资源部门，并逐步发展到今天——把人力资源视为一种战略资产进行投资和开发，形成了以人才为核心的战略管理模式。

当下，以AI等先进技术为代表的第四次工业革命能够帮助企业更好地实现提升效率、创新产品和服务、优化决策、精准定位等目标。AI除了可以在服务客户和生产研发等方面为企业提供助力，还可以在企业的人力资源管理工作中极大地降低人力成本，提升管理效率。例如，随着机器学习技术的发展，算法不断优化，算力不断提升，企业可以在AI的辅助下快速筛选求职简历，进行AI面试并打分，节省了招聘人员的时间和精力；企业也可以通过AI进行员工培训和评估，使评估结果更加客观可靠。但与此同时，AI在人力资源管理领域的广泛应用也给企业和管理者带来了新的挑战。

第一节　AI与人力资源管理的变革

一、AI的快速发展

AI是研究、开发用于模拟、延伸和扩展人的智能的理论、方法、技术及应用系统的一门新的技术科学。该领域的研究包括机器人、语音识别、图像识别、自然语言处理和专家系统等。简单来说，AI通过学习模拟人脑，扩展了人类大脑的能力边界，可以帮助人们处理更复杂的海量信息。尽管人工智能的概念早在1956年的达特茅斯会议期间就被提出，但是直到21世纪，得益于深度学习技术的发展、计算能力的提升和数据集的增长等，AI才迎来快速发展。2019年年底的新冠疫情爆发之后，AI得到了更广泛的应用，除了用于疫情监测与预警、远程医疗和智能客服等，还可以用于帮助企业实现业务流程自动化，对大规模用户和市场数据进行分析预测，并改进员工与客户的交流互动。LinkedIn 数据显示，自 2019 年以来，到 2022 年，AI 相关工作的需求增长了 32%。麦肯锡 2023 年的报告指出，生成式 AI 每年为全球经济的增长贡献 2.6 万亿—4.4 万亿美元。[①] 埃森哲 2023 年的报告也指出，75%的受访高管相信，AI 可以成为企业实现战略目标的重要推动力和关键支柱，如果无法在未来 5 年内扩展企业 AI 规模，企业将面临失败风险。[②] 根据《中国 AI 数字商业产业展望 2021—2025》，AI 在我国也呈现出蓬勃发展态势，2022 年中国生成式 AI 市场规模约 660 亿元人民币，预计 2020—2025 年复合增速将达 84%，到 2025 年将占全球生成式 AI 市场规模的 13%。

目前对 AI 的应用可以分为两种：一是窄人工智能（或称"弱人工智能"），即执行单个任务或一组紧密相关的任务，如天气预报、分析数据进行特定业务分析的软件等；二是泛人工智能（或称"强人工智能"），即模仿人类智能，进行抽象性和创造性的思考，处理一系列复杂任务，如在自动驾驶、智能数字个人助理、工作决策等领域内的应用。例如 OpenAI 在 2022 年年底推出的聊天机器人程序 ChatGPT，基于在预训练阶段输入的训练集提炼模式和统计规律生成回答，还能根据聊天的上下文进行互动，真正像人类一样进行交流，甚至能够完成撰写邮件、视频脚本、代码及论文等更复杂的任务。谷歌、微软等公司也相继推出了大语言模型。在国内，百度的文心一言、阿里巴巴的通义千问、腾讯的混元等也相继问世。除了基于文本的大语言模型，国内外多家公司也研发出了可以根据文本描述生成高质量图像、视频，以及根据视频内容进行理解和推荐的机器学习模型。这些先进技术的应用能够将人们从简单任务中解放出来，提升工作效率和效果。

二、AI 在人力资源管理领域的应用和发展

除了激发企业的业务增长和创新，AI 在人力资源管理领域也得到了大量应用，尤其在新冠疫情期间发展迅速。即使在疫情结束之后，AI 在企业管理工作中的应用仍继续发展。AI 的使用在一定程度上改变了人们的工作方式和内容，以及人力资源管理的传统模式。国内学者李超平、徐世勇在 2019 年调查了 466 名人力资源从业者，结果发现，超过八成的受访者认为 AI 对人力资源管理工作非常有用或比较有用，只有不到

[①] 资料来源：https://www.mckinsey.com/quarterly/the-five-fifty/five-fifty-gen-ai-and-the-future-of-work？cid=fivefifty-eml-alt-mkq-mck&hlkid=d030819343904da985790255390b2936&hctky=14974394&hdpid=5c20961b-0817-4bfc-8003-81a5 bd1d66c1（访问时间：2024 年 3 月 21 日）。

[②] 资料来源：https://www.accenture.cn/cn-zh/insights/what-is-artificial-intelligence-index（访问时间：2024 年 3 月 21 日）。

5%认为不太有用或作用很小;有超过四成的受访者认为越来越多的员工的工作将在未来被 AI 所取代。AI 对人力资源管理的作用主要体现在提升效率、降低管理成本、打破服务时间和空间限制等方面。此外,借助大数据分析和机器学习等技术,可以极大地提升人力资源部门对企业内部人力资源和外部劳动力市场的分析、诊断和预测能力。当然,也有受访者表达了对企业用工数量大规模下降的担忧。李超平、徐世勇的调查进一步指出,人力资源管理工作的方方面面,都可以或多或少的应用人工智能技术。关于"未来的工作是否会被 AI 取代"这一问题,受访者的态度如图 11-1 所示。

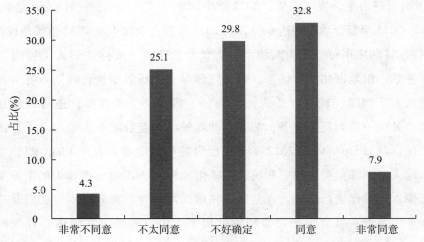

图 11-1 关于"未来的工作是否会被 AI 取代"的受访者态度

资料来源:李超平和徐世勇(2019)。

AI 在人力资源管理中的优势主要体现为三点:①能够提高人力资源管理效率与便捷性。AI 技术可以自动化处理大量重复性的工作,如简历筛选、评估结果的统计分类等,因此可以大大缩短这些工作所需要的时间,提升管理效率。②提高人力资源决策的准确性,降低人为因素的影响。由于 AI 技术具有一致性,因此一旦根据训练数据开发出合适的决策模型,就可以提高决策的准确性,避免决策者主观认知偏差造成错误的决策结果。这也能够提升员工感知到的公平,进而提高员工的工作满意度。③刻画员工画像并进行预测和分析。基于大规模数据和机器学习技术,AI 可以帮助企业刻画出典型员工画像,用于指导招聘和选拔工作;并可以分析不同员工的优势和劣势,提供相应的个性化培训和发展计划。通过大数据分析,企业可以预测员工流失风险、分析绩效等问题,从而制定更为准确的人力资源决策,帮助企业更有效地进行人力资源规划工作。同时,数据可视化工具可以将复杂的数据转化为易于理解的图表和报告,提高数据的可读性和可理解性。如图 11-2 所示,人力资源管理工作中的大部分职能都能够借助 AI 技术实现改进与提升。

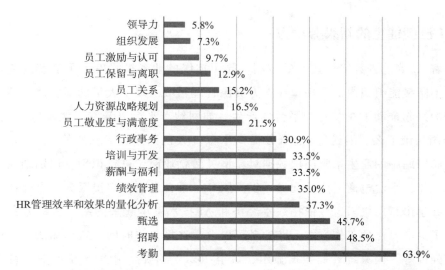

图 11-2 关于"五年内极可能使用 AI 技术的人力资源管理职能"的受访者回答

资料来源：李超平和徐世勇（2019）。

AI 等先进技术在企业生产经营和人力资源管理领域的应用对劳动力市场产生了巨大的影响，体现为对劳动力需求数量和结构上的变化。国内学者王永钦和董雯（2020）发现，技术进步对劳动力需求产生的影响可以分为三类，分别是替代效应、生产力效应和就业创造效应。首先，技术进步能够提高企业生产的自动化水平，在一些机器人相较于人类更有优势的岗位上实现对劳动者的替代，进而降低企业生产经营成本、提高效率。其次，自动化水平的提升会导致产品和服务的价格下降，通过收入效应①增加消费者需求，使企业进一步扩大生产规模，进而增加劳动需求；此外，收入效应还将使劳动者增加对其他产品和服务的需求，导致其他企业的生产规模扩大和劳动力需求提高，最终提高生产力效应。最后，技术进步在替代了一部分原有工作岗位的同时，也会相应创造出新的工作岗位，如与技术进步相关的算法工程师、自动化设备维修工程师等，进而产生劳动力需求。利用中国制造业上市公司的数据，王永钦和董雯（2020）发现，机器人应用对企业的劳动力需求总体上表现出更强的替代效应，工业机器人渗透度每增加 1%，企业的劳动力需求会下降 0.18%；并且机器人应用对不同技能劳动力需求的影响具有显著差异，存在"就业极化"的特征，即对本科和专科学历劳动者存在较强的替代效应，而对研究生及以上学历或高中及以下学历的劳动者不存在显著的替代效应。此外，机器人应用对企业的工资水平没有明显影响。针对美国劳动力市场的研究也有类似的结果，工业机器人渗透度每增加 1%，企业的劳动力需求和工资水平分别下降 0.2% 和 0.42%（Acemoglu 和 Restrepo，2020）。

---

① 收入效应属于生产力效应的内在机制之一，具体可参见王永钦和董雯（2020）。

三、AI 浪潮催生的新兴劳动方式

随着 AI 等先进数字化技术的应用,除了传统的业务模式发生了显著的变化,AI 技术也不断赋能组织内部管理,在人力资源管理领域出现了大量的新实践。例如,共享经济的兴起推动了在线劳动平台的产生,如网约车平台(滴滴、优步等)、骑手平台(美团、饿了么、闪送等)、服务提供平台(天鹅到家、猪八戒等)。研究者根据智联招聘网站中的雇主招聘岗位数据对新型灵活就业岗位进行识别,识别结果主要包括八类工作:平台电商、生活配送、生活服务、平台微商、知识服务、自媒体、平台直播、共享出行司机。这些依托数字经济和 AI 技术发展起来的新兴劳动方式为劳动者提供了灵活自主的工作方式,劳动者可以自主选择工作时间、工作场所、工作条件和工作强度等。国家统计局数据显示,截至 2021 年年底,中国灵活就业人员已经达到 2 亿人左右,外卖骑手达千万人规模,单个平台企业的外卖骑手可达 600 多万人,平台主播及相关从业人员也高达 160 多万人。阿里研究院预测,到 2036 年我国新型灵活就业者可能达到 4 亿人的规模,将占我国劳动人口的近一半。①

新型灵活就业在工作时间、工作场所、工作条件、劳动关系等方面都与传统就业有显著区别。从工作时间上来看,新型灵活就业者通常没有固定的上下班时间。比如网约车司机可以根据自己的情况决定何时开始接单工作。新型灵活就业者的工作时间应该符合国家的劳动法规定,并且要遵守用人单位与个人之间的劳动合同。具体来说,新型灵活就业者应该在一周内工作不超过 44 小时,同时也应该遵守每天工作 8—10 小时的规定。但在实际中,有很多外卖骑手、网约车司机、平台主播等每天工作时间较长。从工作场所来看,有些灵活就业的职业可以由劳动者自行决定完成工作的场所,如提供画图、设计、编程等服务的新型灵活就业者可以在家中、咖啡厅或其他场所完成工作。这与传统的在固定的办公室里完成工作有较大区别。此外,灵活就业使得传统的"公司+雇员"的模式转变成"供给者+共享平台+消费者"的共享模式(苏剑,2018)。在共享模式下,人力资本得到了更有效的配置和使用,如新冠疫情期间,盒马鲜生开发并利用共享用工平台与 40 多家企业共享了超过 5 000 名员工。共享经济的发展模糊了组织的边界,相应地,客户和员工的边界也将逐渐消融。这些变化要求企业的人力资源管理实践进行相应调整,以适应灵活就业的实践。

需要注意的是,按照对灵活就业者的控制程度,在线劳动平台可以分为两类:①劳动者提供按需服务,平台进行弱控制,如 58 到家、土巴兔装修、猪八戒众包平台等。这类平台为供需双方提供信息,并对服务提供者进行资质审查,但并不决定服

---

① 《2023 中国新型灵活就业报告》,暨南大学经济与社会研究院和智联招聘联合发布。

务提供的具体内容和方式，如用户通过土巴兔找到某家装修公司，具体装修风格、装修材料、装修进度安排都由双方协商决定，土巴兔并不参与具体工作；同时平台也不参与考核服务质量，而由用户确定是否满意劳动者提供的服务。②劳动者提供按需服务，平台进行强控制，如滴滴、美团外卖、闪送等。在这类平台上，平台通过算法技术和数据信息实现劳动供给和需求的快速精准匹配；劳动者根据平台分配的订单完成劳动，并且劳动内容（如网约车行驶的路线）应严格遵循平台提供的信息。平台也会对服务时间、服务态度等有明确的要求；并能够根据时间等信息对劳动者的工作质量进行考核。在这类劳动中，AI算法实际上加强了对劳动过程和结果的控制和监管，工作者在行为上的自主性受到平台限制，但工作者主观认知上却相信自主性增强，从而导致"工作自主悖论"的产生。

第二节　AI 在人力资源管理各个领域的应用

一、AI 在招聘领域的应用

组织的招聘活动是人才甄选的第一步，组织只有吸引到足够多的求职者，才能在后续的选拔过程中找到更合适的人才进行培养和任用。从最开始在报纸上发布招聘广告到现在的大数据分析，技术的发展使招聘方式发生了巨大的变化。早期的纸媒招聘广告在信息的传播广度上较为有限，组织通常在当地纸媒（如报纸、杂志等）上刊登招聘广告，吸引当地人才，也只有订阅该报纸或杂志的读者有机会看到招聘广告。这使得吸引到的求职者数量和质量都比较有限。而伴随着20世纪90年代互联网的发展，在线招聘网站产生了，这类网站突破了纸媒的局限性，极大提升了信息传播的广度，使得招聘组织可以获得更多的求职申请。随着申请数量的增加，筛选合格的求职者成为组织招聘的挑战之一。21世纪初，社交网络（如领英、人人网）的兴起能够在一定程度上解决信息可靠性的问题，因为在社交网站上，招聘组织可以看到用户的基本信息和社交网络，使得求职者在招聘者眼中更加真实可靠，但是这仍不能从根本上解决筛选效率和有效性的问题。

AI等技术的发展为招聘工作带来了提升效率的机会。AI在招聘方面的应用主要体现在精准投放招聘广告、自动化筛选简历、面试和评估等方面。首先，专业招聘网站（如智联招聘、猎聘等）能够根据求职者的能力、背景和求职意向（如希望就业的地区、行业、岗位偏好和薪资期望等），结合公司招聘岗位的工作描述，自动计算出匹配程度，进行精准排序推荐。因此，求职者和招聘公司都能够首先联系匹配程度更高的工作和求职者，这种方式能够提升求职和招聘工作的成功率。其次，招聘者可以通过大数据建模，设计智能筛选系统，根据岗位需求自动匹配符合条件的简历，大大缩短了招聘者花费在这类重复性工作上的时间，并且可以避免招聘者主观因素对筛选结果的影响。再次，AI 面试工具可以通过模拟面试场景和问题，帮助人力资源从业者快速筛选出优秀候选人。最后，AI 评估工具可以通过大数据分析和机器学习算法，对候选人进行更为准确的评估和筛选。具体来说，通过 AI 算法的打分和多维度的人才标签以及岗位匹配度的综合评定，可以实现对人才的全方位评估。

二、AI 在绩效考核领域的应用

在人力资源管理实践中，组织通常采用 360 度评价对员工进行绩效考核，以期能够得到关于员工工作业绩的全面和准确评价。然而，当涉及由与员工有接触的领导、同事、客户和员工自己进行评价时，常常遇到的一个问题是如何确保评价者做出准确评价。这是因为不同评价者对于同一评价标准可能有不同的理解；也会因为认知偏差导致评价结果偏差。在对不同评价结果进行汇总时，也面临类似的问题。

基于 AI 的绩效考核能够有效避免这类问题，帮助评价者做出更加客观、全面、准确的评价。此外，组织也可以依据大量员工工作表现的数据，通过机器学习的方法勾勒出"理想员工画像"。这要求组织使用数字化设备全方位记录追踪员工的工作表现，如人脸/指纹打卡签到、员工的工作沟通记录追踪、办公场所的视频监控、在公有设备上的操作轨迹监管等。组织通过多种多样的数字化设备搜集了员工生物统计学信息、文本信息和网络足迹信息等各类数据。尽管大量的数据有助于企业更好地了解员工的工作进度、工作耗时、工作态度等，但也有可能造成"全景监狱"式的组织规训（谢小云等，2021）。例如，亚马逊在 2019 年开发了一套 AI 系统，用以追踪和统计物流仓储员工上班期间的闲暇时间，并根据时间长短自动生成解雇指令。这一事件轰动一时，引发大量争论，有批评者将其称为"AI 执行的泰勒制"。亚马逊迫于争议，停止了这一措施。

三、AI 在员工培训领域的应用

人工智能的应用改变了人们的传统学习模式，在线学习、虚拟场景、AI 陪练等方式使得个体可以在任意时间和任意地点进行学习。

首先，通过对员工全方位的数据采集和汇总，组织可以更好地掌握员工各项信息，包括人口统计特征、教育背景、相关经验和技能、人格特质、价值观、工作动机和态度，以及工作行为和结果等；同时，技术的进步也使得信息的更新和维护变得简单。借助 AI 工具对全体员工的各项数据进行分析，可以得到特定岗位的"理想员工画像"，也能够将其与某一特定员工画像进行对比，找出该员工的优势和劣势。

其次，通过 AI 可以为员工创建个性化的学习计划。AI 能够分析员工的学习模式、喜好和能力，以及需要提高、改进的地方，然后根据这些信息创建更符合员工学习偏好的个性化学习课程。这种方法不仅可以提高学习效率，还可以提高员工的参与度和满意度。此外，AI 还可以持续跟踪员工的学习进度，并根据需要调整学习计划。

再次，AI 可以提供即时反馈和支持。传统的员工培训通常需要在课程结束后才能得到反馈，学习周期越长，员工越不容易从反馈中获得改进和提高。而 AI 可以提供即时的个性化反馈，帮助员工在需要时得到指导，从而加深理解和掌握新技能。在传统学习过程中，员工遇到困难时需要依赖培训师的答疑解惑，这使得员工通常无法在需要时马上得到支持。而 AI 学习助手可以很好地承担学习支持的功能，随时随地回答员工在学习中遇到的问题。

最后，AI 培训可以极大程度地降低培训成本。除了减少培训讲师和相关工作人员的人工成本，AI 培训可以替代一些难度大、费用高的实地场景培训，例如地质勘探员、飞行员、宇航员的培训。通过 AI 虚拟场景，员工可以足不出户感受最真实的工作场景，极大地降低了企业的培训费用。

AI 还可以帮助企业更有效地管理和评估员工培训。AI 可以收集和分析大量的数据，包括员工的学习进度、培训效果等，帮助企业了解培训的效果，从而做出相应的改进。同时，这些数据还可以帮助企业预测员工的表现和发展，从而更好地规划未来的培训计划。

第三节　AI 给人力资源管理带来的挑战

AI 在人力资源管理各个领域的应用改变了人力资源管理的模式。使用 AI 进行员工管理的一个重要前提要求是将组织中的员工的所有信息，包括个体特征、态度和行为，都转化为量化数据，因此，人力资源管理实践也具有了数据驱动的特点。尽管 AI 能显著提高组织人力资源管理的效率和效果，但是管理者也必须认识到其局限性。AI 在组织管理中发挥积极作用的前提是管理者能够有效应对 AI 带来的诸多挑战。

一、数据的丰富性和代表性

AI 的基本原理是依据输入的大量信息和数据进行学习和推断，发掘数据信息的内在规律。因此，一方面，应用 AI 首先要求有足够的数据积累，这就要求组织有足够的员工数据可以"喂"给AI。因此，对于中小企业或初创企业，由于它们的数据积累相对较少，可能无法向AI提供足够的信息进行学习和推断。

另一方面，当组织将数据输入给AI时，需要确保提供的数据是全面而不是片面的。例如，员工数据应包括员工基本信息、性格和价值观、从业经验、工作技能、工作态度、工作行为等信息。通过机器学习和深度学习模式，提炼出一定的规律供决策者参考。遗漏信息可能会导致提炼的模型准确性降低，不能帮助决策者提高决策质量。

对于这些问题，企业可以投资于数据采集和处理工具，以确保数据的准确性和完整性，如应用人力资源信息系统追踪记录员工的各项信息，以及应用电子监控系统对员工的工作行为和结果进行实时记录。对于中小企业或初创企业，这是一笔不小的投资，也可以考虑寻求外部合作，借助其他企业或机构在同类员工中开发的AI模型对现有员工信息进行分析。

二、对模型的解读

AI虽然能够构建模型以支持组织的预测和决策过程，但如何理解和解释这些模型却成为组织应用AI的一个重大挑战。尽管AI可以处理大量的输入数据并从统计角度提炼出预测模型，然而，它缺乏对模型内在原理的理论性解读。在实际应用中，人类决策者需要从理论的角度深入理解这些"黑匣子"式的模型。例如，他们需要知道为什么是特定的数据集而不是其他信息对于预测员工离职或绩效表现具有决定性作用。这种解释性的需求不仅关乎模型的有效性和准确性，而且与公平性和人们对模型的接受度紧密相关，因为不透明的决策过程可能会引发人们对偏见和不公平性的担忧。因此，组织应确保开发可解释的AI技术和工具，揭示模型背后的逻辑，并帮助人们更好地理解和信任由AI驱动的决策。

三、员工个人数据隐私和安全问题

AI的应用需要组织借助电子监测设备对员工的行为进行全方位的追踪记录，这些信息可能包括如个人身份特征、健康状况、薪酬信息等敏感内容。一旦这些数据被未经授权的第三方获取，可能会导致严重的后果，如身份盗用、金融欺诈、职场歧视等。此外，由于AI系统需要大量的数据来训练模型，因此在处理过程中可能会暴露大量个人隐私信息，进一步增加风险。此外，监测员工在电子设备上的活动也可能导致员工认为组织对自己不够信任或不够尊重，反而使得员工寻找机会偷懒或进行其他不利于工作的行为。完全能够接受组织利用AI分析其在数字设备上活动的员工目前仍是少数（见图11-3）。

第十一章 技术进步对人力资源管理的影响

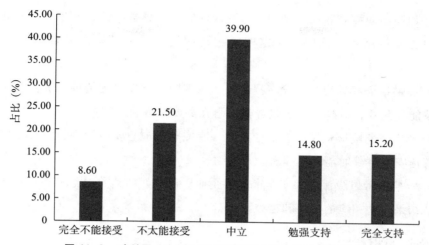

图 11-3 对利用 AI 分析员工在数字设备上活动的接受度

资料来源：李超平和徐世勇（2019）。

目前，各个国家和地区都充分意识到保护个人信息安全的重要性，并出台了相关法律法规，如欧盟《通用数据保护条例》（General Data Protection Regulation，简称 GDPR，2018 年 5 月 25 日生效）和即将出台的《电子隐私条例》（E-Privacy Regulation）；2022 年 10 月 4 日，美国白宫科技政策办公室发布了《人工智能权利法案蓝图》（Blueprint for an AI Bill of Right），旨在保护个人数据不被 AI 算法滥用；中国也于 2021 年 9 月 1 日起施行《中华人民共和国数据安全法》，2021 年 11 月 1 日起实施《中华人民共和国个人信息保护法》，旨在保护个人信息权益、规范个人信息处理活动，并对数据处理活动中的安全要求进行了规定。其他国家，如澳大利亚、日本、加拿大、新加坡等也纷纷出台了个人数据和信息保护相关的法律。这些立法的目标是确保个人数据的安全，防止滥用，并赋予个人对其个人数据的权利，例如访问权、更正权、删除权等。

企业在应用 AI 对员工和客户个人信息进行追踪记录和分析时，需要做到以下几点，以确保数据安全：

（1）遵守相关法规和标准。企业应遵守所在地区的相关法律和法规，提高自身的合规水平。

（2）建立健全的数据保护政策和程序。企业应制定严格的数据管理和安全策略，并确保所有员工都了解并遵守这些规定。具体包括对数据的分类、存储、传输和销毁等方面的规定。对于敏感数据，企业应使用强大的加密技术进行保护，并定期备份数据以防丢失或损坏。

（3）采用安全的 AI 技术和工具。企业在选择和实施 AI 解决方案时，应优先考虑那些具有强大安全特性和透明度的工具，降低数据隐私和安全风险。

（4）加强访问控制和权限管理。企业应限制对敏感数据的访问权限，只允许授权人员访问必要的数据。同时，应定期审查访问记录，一旦发现异常行为迅速展开调查。

（5）提供培训和教育。企业应提供关于数据隐私和安全的培训，提高员工的安全意识和技能。此外，应鼓励员工报告任何潜在的安全威胁。

（6）建立应急响应机制。企业应建立一套完整的应急响应计划，以便在发生数据泄露或其他安全事件时能够迅速有效地应对。

（7）定期进行风险评估和安全审查。企业应定期评估其数据隐私和安全风险，并根据评估结果调整相应的策略和措施。

四、对公平的担忧

尽管在人力资源管理工作中应用 AI 有诸多优势，如提高工作效率、能够保证结果的一致性和准确性等，但是也引发了员工对公平的担忧。一方面，在应用 AI 进行建模决策时，可能会提出带有偏见的决策模型。例如，亚马逊曾使用 AI 进行简历筛选，获取高绩效员工的全部信息后，AI 能够自动识别出这类员工的特性，由于提供的员工信息大部分来自白人男性，AI 识别出高绩效员工的特点之一是白人男性，因此在筛选简历时，拥有白人男性名字的求职者更可能被挑选出来。这使得 AI 算法中自带偏见，背离了客观准确的优势。因此，亚马逊在 2018 年停止使用 AI 进行简历筛选。对于这类的偏差或歧视，可以通过避免向 AI 提供可能造成歧视的用户信息来解决。

另一方面，当 AI 应用于面试评估或绩效考核时，许多评估因素的测量让人难以理解。例如，在用 AI 进行面试评估时，它会解析面试时求职者的面部微表情、语音、语调等。然而这些因素为何能够反映出求职者的某项性格或态度往往是有待证实的。此外，AI 算法对这些评估因素的权重分配是基于对训练数据集的分析得出的，当训练数据集的质量欠佳时，可能会导致得出的算法模型存在局限性。Lee（2018）发现，对于排班和任务分配这类简单任务，人们认为算法和人类决策者一样公平；但是对于招聘和绩效评估这类复杂的更需要人类技能的任务来说，人们往往认为人类决策者更加公平可信。对于那些接受 AI 评估的求职者或员工，当评估结果对自己不利时，如没有拿到录用通知或绩效评分较低时，他们可能倾向于认为评估任务是非常复杂的，需要综合考虑很多因素，而 AI 算法可能遗漏了一些重要评价因素（即算法不够好）；再者 AI 评估使得被评估者丧失了与评估者互动交流和解释澄清的机会，从而导致了对自己不利的结果。

基于对公平的担忧，组织在使用 AI 对求职者或员工进行评估时，可以将其作为辅助决策的工具，如应用 AI 提供决策建议，但仍需要有人类决策者全面评估并作出最终决策。

尽管面临诸多挑战，企业应认识到技术发展为人力资源管理带来的巨大变化，在应用这些先进技术的同时，需要保持以人为本的管理理念，技术是帮助企业更有效进行员工管理的手段，而不是最终的目的。人力资源管理的目的是有效帮助企业激发员工的工作热情和工作潜力，提升个体绩效，最终实现组织目标。

复习思考题

1. AI 技术发展对企业人力资源管理的帮助体现在哪些方面？
2. AI 技术在各项人力资源管理工作中有哪些实践？
3. 企业应用 AI 技术进行人力资源管理需要面对哪些挑战？

参 考 文 献

德斯勒（1987）.《人事管理》. 李茂兴，译. 台北：晓园出版社.

芬克斯坦（2017）.《联盟时代：如何将流动的人才变成公司的长期人脉》. 李文远，译. 广州：广东人民出版社.

戈麦斯-梅西亚、鲍尔金、卡迪（2018）.《人力资源管理》（第八版）. 刘宁、蒋建武、张正堂，译. 北京：北京大学出版社.

卡普兰、诺顿（2005）.《战略地图——化无形资产为有形成果》. 刘俊勇、孙薇，译. 广州：广东经济出版社.

卡肖（2007）.《人力资源成本分析：组织行为的财务效果》（第四版）. 黄长凌，译. 北京：清华大学出版社.

卡肖（2007）.《人力资源管理》（第六版）. 王重鸣，译. 北京：机械工业出版社.

克里尔曼、马可贾尼（2009）.《成功的平衡计分卡》. 吴德胜，等，译. 格致出版社、上海人民出版社.

李超平、徐世勇（2019）. 2019 年人工智能对人力资源管理的的影响公益调查［R/OL］.（2019-07-22）［2024-04-30］. http：//www.obhrm.net/data/%E4%BA%BA%E5%B7%A5%E6%99%BA%E8%83%BD%E5%AF%B9%E4%BA%BA%E5%8A%9B%E8%B5%84%E6%BA%90%E7%AE%A1%E7%90%86%E7%9A%84%E5%BD%B1%E5%93%8D%E8%B0%83%E6%9F%A5%E6%8A%A5%E5%91%8A.pdf.

马尔卡希（2017）.《零工经济》. 陈桂芳，译. 北京：中信出版社.

米尔科维奇、纽曼（2002）.《薪酬管理》. 董克用，等，译. 北京：中国人民大学出版社.

诺伊（2005）.《人力资源管理：赢得竞争优势》（第五版）. 刘昕，译. 北京：中国人民大学出版社.

苏剑（2018）. 共享经济：动因、问题和前景.《新疆师范大学学报》（哲学社会科学版），第 2 期，126-131.

孙光德、董克用（2008）.《社会保障概论》（第三版）. 北京：中国人民大学出版社.

王永钦、董雯（2020）. 机器人的兴起如何影响中国劳动力市场？——来自制造业上市公司的证据.《经济研究》，第 10 期，159-175.

谢晋宇（2005）.《人力资源开发概论》. 北京：清华大学出版社.

谢小云、左玉涵、胡琼晶（2021）. 数字化时代的人力资源管理：基于人与技术交互的视角.《管理世界》, 第37卷第1期，200-216.

尤里奇（2000）.《人力资源管理教程》（英文版）. 北京：新华出版社.

张正堂（2018）.《HR三支柱转型：人力资源管理的新逻辑》. 北京：机械工业出版社.

张正堂、李瑞（2015）. 企业高绩效工作系统的内容结构与测量.《管理世界》, 第5期，100-116.

张正堂、刘宁（2016）.《薪酬管理》（第二版）. 北京：北京大学出版社.

朱勇国（2007）.《工作分析》. 北京：高等教育出版社.

Acemoglu, D., & Restrepo, P. (2020). Robots and jobs: Evidence from US labor markets. *Journal of Political Economy*, 128 (6), 2188-2244.

Acuff, F. (1984). International and domestic human resources functions. *Organizations Resources Counsellors*, 3-5.

Adams, J. (1965). Inequity in social-exchange. *Advances in Experimental Social Psychology*, 2 (4), 267-299.

Alderfer, C. P. (1969). An empirical test of a new theory of human needs. *Organizational Behavior and Human Performance*, 4 (2), 142-175.

Allen, N. J., & Meyer, J. P. (1990). Organizational socialization tactics: Longitudinal analysis of links to newcomers' commitment and role orientation. *Academy of Management Journal*, 33 (4), 847-858.

Andrea, G. E. C., Anrienne, C., & Srikanth, G. (2000). Newcomer and organizational socialization tactics: An interactionist perspective. *Human Resource Management Review*, 10 (4), 453-476.

Appelbaum, E. (2000). *Manufacturing Advantage: Why High-Performance Work Systems Pay Off*. Cornell University Press.

Ashforth, B. E., & Saks, A. M. (1996). Socialization tactics: Longitudinal effects on newcomer adjustment. *Academy of Management Journal*, 39 (1), 149-178.

Baldwin, T. T., & Ford, J. K. (1988). Transfer of training: A review and direction for future research. *Personnel Psychology*, 41, 63-103.

Bandura, A. (1977). *Social Learning Theory*. Englewood Cliffs, NJ: Prentice-Hall.

Barney, J. B. (1991). Firm resources and sustained competitive advantage. *Journal of Management*, 17 (1), 99-120.

Baron, J. N., & Kreps, D. M. (1999). *Strategic Human Resources: Frameworks for General Managers*. John Wiley & Sons, Inc.

Beer, M. (1984). *Managing Human Assets*. New York: Free Press.

Berg, J. M., Dutton, J. E., & Wrzesniewski, A. (2013). Job crafting and meaningful work. In B. J. Dik, Z. S. Byrne & M. F. Steger (Eds.), *Purpose and meaning in the workplace* (pp. 81-104). Washington, DC: American Psychological Association.

Brethower, K., & Rummler, G. (1979). Evaluating training. *Training and Development Journal*, 33 (5), 14-22.

Cascio, W. F. (1995). *Managing Human Resources: Productivity, Quality of Work Life, Profits*. 4th ed., International ed. New York: McGraw-Hill.

Chao, G. T., O'Leary-Kelly, A. M., Wolf, S., & Klein, H. J. (1994). Organizational socialization: Its content and consequences. *Journal of Applied Psychology*, 79 (5), 730-743.

Charan, R., & Drotter, S. (2011). *The Leadership Pipeline: How to Build the Leadership Powered Company*. John Wiley & Sons, Inc.

Chui, M., Manyika, J., & Miremadi, M. Where machines could replace humans—and where they can't (yet) [EB/OL] (2016-07-08) [2024-02-23]. https://www.mckinsey.com/business-functions/digital-mckinsey/our-insights/where-machines-could-replace-humans-and-where-they-cant-yet? cid = other-eml-alt-mkq-mck-oth-1607.

Cowherd, D. M., & Levine, D. I. (1992). Product quality and pay equity between lower-level employees and top management: An investigation of distributive justice theory. *Administrative Science Quarterly*, 37 (2), 302-320.

Crandall, F., & Wallace Jr., M. J. (2001). Downsized but not Out. *Workspan*, 434 (11), 30-35

Crino, M. D., & Leap, T. L. (1989). *Personnel/Human Resource Management*. London: Macmillan Publishing.

Daniels, J. D., Radebaugh, L. H., & Sullivan, D. P. (2022). *International Business: Global Edition*. 17th ed. Pearson Education.

De Cieri, H., & Dowling, P. J. (1999). Strategic human resource management in multinational enterprises: Theoretical and empirical developments. In Wright, P. M., et al. (Eds.), Research in Personnel and Human Resource Management: Strategic Human Resource in the 21st Century (Vol. 4, pp. 305-327). Stamford, CT: JAI Press.

De Meuse, K. P., Bergmann, T. J., & Vanderheiden, P. A. (2004). New evidence regarding organizational downsizing and a firm's financial performance: A long term analysis. *Journal of Managerial Issues*, 2, 155-177.

Dessler, G. (1997). *Human Resource Management*. Prentice-Hall International, Inc.

Devanna, M., Fombrun, C., & Tichy, N. (Eds.). (1984). A framework for strategic human resource management. In Fombrun, C., Tichy, N., & Devanna, M. (Eds.), *Strategic Human Resource Management* (pp. 11-171). New York: Wiley.

Dowling, P. J., Schuler, R. S., & Welch, D. E. (1999). *International Dimensions of Human Resource Management*. 3rd ed. Cincinnati, OH: South-Western College.

Dyer, L., & Holder, G. (1988). Toward a strategic perspective of human resource management. In Dyer, L. (Ed.), Human Resource Management: Evolving Roles and Responsibilities. ASPA BNA Handbook of

Human Resource Management. Washington: Bureau of National Affairs.

Edwards, M. R., & Ewen, A. J. (1996). How to manage performance and pay with 360-degree feedback. *Compensation and Benefits Review*, 28 (3), 41-46.

Fisher, C. D., Schoenfeldt, L. F., & Shaw, J. B. (1997). *Human Resource Management*. 3rd ed. Houghton Mifflin Company.

Fisher, C. D., Schoenfeldt, L. F., & Shaw, J. B. (2005). *Human Resource Management*. 6th ed. Houghton Mifflin Company.

Frey, C. B., & Osborne, M. A. (2017). The future of employment: How susceptible are jobs to computerisation? *Technological Forecasting and Social Change*, 114, 254-280.

Gatewood, R. D., Feild, H. S., & Barrick, M. (1990). *Human Resource Selection*. Cengage Learning.

Gilliland, S. W. (1993). The perceived fairness of selection systems: An organizational justice perspective. *Academy of Management Review*, 18 (4), 694-734.

Gómez-Mejia, L. R., Balkin, D. B., Cardy, R. & Carson, K. (2020). *Managing Human Resources*. 9th ed. Englewood Cliffs: Prentice Hall.

Grant, A. M., & Parker, S. K. (2009). Redesigning work design theories: The rise of relational and proactive perspectives. *Academy of Management Annals*, 3, 273-331.

Greenberg, J. (1993). Stealing in the name of justice: Informational and interpersonal moderators of theft reactions to underpayment inequity. *Organizational Behavior and Human Decision Processes*, 54 (1), 81-103.

Greenhaus, J. H. (1987). *Career Management*. Dryden Press.

Griffin, A. E., Colella, A., & Goparaju, S. (2000). Newcomer and organizational socialization tactics: An interactionist perspective. *Human Resource Management Review*, 10 (4), 453-474.

Hackman, J. R., & Oldham, G. R. (1975). Development of the job diagnostic survey. *Journal of Applied Psychology*, 60 (2), 159-170.

Hackman, J. R., & Oldham, G. R. (1976). Motivation through the design of work: Test of a theory. *Organizational Behavior and Human Performance*, 16 (2), 250-279.

Heenan, D. A., & Perlmutter, H. V. (1979). *Multinational Organization Development*. Reading, MA: Addison-Wesley.

Hofstede, G. (2001). *Culture's Consequence: Comparing Values, Behaviors, Institutions and Organizations Across Nations*. 2nd ed. Thousand Oaks, CA: Sage.

Hofstede, G., & Hofstede, G. J., & Minkov, M. (2010). *Cultures and Organizations: Software of the Mind*. 3rd ed. McGraw-Hill.

Holland, J. L. (1985). *Making Vocational Choices: A Theory of Vocational Personalities and Work Environments*. 2nd ed. Englewood Cliffs, NJ: Prentice-Hall.

Huselid, M., Jackson, S. E., & Schuler, R. S. (1997). Technical and strategic human resource management effectiveness as determinants of firm performance. *Academy of Management Journal*, 40 (1), 949-969.

Ivancevich, J. M., & Konopaske, R. E. (2011). *Human Resource Management*. 11th ed. McGraw-Hill.

Johnson, C. (1999). Don't forget your shift workers. *HR Magazine*, 44, 80-85.

Kaplan, R. S., & Norton, D. P. (1992). The balanced scorecard—measures that drive performance. *Harvard Business Review*, 70 (1), 71-79.

Kaplan, R. S., & Norton, D. P. (2001). *The Strategy-focused Organization*. Boston: Harvard Business School Press.

Kirkpatrick, D. (1994). *Evaluating Training Programs: TheFour Levels*. Berrett-Koehler Publishers, Inc.

Lazear, E. P. (1986). Salaries and piece rates. *Journal of Business*, 59 (3), 405-431.

Lee, M. K. (2018). Understanding perception of algorithmic decisions: Fairness, trust, and emotion in response to algorithmic management. *Big Data & Society*, 5 (1), 1-16.

Lengnick-Hall, C. A., & Lengnick-Hall, M. L. (1988). Strategic human resource management: A review of the literature and a proposed typology. *Academy of Management Review*, 13 (3), 466-467.

Locke, E. A., & Latham, G. P. (1990). *A Theory of Goal Setting and Task Performance*. Englewood Cliffs, NJ: Prentice Hall.

Maanen, J. V., & Schein, E. H. (1979). Toward a theory of organizational socialization. In Staw, B. M. (Ed.), Research in Organizational Behavior, JAI Press, Greenwich, CT: 209-264.

Mann, S., Varey, R., Button, W. (2000). An exploration of the emotional impact of teleworking via computer-mediated communication. *Journal of Managerial Psychology*, 15 (7), 668-690.

Maslow, A. H. (1954). *Motivation and Personality*. New York: Harper & Row.

McClelland, D. C. (1973). Testing for competence rather than for "intelligence". *American Psychologist*, 28: 1-14.

McClelland, D. C. (1965). Toward a theory of motive acquisition. *American Psychologist*, 20 (5), 321-333.

McCormick, E. J., Jeanneret, P. R., & Mecham, R. C. (1972). A study of job characteristics and job dimensions as based on the position analysis questionnaire (PAQ). *Journal of Applied Psychology*, 56 (4), 347-368.

McGregor D. (1957). Human side of enterprise. *Management Review*, 46, 622-628.

McKinsey Global Institute. Generative AI and the future of work in America [R/OL]. (2023-07-26) [2024-02-23]. https://www.mckinsey.com/mgi/our-research/generative-ai-and-the-future-of-work-in-america#/.

Mello, J. A. (2002). *Strategic Human Resource Management*. South-Western.

Miles, R. E., & Snow, C. C. (1984). Designing strategic human resource systems. *Organizational Dynamics*, 13 (1), 36-52.

Milkovich, G. T., Annoni, A. J., & Mahoney, T. A. (1972). The use of the Delphi procedures in manpower forecasting. *Management Science Series b-Application*, 19 (4-Part-1), 381-388.

Milkovich, G. T., & Boudreau, J. W., (1994). *Human Resource Management.* Homewood, IL.: Richard D. Irwin.

Milkovich, G. T. & Newman, J. M. (1993). *Compensation.* 4th ed. Homewood, IL.: Richard D. Irwin.

Milliman, J. F., Zawacki, R. A., & Norman, C. A. (1994). Companies evaluate employees from all perspectives. *Personnel Journal*, 73 (11), 99-103.

Morgan, P. V. (1986). International human resource management: Fact of fiction. *Personnel Administrator*, 31 (9), 43-47.

Newstrom, J. W. (1986). Leveraging management development through the management of transfer. *The Journal of Management Development*, 5 (5), 33-45.

Nilles, J. M. (1975). Telecommunications and organizational decentralization. *IEEE Transactions on Communications*, 23, 1142-1147.

Noe, R. A. (1998). *Employee Training and Development.* Irwin: McGraw-Hill.

Oldham, G. R., & Hackman, J. R. (2010). Not what it was and not what it will be: The future of job design research. *Journal of Organizational Behavior*, 31 (2-3), 463-479.

O'Malley, C., Vavoula, G., Glew, J. P., Taylor, J., Sharples, M., & Lefrere, P. (2005). Guidelines for learning/teaching/tutoring in a mobile environment. MOBIlearn Project Report, D4. 1.

Parsons, F. (1909). *Choosing a Vocation.* Boston: Houghton Mifflin.

Pfeffer, J. (1994). *Competitive Advantage Through People.* Boston: Harvard Business School Press.

Revans, R. W. (1980). *Action Learning: New Techniques for Management.* London: Anchor Press.

Roe, A. (1956). *The Psychology of Occupations.* New York: John Wiley & Sons.

Rothstein, H. R. (1990). Interrater reliability of job performance ratings: Growth to asymptote level with increasing opportunity to observe. *Journal of Applied Psychology*, 75 (3), 322-327.

Saks, A. M., & Ashforth, B. E. (1997). Organizational Socialization: Making sense of the past and present as a prologue for the future. *Journal of Vocational Behavior*, 51 (2): 234-279.

Schein, E. H. (1990). *Career Anchors.* Rev. Ed. San Diego: Pfeiffer, Inc.

Schein, E. H. (1968). Organizational socialization and the profession of management. *Industrial Management Review*, 9 (4), 1-16.

Schuler, R. S., Dowling, P. J., & De Cieri, H. (1993). An integrative framework of strategic international human resource management. *The International Journal of Human Resource Management*, 4 (4), 717-764.

Schuler, R. S., & Huber, V. L. (1993). Personnel and Human Resource Management. 5th ed. West Publishing Company.

Schuler, R. S. (1992). Strategic human resources management: Linking the people with the strategic needs of the business. *Organizational Dynamics*, 21 (1), 18–32.

Schuler, R. S., & Walker, J. W. (1990). Human resource strategy: Focusing on issue and action. *Organizational Dynamics*, 19 (1), 5–19.

Solomon, N. H. (1960). A strategy for investigating instructional treatments. *American Educational Research Journal*, 7 (1), 1–11.

Sonnenfeld, J. A., & Peiperl, M. A. (1988). Staffing policy as a strategic response: A typology of career systems. *Academy of Management Review*, 13 (4), 588–600.

Spencer, L. M. (1993). *Competence at Work*. John Wiley & Sons, Inc.

Suarez-Gonzalez, I. (2001). Downsizing strategy: Does it really improve organizational performance? *International Journal of Management*, 3, 301–316.

Tornow, W. W., & Pinto, P. R. (1976). The development of a managerial job taxonomy: A system for describing, classifying, and evaluating executive positions. *Journal of Applied Psychology*, 61 (4), 410–418.

Tracy, J. B., Tannenbaum, S. I., & Kavavagh, M. J. (1995). Applying trained skills on the job: The importance of the work environment. *Journal of Applied Psychology*, 80 (2), 239–252.

Uggerslev, K. L., et al. (2012). Recruiting through the stages: A meta-analytic test of predictors of applicant attraction at different stages of the recruiting process. *Personnel Psychology*, 65 (3), 597–660.

US Department of Labor. (1993). *High Performance Work Practices*. Washington, DC: US Department of Labor.

Van Maanen, J., & Schein, E. H. (1979). Toward a theory of organizational socialization. In Staw, B. M. (Ed.), *Research in Organizational Behavior* (pp. 213–261). JAI Press.

Vroom, V. H. (1964). *Work and Motivation*. New York: Wiley.

Wallace Jr., M. J., & Crandall, N. F. (1992). Winning in the age of execution: The central role of workforce effectiveness. *American Compensation Association Journal*, 1 (2), 30–47.

Way, S. A., & Johnson, D. E. (2005). Theorizing about the impact of strategic human resource management. *Human Resource Management Review*, 15 (1), 1–19.

Wexley, K. N., & Klimoski, R. (1984). Performance appraisal: An update. *Research in Personnel and Human Resources Management*, 2, 35–79.

Wright, P. M., & McMahan, G. C. (1992). Theoretical perspectives for strategic human resource management. *Journal of Management*, 18 (2), 295–320.

Wrzesniewski, A., & Dutton, J. E. (2001). Crafting a job: Revisioning employees as active crafters of their work. *Academy of Management Review*, 26, 179–201.

教辅申请说明

北京大学出版社本着"教材优先、学术为本"的出版宗旨,竭诚为广大高等院校师生服务。为更有针对性地提供服务,请您按照以下步骤通过**微信**提交教辅申请,我们会在 1~2 个工作日内将配套教辅资料发送到您的邮箱。

◎ 扫描下方二维码,或直接微信搜索公众号"北京大学经管书苑",进行关注;

◎ 点击菜单栏"在线申请"—"教辅申请",出现如右下界面:

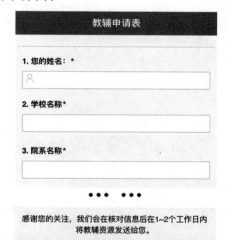

◎ 将表格上的信息填写准确、完整后,点击提交;

◎ 信息核对无误后,教辅资源会及时发送给您;如果填写有问题,工作人员会同您联系。

温馨提示:如果您不使用微信,则可以通过以下联系方式(任选其一),将您的姓名、院校、邮箱及教材使用信息反馈给我们,工作人员会同您进一步联系。

联系方式:

北京大学出版社经济与管理图书事业部
通信地址:北京市海淀区成府路 205 号,100871
电子邮箱:em@pup.cn
电　　话:010-62767312
微　　信:北京大学经管书苑(pupembook)
网　　址:www.pup.cn